Bereit für die Wissensgesellschaft?
Bildung und Ausbildung auf dem Prüfstand

Springer
*Berlin
Heidelberg
New York
Barcelona
Budapest
Hongkong
London
Mailand
Paris
Santa Clara
Singapur
Tokio*

Heidelberger Club für
Wirtschaft und Kultur e.V. (Hrsg.)

Bereit für die Wissensgesellschaft?

Bildung und Ausbildung
auf dem Prüfstand

Redaktionell bearbeitet und gesetzt von
Christoph Egle und Dietmar Gustke

Mit 12 Abbildungen

ISBN 3-540-64089-4 Springer-Verlag Berlin Heidelberg New York

Die Deutsche Bibliothek - CIP-Einheitsaufnahme
Bereit für die Wissensgesellschaft? : Bildung und Ausbildung auf
dem Prüfstand / Hrsg.: Heidelberger Club für Wirtschaft und Kultur
e.V. - Berlin; Heidelberg; New York; Barcelona; Budapest;
Hongkong, London; Mailand; Paris; Santa Clara; Singapur;
Tokio : Springer, 1998
ISBN 3-540-64089-4

Dieses Werk ist urheberrechtlich geschützt. Die dadurch begründeten Rechte, insbesondere die der Übersetzung, des Nachdruckes, des Vortrags, der Entnahme von Abbildungen und Tabellen, der Funksendungen, der Mikroverfilmung oder der Vervielfältigung auf anderen Wegen und der Speicherung in Datenverarbeitungsanlagen, bleiben auch bei nur auszugsweiser Verwertung, vorbehalten. Eine Vervielfältigung dieses Werkes oder von Teilen dieses Werkes ist auch im Einzelfall nur in den Grenzen der gesetzlichen Bestimmungen des Urheberrechtsgesetzes der Bundesrepublik Deutschland vom 9. September 1965 in der jeweils gültigen Fassung zulässig. Sie ist grundsätzlich vergütungspflichtig. Zuwiderhandlungen unterliegen den Strafbestimmungen des Urheberrechtsgesetzes.

© Springer-Verlag Berlin Heidelberg 1998
Printed in Germany

Die Wiedergabe von Gebrauchsnamen, Handelsnamen, Warenbezeichnungen usw. in diesem Werk berechtigt auch ohne besondere Kennzeichnung nicht zu der Annahme, daß solche Namen im Sinne der Warenzeichen- und Markenschutz-Gesetzgebung als frei zu betrachten wären und daher von jedermann benutzt werden dürften.

Umschlaggestaltung: Erich Kirchner, Heidelberg
SPIN 10667375   43/2202-5 4 3 2 1 0 - Gedruckt auf säurefreiem Papier

Geleitwort

Der Heidelberger Club für Wirtschaft und Kultur e. V. hat es in den vergangenen Jahren immer verstanden, Programmthemen zur Diskussion zu stellen, die von großer Aktualität sind. Die Frage der Ausbildung und des Ausgebildetseins ist ein solches Thema, das einen zweifachen Aspekt hat: einmal bedürfen wir einer gründlichen Ausbildung als Vorbereitung für unseren Beruf, den wir um so besser ausüben können, je besser wir uns darauf vorbereitet haben.

Der Titel „Aus-Gebildet?!", unter dem das Symposium stattfand, beinhaltet mit Recht ein weiteres grundlegendes Thema, das die Qualität unserer persönlichen Kultur anspricht, die wir gemeinhin als „Bildung" bezeichnen.

Man sagt, daß der frühere französische Ministerpräsident Herriot auf die Frage „Was ist Bildung?" geantwortet haben soll: Bildung ist all das, was wir in der Schule gelernt und nach der Schulzeit nicht vergessen haben. Diese auf den ersten Blick ein wenig simpel erscheinende Antwort trifft jedoch die Sache im Kern.

Ausbildung für den Beruf ist eine – sehr wichtige – Sache, besteht jedoch naturgemäß aus überschaubarem, positivistischem Sachwissen. Unter „Bildung" versteht man mit Recht sehr viel mehr: die aufgrund von Sachkenntnis und Erfahrung „gebildete" Haltung eines Menschen im Rahmen seiner kulturellen und humanitären Umgebung. Die Art und Weise, wie sich ein Mensch bestimmten Anforderungen seiner kulturellen Umgebung gegenüber verhält – nicht nur was sein Wissen, sondern auch, was seine ethischen und charakterlichen Fähigkeiten betrifft, bildet sich aus der Summe dessen, was Elternhaus, Schule und sonstige Umgebung ihn im Laufe der ersten Hauptstufe seines Lebens, der Schulzeit, lehren und zum allgemeinen geistigen Besitz haben werden lassen.

Wohl kann in besonderen Fällen Bildung auch durch herausragende Vorbilder allein vermittelt werden, doch die Aneignung des geistigen und kulturellen Kenntnisstandes, der durch ständige Erfahrung weitergeführt wird, stellt den Bildungsfundus eines Menschen dar. Für die Anlage dieses Fundus ist das Lernen auf ein Bildungsziel hin unter geistiger Führung von großer Bedeutung. Diese „Bildung" ist durchaus verschieden vom Ergebnis einer auf bestimmte Fertigkeiten hin ausgerichteten *Aus*bildung.

Möge dieser Tagungsband dazu beitragen, den Wert der persönlichen Bildung und der fachlichen Ausbildung fruchtbar gegenüber zu stellen und die „Bildung" als eines der höchsten Güter unseres Menschseins zu erkennen.

Heidelberg, im Dezember 1997   Dr. Dr. h.c. mult. Heinz Götze
Mitinhaber des Springer-Verlages Heidelberg
Kurator des Heidelberger Clubs für Wirtschaft und Kultur e. V.

Vorwort

"1809, als Humboldt die Berliner Universität gründete, lag Preußen am Boden. (...) Heute scheint die Lage umgekehrt: Deutschland ist durch die Vereinigung größer, auf lange Sicht sicher auch stärker geworden, und man meint, auf geistige Kräfte nicht allzuviel Rücksicht nehmen zu müssen."

Diese Erkenntnis von Peter Glotz macht deutlich, wie es um den Stellenwert der Bildung in Deutschland derzeit bestellt ist. Erschwerend zu dieser Vernachlässigung kommt hinzu, daß die bildungspolitische Diskussion nicht nur in konkreten Fragen wie z. B. in der nach einer besseren Finanzierung der Hochschulen festsitzt, sondern daß darüber hinaus die Fronten oft unklar verlaufen, ideologische Konflikte die Diskussion überschatten und daher ein Grundkonsens scheinbar nicht zu erreichen ist. Ziel des im April 1997 unter dem Titel „Aus-Gebildet?!" veranstalteten Symposiums des Heidelberger Clubs für Wirtschaft und Kultur war es, sich in dieser Diskussion Klarheit zu verschaffen und dabei neue Vorschläge und Ideen zu formulieren, wie ein Ausweg aus der viel zitierten „Bildungskrise" gelingen könnte. Die in diesem Tagungsband versammelten Beiträge sind ein Extrakt dieser Veranstaltung und verfolgen demnach dasselbe Ziel.

Folgende Überlegungen zu der schulischen, beruflichen und akademischen Bildung und Ausbildung bildeten den Hintergrund bei der Planung und Organisation des Symposiums:

Beginnend mit der Schule übernehmen (staatliche) Institutionen einen großen Teil der Bildung eines Individuums. Zwar spielt auch die vor- und außerschulische Bildung durch das familiäre Umfeld eine große Rolle, doch selbst die beste Kinderstube kann durch mangelhafte Schulen um ihren Erfolg gebracht werden. Der Streit darüber, wie und von wem die Kinder erzogen werden sollten, scheint damit vorprogrammiert, und die Schule ist nicht selten ein Spielfeld für verschiedene Weltanschauungen geworden, die sich unversöhnlich gegenüberstehen.

Die duale Berufsausbildung wurde in der Vergangenheit auch und gerade von Ökonomen als einer der wichtigsten Standortvorteile Deutschlands benannt. Gerade die gut ausgebildeten Facharbeiter seien ein Garant für eine industrielle Fertigung auf hohem

Niveau und damit auch die Voraussetzung für die Entwicklung moderner, oftmals komplizierter Fertigungsprozesse. Aber auch dieses Erfolgsmodell gerät derzeit unter Beschuß: Die Lehrlinge seien zu teuer, der allgemeinbildende Teil müsse eingeschränkt werden, damit die Wertschöpfung der Auszubildenden steige.

Die akademische Bildung in Deutschland – am Anfang dieses Jahrhunderts noch als weltweites Vorbild angesehen – hat inzwischen deutlich an Glanz verloren. Schuldzuweisungen von allen Seiten korrespondieren mit der Unwilligkeit oder Unfähigkeit der meisten Beteiligten, die eigene Rolle zu hinterfragen bzw. zu ändern. So verwandelte sich die Universität, da sie schon lange nicht mehr fähig ist, adäquat auf die „Studentenflut" zu reagieren, in einen bürokratischen Moloch, der jede Kleinigkeit in der Bildungsbiographie des einzelnen Studenten regelt.

Bundespräsident Roman Herzog sprach in seiner „Berliner Bildungsrede" zu Recht von der Sackgasse, in der sich die Bildung in Deutschland befinde. Dabei wird allerorten anerkannt, daß ein rohstoffarmes Land wie die Bundesrepublik ihren Wohlstand auf Dauer nur mit den bestausgebildetsten Menschen sichern können wird – ganz abgesehen von dem ökonomisch weniger leicht zu erfassenden kulturellen und sozialen Wert der Bildung.

Mit dem Symposium und der hier vorliegenden Dokumentation dieser Veranstaltung wollte und will der Heidelberger Club seinen Beitrag dazu leisten, Auswege aus dieser Sackgasse zu finden.

Wir danken den Referenten für ihre Beiträge zum Symposium und zu diesem Dokumentationsband. Alle Referenten sind unentgeltlich und um der Sache willen angetreten, um einem überwiegend studentischen Publikum Rede und Antwort zu stehen. Unser Dank gilt ebenso den Firmen und Privatpersonen, die uns finanziell unterstützt haben, den Bediensteten der Universität, sowie all denjenigen, durch deren ehrenamtliches Engagement die Verwirklichung des Symposiums erst möglich geworden ist.

Heidelberg, im Dezember 1997

Christoph Egle
Dietmar Gustke
Annekatrin Mohr
Vorstand des Heidelberger Clubs für Wirtschaft und Kultur e. V.

Inhalt

Geleitwort von *Heinz Götze* V

Vorwort VII

Vorträge und Podiumsdiskussionen

Ignatz Bubis
Bildung und Geschichtsbewußtsein 3

Franz Josef Radermacher
Wissen und Investitionen in Wissenskapital – Basis zur Gewinnung
der Zukunft und zur Sicherstellung einer nachhaltigen Entwicklung 9

Rudolf Scharping
Wirtschaftliche Stärke und soziale Kohäsion –
Grundlagen moderner Reformpolitik 45

Ernst Elitz, Hans Jürgen Kremer, Klaus Otto Nass, Annette Schavan
Brauchen wir eine neue Elite? 55

Klaus Bresser, Christoph Führ, Walter Hiller, Hans-Jürgen Quadbeck-Seeger
Die Zukunft der Bildungsideale 63

Kolloquien

Klaus Beck
Allgemeine ökonomische Grundkompetenzen –
Befunde und Desiderate im Blick auf unsere Wissensgesellschaft 79

Günther Dohmen
Lerngesellschaft und Lernkultur 95

Gotthardt Frühsorge
Weiterbildung und kulturelle Bildung.. 109

Jörg-Dieter Gauger
Eliten: Fordern und Fördern 117

Horst Kowalak
Der berufliche Bildungsweg als unentbehrlicher Qualifizierungssektor 133

Manfred von Lewinski
Zukunft Wissensgesellschaft –
Essentials einer Vorbereitung auf das Berufs- und Arbeitsleben 141

Dorit Loos
Die Aufgaben der Fachhochschule im Hochschulsystem der BRD 149

Rolf von Lüde
Das doppelte Gesicht von Arbeit und Bildung 159

Klaus Otto Nass
Wer führen will, muß dienen können –
Leistung und Werte in Ausbildung und Beruf 175

Ernst Prokop
Lebenslanges Lernen 183

Peter Reimann
Bildung mit neuen Medien: Lernen in der Informationsgesellschaft 193

Brigitta-Sophie von Wolff-Metternich
Was kann und soll Bildung leisten –
Ein kritischer Beitrag aus philosophiegeschichtlicher Perspektive 205

Bruno Zimmermann
Die Universität – Chancenverteilungsagentur oder Zukunftswerkstatt? 215

Autorenverzeichnis 223

Der Heidelberger Club für Wirtschaft und Kultur 230

Dokumentationen vergangener Symposien 231

Vorträge

Podiumsdiskussionen

Ignatz Bubis
Bildung und Geschichtsbewußtsein

Sehr geehrte Damen und Herren!

Beim Thema Bildung und Geschichtsbewußtsein bietet es sich an, zunächst über die Leistungsträger an den Universitäten zu sprechen, denn Leistung ist an den Hochschulen ebenso wie in allen anderen Bereichen ein entscheidender Faktor. Wenn ich aber allgemein über die Bildung und Ausbildung spreche, muß ich an die gegenwärtige Politik appellieren und Kritik anbringen: Wir leben in einer Zeit der leeren Kassen und ich habe die Erfahrung gemacht, daß gespart werden muß, aber nicht immer an den richtigen Stellen gespart wird.

Ich sage dies nicht deshalb, weil ich gerade an einer Universität spreche, sondern ich erwähne es überall, wo ich die Gelegenheit dazu habe. Die Entwicklung der letzten Jahrzehnte hat mir gezeigt, daß gerade, was Bildung und Ausbildung angeht, wir uns eher zurück- als vorwärtsentwickelt haben. Ich möchte jetzt gar nicht über die Zahl der ausländischen Studenten reden, die früher an deutschen Universitäten studiert haben. Vielleicht sind die absoluten Zahlen nicht geringer als damals, aber wenn ich daran denke, daß früher ein Studium an deutschen Universitäten weltweit etwas sehr Verlockendes war, muß man feststellen, daß sich die Situation gewandelt hat. Ich glaube, daß mehr Deutsche im Ausland studieren als andersherum. Länder, die früher im Bereich der Universitäten weit hinter uns lagen, stehen in der Zwischenzeit weit vor uns. Da hilft auch nicht die Diskussion, ob man nun nach zwölf Jahren oder nach dreizehn Jahren das Abitur machen soll und mit dem Studium anfängt, sondern ich meine, daß wir generell umdenken müssen, denn wir versündigen uns an der Zukunft, wenn wir heute die Bildung und Ausbildung vernachlässigen.

Hier möchte ich gleich den zweiten Teil meiner Rede mit einflechten: das Geschichtsbewußtsein. Ich meine, daß zum Thema Bildung und Ausbildung das Geschichtsbewußtsein zwingend mit dazu gehört. Man sollte sich nicht nur einseitig seinem Studienfach zuwenden, sondern erkennen, daß alle Bereiche unseres Lebens miteinander verwoben sind. Wenn wir z. B. von Kultur sprechen, gehört die politische Kultur mit dazu. Wie aber gehen wir damit um?

Wir müssen berücksichtigen, daß die heutige Generation der Studierenden das Leben der nächsten zwei Generationen in Deutschland entscheidend mitbestimmen wird. Das, was sie heute lernen, und das, was sie heute mitbringen, sowohl in der Bildung und Ausbildung, aber auch im Geschichtsbewußtsein, wird ausschlaggebend sein für die weitere Entwicklung des gesellschaftlichen und politischen Lebens in der Bundesrepublik. Deswegen kann es nicht oft genug betont werden, wie wichtig diese Bildung und Ausbildung und das Schärfen des geschichtlichen Bewußtseins sind.

Wenn wir so weitermachen wie bisher, werden wir in den nächsten Jahrzehnten im Zuge der Globalisierung feststellen, daß wir mit den modernen Entwicklungen nicht mehr mithalten können. Wenn wir nicht viel mehr für die Bildung tun, werden in dieser schnellebigen Zeit andere Staaten die Vorteile erlangen können, die wir bisher noch haben. Wir versündigen uns an unseren Kindern und Enkeln, wenn wir jetzt nicht massiv in die Bildung investieren.

Lassen sie mich einige Sätze zur Gentechnologie sagen, weil uns dieses Thema sicherlich die nächsten Jahre verstärkt beschäftigen wird. Mir ist durchaus bewußt, wie sehr diese Technologie zum Segen und zum Fluch werden kann, weil wir uns hier auf einem sehr schmalen Grat zwischen Humanität und Entmenschlichung befinden.

Es wird immer wieder Wissenschaftler geben, die in Sphären vordringen, die uns gestern noch verschlossen waren. Wir werden nicht verhindern können, daß es solche Experimente geben wird. Es wäre ein Fehler, sich mit dieser Technik nicht zu beschäftigen, weil man meint, daß sie sich irgendeines Tages zum Fluch entwickeln könnte. Denn richtig angewandt, kann sie auch ein Segen für die Menschheit sein.

Wir dürfen uns also nicht abschotten. Es wäre naiv zu denken, daß wir weltweit den Fortschritt dieser Technologie stoppen könnten. Wenn wir sie nicht in Deutschland entwickeln, werden Forscher irgendwo anders auf der Welt die Möglichkeiten haben, die Forschung zu intensivieren, und die Deutschen würden wieder ein Gebiet der Zukunftstechnologie verlieren.

Manches, was uns heute noch als schrecklich erscheint, kann uns in den nächsten Jahren viele Vorteile bringen. Man hat dies bei der Chemie gesehen. Bei der Gentechnologie wird es den gleichen Effekt geben.

Wir sind ein Land, das über Jahrhunderte als die Nation der Wissenschaft auf hohem Grade angesehen wurde, die wir heute schon nicht mehr in dem Ausmaße sind, aber das Niveau droht uns hier noch etwas weiter zu verflachen. Man kann nur appellieren: An die Universitäten, aber hier ist das Problembewußtsein ja durchaus vorhanden, und an die Politik, daß endlich einmal die Weichen richtig gestellt werden, und vor allem, bei aller Einsicht notwendiger Kürzungen, bei Bildung und Ausbildung nicht nur nicht zu kürzen, sondern die Bemühungen zu verstärken. Es muß hier einiges mehr geschehen als es zur Zeit geschieht. Ich möchte in diesem Zusammenhang noch etwas sagen, wovor wir eine Zeitlang nach dem Zweiten Weltkrieg gewisse Ängste hatten. Wir sprachen von der Gefahr von Elitenbildung und Elitenförderung. Ich sehe das anders: Sicherlich hat es eine Rolle gespielt, daß in den Jahren 1930-33 die deutschen Eliten versagt haben. Das ist zweifelsohne richtig, denn daß der Nationalsozialismus vielleicht nicht gekommen wäre, wenn die Eliten nicht versagt hätten, ist meiner Meinung nach eine zutreffende Bewertung. Nur dürfen wir nicht das Kind mit dem Bade ausschütten und sagen, Elitenförderung sei an sich nichts Wertvolles.

Natürlich soll die Bildung für alle offenstehen. Das ist etwas, was ich vorbehaltlos unterstütze. Aber es ist doch nicht so, daß die Eliten nur aus einer bestimmten Schicht stammen können oder aus einer bestimmten Schicht kommen. Allerdings war es früher so, daß die Bildung damals für viele verschlossen war, und daher die Eliten sich fast nur aus wohlhabenden Schichten rekrutierten. Die Chancen des Aufstiegs müssen natürlich für jeden offenstehen, in der heutigen Situation sind diese Aufstiegsmöglichkeiten jedoch gegeben. Durch Kürzungen droht uns aber erneut die Gefahr, daß Eliten nicht mehr aus allen Schichten kommen. Dies wäre ein wirklicher Rückschritt.

In sozialistischen Ländern war die Elitenbildung verpönt, weil es hieß, daß diese nur von den Reichen komme. Aber in der UdSSR gab es diese Elitenbildung zu allen Zeiten, und ich kenne die Situation aus Erzählungen, wie in der Sowjetunion an den Universitäten, bis zur Bildung einer ganzen Stadt, die sich „Lernstadt" nannte, gerade Eliten gefördert wurden. Ich glaube, daß der Stand der Wissenschaft in den östlichen Ländern nicht deswegen zusammengebrochen ist, weil es dort an Bildung und Ausbildung gemangelt hätte, sondern weil die Wirtschaft krankte. Was aber die Bildung betraf, gab es in bezug auf Elitenbildung keine Ängste.

Lassen Sie mich nochmals auf das Geschichtsbewußtsein kommen: Geschichtsbewußtsein ist ein wichtiger Teil der Allgemeinbildung. Auch hier spielt die Globalisierung bzw. die Spezialisierung eine Rolle. Ich verkenne nicht, daß es auf vielen Gebieten zu einer Spezialisierung kommen muß und daß dieses das Natürlichste ist, aber wir sollten die Allgemeinbildung in allen Teilen der Bevölkerung nicht vernachlässigen. Nur in Kenntnis der Geschichte, nur in Kenntnis der Vergangenheit sind wir in der Lage, unser heutiges Leben und unser künftiges Leben so zu gestalten, wie das vielleicht in Deutschland bis 1945 nicht möglich war.

Wenn wir heute an amerikanische oder andere Universitäten gehen, merken wir doch, wie sehr die angeborene demokratische Freiheit eine Rolle spielt in der Entwicklung. Allerdings machen die Amerikaner den Fehler, daß sie Amerika als „closed shop" ansehen und sich nicht dafür interessieren, was in den Ländern um sie herum geschieht. In dieser Beziehung sind wir vielleicht offener als die amerikanische Gesellschaft. Das ist das Positive gegenüber diesem Land. Eine Gesellschaft sollte offen sein für das, was in anderen Ländern geschieht und was um sie herum vorgeht. Deshalb meine ich, daß wir uns auch damit beschäftigen müssen, und nicht einfach sagen können: „Was geht mich die Geschichte an?"

Aus der Geschichte können wir lernen, was wir nicht falsch machen dürfen, und nicht, was wir nicht falsch machen sollen. Deshalb halte ich die Bildung eines Geschichtsbewußtseins, genauso wie die Bildung einer politischen Kultur und deren Pflege für absolut notwendig.

Zur politischen Kultur gehört auch, daß wir im Andersdenkenden nicht den Feind sehen dürfen, auch wenn er eine andere Meinung vertritt.

Hier erlebe ich es immer wieder: Ich bekam kürzlich den Brief eines deutschen Botschafters in einem südamerikanischen Land, der mir schrieb, daß er mich vor einigen Monaten kennen- und schätzengelernt hatte, und wir bei einem Gespräch übereinstimmender Meinung waren. Nun, nachdem er gehört hatte, daß ich in Frankfurt bei der Eröffnung der Wehrmachtsausstellung sprechen werde, habe er seine Meinung über mich völlig geändert, und nun müsse er mir dies auch mitteilen, weil in einem Punkt die Übereinstimmung nicht mehr bestehe.

Das gehört auch zur politischen Kultur: daß man dem anderen zuhört und seine Meinung akzeptiert, so wie sie ist. Zur Bildung gehört, daß man nicht andere Menschen unterschätzt, nur weil sie anders aussehen, eine andere Sprache sprechen oder einer anderen Kultur angehören.

Ich möchte wieder auf meinen Hauptpunkt kommen: Wenn nun weiter im Bereich der Bildung und Ausbildung gespart wird, wird diese Art der Kultur nicht mehr für alle erreichbar sein. Nur noch eine bestimmte Klasse kann sich dann die Bildung leisten. Diese Klasse wird aber nicht mehr die Mehrheit der Gesellschaft sein. Dann droht uns wieder die Gefahr des Versagens der Eliten in der zukünftigen Entwicklung der Bundesrepublik.

Wir haben friedliche Nachkriegsjahrzehnte erlebt, in denen eine demokratische Gesellschaft entstanden ist. Ich möchte das deswegen erwähnen, weil ich vorhin der britischen BBC ein längeres Interview gegeben habe. Dort hörte ich zwei Klischees: „Neonazis gleich junge Leute" und „Neonazis kommen alle aus dem Osten". Das sind zwei Begriffe, die sich besonders im Ausland festgesetzt haben. Da mußte ich natürlich erst einmal einige Begriffe klären. Aus der Tatsache, daß der Großteil der Gewalttäter jung ist, und daß die bekanntgewordene Gewalt zum großen Teil im Osten verübt wurde, kann man natürlich nicht auf die einfache Gleichung „Neonazi gleich jung und aus dem Osten" schließen. Diese jungen Leute stehen in keinem Verhältnis zu den vielen Neonazis, die keine direkte körperliche Gewalt anwenden.

Die jungen Menschen in unserem Staat, die praktisch die Demokratie schon mit der Muttermilch aufgesogen haben, sind im Verhalten zu Fremden wesentlich positiver als die Generation, die noch im Dritten Reich groß geworden ist. Das kann man auch anhand von Umfragen sehr deutlich feststellen: Mit zunehmendem Alter wird, aus welchen Gründen auch immer, die politische Kultur schwach. Das menschliche Zusammenleben, der Respekt gegenüber dem anderen, gegenüber dem Fremden, schwindet. Dieser Respekt gegenüber Fremden zieht aber den Respekt gegenüber den Schwachen in der Gesellschaft mit ein.

Ich möchte ein Zitat aus einem Buch anbringen, welches ein Pseudohistoriker, anders kann ich das nicht nennen, von sich gegeben hat: Es handelt sich dabei um eine Kritik an Richard von Weizsäcker, an Rita Süssmuth und Heiner Geißler, in der er davon sprach, daß diese unter Aufgabe der nationalen Würde sich hauptsächlich für Unterprivilegierte und Minderheiten einsetzten. Man muß zunächst wissen, daß das Einsetzen für Unterprivilegierte und Minderheiten für diesen Menschen gleichbedeutend ist mit der Aufgabe der nationalen Würde, und dann schreibt er auch: „...als da sind: Ausländer, Homosexuelle, Frauen, Kriminelle, Behinderte, Aids-Kranke."

Also, zuerst kommen die Ausländer, dann die Homosexuellen, dann die Frauen, dann die Kriminellen, dann die Behinderten und ganz am Schluß die Aids-Kranken. Die Frauen zwischen den Kriminellen und den Homosexuellen und die Behinderten zwischen den Kriminellen und den Aids-Kranken. Und das alles, so schreibt er im nächsten Satz, gegen die Meinung der Mehrheit der Bevölkerung bzw. Stammtische. Ich weiß nicht, welchen Stammtisch dieser Herr besucht, aber bei meinem Stammtisch ist das nicht die vorwiegende Meinung.

Hier wird deutlich, wie sehr es in der politischen Kultur und in der Kultur des Zusammenlebens mit den Mitmenschen in manchen Seelen aussieht.

Deshalb meine ich, daß politische Kultur, Humanität und Geschichtsbewußtsein genauso zur Ausbildung gehören wie die fachliche Bildung.

Franz Josef Radermacher

Wissen und Investitionen in Wissenskapital; Basis zur Gewinnung der Zukunft und zur Sicherstellung einer nachhaltigen Entwicklung

1. Einleitung

Der folgende Text geht auf das Gesamtthemenumfeld *Bedeutung von Wissen und Investitionen in Wissenskapital* ein. Er beschäftigt sich dabei mit der Frage, wie Wissen entsteht, wie man es vermehrt, wie man es in Handlungen überführt, wie man Wissen repräsentieren und auch in neuen Umfeldern besser nutzbar machen kann, und wie schließlich Wissen, richtig genutzt, zur Basis für die Gewinnung der Zukunft und zur Sicherstellung einer nachhaltigen Entwicklung werden kann.

Hierzu wird zunächst in Punkt 2 auf die bedrohliche weltweite Situation, auf bestehende Herausforderungen, Gefahren und Potentiale eingegangen. Anschließend wird in Gliederungspunkt 3 das Umfeld Telekommunikation, Information, Multimedia und Entertainment (TIME) als wesentlich bestimmende technische Basis auf dem Weg in die Zukunft charakterisiert, und es wird auf die extrem hohe Innovationsgeschwindigkeit in diesem Innovationsfeld eingegangen. Im nächsten Teil schließen sich als kurze Zusammenfassung Überlegungen zur Ausgestaltung moderner lernender Organisationen und zum Wissensmanagement in solchen Organisationen, ferner Grundsatzfragen der Organisation von Wissen und Systemen (wobei insbesondere auch auf *neuronale und eher regelorientierte Formen der Wissensverarbeitung* eingegangen wird), sowie Überlegungen zum Bewußtsein biologischer Systeme als linear organisierter Kontrollprozeß in einem massiv parallelen Umfeld an. Dies läßt Übertragungen auf ein Verständnis von Unternehmen und moderne Organisationsstrukturen zu.

Vor dem Hintergrund all dieser Überlegungen folgen in Punkt 5 Hinweise zur zentralen Rolle von Human Capital für die Schaffung des Reichtums der Nationen und die Bedeutung weltweiter Investitionen in Wissenskapital. Hieran schließen sich in Punkt 6 einige in diesem Umfeld absehbare Anforderungen an den Ausbildungssektor und die Pädagogik an. Einige Bemerkungen zu den resultierenden Verantwortungsfragen schließen den Text ab.

2. Die weltweite Situation – Herausforderungen, Gefahren, Potentiale

Die zentrale Herausforderung beim Übergang in ein neues Jahrtausend heißt seit der Rio-Weltkonferenz *nachhaltige Entwicklung*. Die Erde ist heute bedroht durch eine immer rascher wachsende Weltbevölkerung, den ungebremsten Verbrauch von Ressourcen, die zunehmende Erzeugung von Umweltbelastungen und schließlich die immer raschere Beschleunigung von Innovationsprozessen, die letztlich zu einer Unregierbarkeit unserer Gesellschaften führen können. Die Hoffnung, daß der technische Fortschritt, z. B. in Form einer zunehmenden Dematerialisierung, die resultierenden Probleme lösen wird, hat sich bis heute nicht erfüllt. Das ist unter anderem eine Folge des sogenannten *Rebound- bzw. Bumerang-Effekts*, der im Kern dazu führt, daß Einsparungen, die aus technischen bzw. organisatorischen Fortschritten resultieren könnten, sofort in *vermehrte menschliche Aktivitäten* umgesetzt werden.

Dies führt zu einer wachsenden Bevölkerung, mehr Konsum und mehr Mobilität. Als Folge der zunehmenden Globalisierung stehen dabei kurzfristig gewaltige zusätzliche Umweltbelastungen durch das hohe wirtschaftliche Wachstum in den Schwellenländern und damit zusammenhängend – als neues Phänomen – ein rasanter Abfluß von Arbeit aus den reichen Industrieländern mit *wachsender Arbeitslosigkeit und Bedrohung unserer Sozialsysteme* an. Setzen sich bisherige Trends fort, drohen einerseits erhebliche soziale Konflikte, andererseits ein Klimakollaps.

Eine friedliche Bewältigung dieser Herausforderungen ist auch Gegenstand der Diskussionen im 'Information Society Forum' der Europäischen Union[1] und im 'Forum Info 2000' der Bundesregierung. Einige der in diesem Kontext entwickelten Überlegungen finden sich in den unten genannten Dokumenten.[2,3,4] Zentral ist zunächst die Feststellung, daß diese Herausforderungen nur im Rahmen weltweiter Lösungen bewältigt werden können, also durch Vereinbarungen zwischen Nord und Süd, Ost und West, die *allen Menschen* auf diesem Globus eine *positive Per-*

---

[1] Information Society Forum (Hrsg.): Netzwerke für Menschen und ihre Gemeinschaften. Die Umsetzung der Informationsgesellschaft in der Europäischen Union. Erster Jahresbericht des Forums Informationsgesellschaft, Juni 1996.

[2] Radermacher, F. J. (1997): Building the Information Society: Labor Pressures, Globalization, and Political Goals of Sustainability as Challenges to the Regions in Europe. In: Proc. Die Informationsgesellschaft und die Regionen in Europa (Sturm, R./Weinmann, G./Will, O. (Hrsg.)), Band 14, Universität Tübingen.

[3] Radermacher, F. J. (1997): The Future of Labor: How to build the information society under the impacts of globalization and the political goal of sustainability. World-wide TOP Conference of Employment Service, Siemens-Nixdorf Informationssysteme AG, Wien, 1997.

[4] Radermacher, F. J. (1996): Westliche Industriegesellschaften unter dem Druck der Globalisierung: Strukturwandel von Arbeit und Wirtschaft in Deutschland und Europa. Dokumentation des 2. Zyklus der Kempfenhausener Gespräche, HYPO-Bank, München.

spektive für die Zukunft versprechen. Dies erfordert, die heute unerträglich große Differenz zwischen Reich und Arm zu beseitigen, aber ebenso *weltweit entwicklungsstandsbezogene Umwelt- und Sozialstandards* durchzusetzen und mitzufinanzieren. Eine entsprechende Zusammenarbeit würde den Aufbau von globalen Infrastrukturen ermöglichen und den Weg in eine nachhaltige Entwicklung marktwirtschaftlich absichern. Zugleich würden sie zu wirklich zukunftssicheren Arbeitsplätzen führen und damit erlauben, auch unsere Sozialsysteme zu stabilisieren. Geeignete Rahmenbedingungen sind dann auch die Voraussetzung dafür, daß regionale Initiativen in zielführender Weise, gemäß der *Leitidee 'Think globally, act locally'*, möglich werden.

Informations- und Kommunikationstechnologie (IT) ist für die beschriebenen Prozesse der Globalisierung wesentlich und erlaubt weltweit Menschen, sich effizient in den Wirtschaftsprozeß einzubringen. Sie ist ein wesentlicher treibender Faktor für eine preiswerte, weltweite Organisation von Wertschöpfungsketten und damit indirekt eine wichtige Ursache für den Abfluß von Arbeit aus den Industriestaaten. IT ist andererseits Teil der Lösung, denn sie ermöglicht besonders weitgehende Effekte der *Dematerialisierung durch Technik*, und bei *Vermeidung von Rebound-Effekten* durch geeignete gesellschaftliche Rahmenbedingungen eröffnet dies gute Chancen für langfristig tragfähige Lösungen. Noch nie war es so preiswert und umweltverträglich möglich, Menschen überall auf der Welt in gleichberechtigter Weise in die weitere Entwicklung einzubeziehen.

Um die Zukunft zu bewältigen, muß das *Spannungsverhältnis* zwischen Wirtschaft, sozialen Anforderungen und der Umwelt geeignet austariert werden. Aufgrund der Globalisierung des Wirtschaftens wird dies auf Dauer allerdings nicht mehr regional oder national, sondern *nur noch global zu bewältigen sein*. Dem jeweiligen Entwicklungsstandard angepaßte soziale und ökologische *Mindeststandards*, die das Wirtschaften hin zu einer nachhaltigen Entwicklung, aber auch zu einem sozialen Miteinander – und damit zu einer *weitergehenden Verwirklichung der Menschenrechte* – ausrichten, sind weltweit durchzusetzen. Natürlich erfolgen solche Standards partiell zu Lasten des insgesamt erreichbaren Produktionsumfangs, verbessern dafür aber die Lebensqualität, den Grad an sozialer Gerechtigkeit, die ökologische Situation und insgesamt die Durchsetzung der Menschenrechte. Offensichtlich sind Lösungen der angedeuteten Art – die wahrscheinlich vor allem im Rahmen der GATT/WTO-Regelwerke umgesetzt werden müßten – nur denkbar, wenn sie auch *weltweit und fair finanziert werden*. Eine gedeihliche Zukunft ist nur im Rahmen von Vereinbarungen zwischen Nord und Süd, Ost und West erreichbar, und diese werden letztlich allen Menschen auf diesem Globus eine positive Perspektive versprechen müssen.

Das Forschungsinstitut für anwendungsorientierte Wissensverarbeitung (FAW) in Ulm hat für die Europäische Kommission in Form der Koordinierung einer Expertengruppe 1995 eine Studie zum Thema der Wechselwirkung zwischen den beiden Leitideen *Informationsgesellschaft* und *nachhaltige Entwicklung* erarbeitet[5]. Dies ist ein diffiziles Thema. In der Diskussion ist klar geworden, daß zum einen das beschriebene Dreieck von *Anforderungen im wirtschaftlichen, sozialen und ökologischen Bereich* auszutarieren ist und daß zum anderen die beiden Leitideen nicht automatisch konvergieren. Man kann sich zwar bei der heutigen Ausgangssituation kaum eine auf die Verwirklichung von Nachhaltigkeit hin orientierte Welt vorstellen, die nicht wesentlich auf Informationstechnologien aufbaut, aber sehr wohl Gesellschaften, die auf Informationstechnologien aufbauen und nicht nachhaltig ausgerichtet sind.

Die beschriebene Studie hat Leitprinzipien herausgearbeitet, nämlich (1) die hohe Relevanz des Themas der *'Nachhaltigkeit'* (die in ihrer Wichtigkeit vergleichbar ist mit den Menschenrechten, Demokratie und dem Anspruch auf Arbeit), (2) die Feststellung, daß Nachhaltigkeit immer aus einer globalen wie aus einer lokalen Perspektive betrachtet werden muß, (3) die Erkenntnis, daß mit dem Ziel einer nachhaltigen Entwicklung fast unauflösbar die Notwendigkeit verbunden ist, vergleichbare Lebensbedingungen für Menschen überall auf diesem Globus herbeizuführen, (4) die Berücksichtigung der Interessen zukünftiger Generationen und (5) die Feststellung, daß die Informations- und Kommunikationstechnologie ein großes Potential besitzt, um einen Beitrag zur Erreichung dieser Ziele zu leisten. Allerdings erschließt die Informations- und Kommunikationstechnologie diese Chancen nur dann, wenn *Rebound-Effekte* vermieden werden können. Dies erfordert (6) neue gesellschaftliche Rahmenbedingungen, die derartige Effekte verhindern. Ein Denkmodell ist die Mobilisierung der Marktkräfte in Form einer *ökologisch und sozial ausgerichteten, globalen Marktwirtschaft*. Hierfür sind die Randbedingungen des Marktes geeignet zu definieren. Schließlich werden (7) entsprechende *weltweite, leistungsfähige und integrierte Infrastrukturen* benötigt, die am besten über marktgetriebene Prozesse unter geeigneten gesellschaftlichen Rahmenbedingungen entstehen. Wenn dies alles in der richtigen Weise angegangen wird, dann bestehen gute Aussichten, daß sich die Leitidee *'Think globally – act locally'* umsetzen läßt. Tatsächlich würden in diesem Rahmen die neuen zukunftssicheren Arbeitsplätze entstehen, und wahrscheinlich ließen sich entlang dieser Idee in geeigneten Übergangs- und Anpassungsprozessen auch die nationalen Sozialstaatsmodelle der entwickelten Industriestaaten langfristig absichern.

Wie sieht es nun mit der aktuellen Umsetzung aus? Nach der Etablierung der Initiative zum Aufbau einer globalen Informationsinfrastruktur im Rahmen der Zusammenarbeit der G7-Staaten haben die Entwicklungs- und Schwellenländer gefordert, daß sie in diesen Prozeß, der aus ihrer Sicht enorme Chancen beinhaltet, der aber erneut auch zu einer weiteren *Vertiefung der Kluft* zwischen 'Nord' und 'Süd' führen kann, adäquat eingebunden werden. Die ISAD-Konferenz

---

[5] Greiner, C./Radermacher, F. J./Rose, T. (1996): Contributions of the Information Society to Sustainable Development. Report of the Working Circle: A DG XIII-initiated Group on Sustainability and the Information Society, held at the European Commission, Brussels, December 12-13, 1995; FAW-Publikation.

(Information Society and Development), die in Südafrika auf Einladung von Präsident Mandela im Mai 1996 auf Regierungsebene stattfand, hatte genau dieses Thema zum Gegenstand; die Europäische Union hat die Organisation dieser Veranstaltung wesentlich unterstützt. Die ISAD-Konferenz in Südafrika hat die große, bestehende Lücke deutlich gemacht, aber auch erste Ansatzpunkte aufgezeigt, bestehende Probleme zu überwinden und die sich bietenden Chancen besser zu nutzen. Dies betrifft nicht zuletzt das Potential moderner Informations- und Kommunikationstechnik. Anerkennung findet dabei immer auch das europäische Gesellschaftsmodell, vor allem die soziale und ökologische Orientierung. Deutschland ist in all diesen Themen besonders gefordert, denn für unser Land bietet sich die Chance, als *Gastgeber der EXPO 2000*, die unter dem Motto 'Mensch, Natur, Technik' in einem äußerst sensiblen Moment (einer Jahrtausendwende) stattfindet, Antworten auf die brennenden Fragen der Menschheit zu geben. Das FAW hat in diesem Kontext mit anderen wissenschaftlichen Partnern für die EXPO 2000-Gesellschaft in einem weltweit ausgerichteten thematischen Prozeß in Form von 22 Thesen ein Schlüsseldokument erstellt, das neben anderen FAW-Exponaten ebenfalls auf der ISAD-Konferenz verfügbar gemacht wurde[6].

Wie kann man sich entsprechende weltweite Lösungsansätze vorstellen?[7,8,9,10] Im Kern geht es um ein *Gegengeschäft zwischen Nord und Süd*. Es geht um einen 'Deal', in den der Norden aus *einsichtsvollem Egoismus* einsteigt, um sich das zu erhalten, was er heute hat, während der Süden einsteigt, weil ihm dies die größten Chancen für einen geordneten Übergangsprozeß in eine Welt eröffnet, in der nach einer überschaubaren Zeitspanne die Lebensbedingungen im Norden und Süden vergleichbar werden, und das ohne das Risiko der Zerstörung der Natur.

Operational könnte man so vorgehen, daß man die wesentlichen Umweltrisiken in den Weltmarkt inkorporiert, z. B. das Problem der bedrohlichen CO_2-Emissionen über *weltweit gehandelte CO_2-Zertifikate*, wobei gemäß eines bestimmten Pfades in die Zukunft der Umfang dieser Zertifikate bis zum Jahr 2050 gegenüber heute substantiell, vielleicht um die Hälfte, gesenkt werden muß und spätestens zu diesem Zeitpunkt ein Zustand akzeptiert wird, in dem jedem Menschen auf der Erde im wesentlichen der gleiche Anteil an Emissions-

---

[6] Dahlmanns, G./Eckart, S./Hormann, J./Radermacher, F. J./Schmidt-Bleek, F. (1996): EXPO 2000 Thematic Orientation – One World – One Future! Sustainability is no longer divisible, revised version, result of the thematic process. FAW-Publikation.

[7] Morath, K./Pestel, R./Radermacher, F. J. (1996): Die Überbevölkerungssituation als Herausforderung: Robuste Pfade zur globalen Stabilität, in: Morath (1996): Welt im Wandel – Wege zu dauerhaft-umweltgerechtem Wirtschaften. Frankfurter Institut – Stiftung Marktwirtschaft und Politik, S. 89-111.

[8] Morath, K. (Hrsg.) (1996): Welt im Wandel – Wege zu dauerhaft-umweltgerechtem Wirtschaften. Frankfurter Institut – Stiftung Marktwirtschaft und Politik.

[9] Schmidt-Bleek, F. (1993): Wieviel Umwelt braucht der Mensch? MIPS – Das Maß für ökologisches Wirtschaften. Birkhäuser Verlag, Berlin.

[10] von Weizsäcker, E. U./Lovins, E. U./Lovins, A. B. (1995): Faktor Vier: doppelter Wohlstand, halbierter Naturverbrauch. Droemer-Knaur, München.

rechten/Zertifikaten als Ausgangsverteilung zusteht. Der Norden wird zur Sicherstellung seines dann wohl immer noch höheren Konsums und seiner höheren Mobilität Mittel in den Süden geben, um zusätzliche CO_2-Rechte zu kaufen. Im Rahmen geeigneter Vereinbarungen sollten diese Ressourcen für den *Aufbau sozialer Strukturen* (Ausbildung, Medizin, Rentensysteme), den *Schutz der Umwelt* und den *Ausbau technischer Infrastrukturen* eingesetzt werden. Dazu gehören insbesondere auch massive Investitionen in die *Ausbildung und die Position der Frauen* unter anderem deshalb, weil all dies erfahrungsgemäß wesentlich zur Stabilisierung und nachfolgenden *Reduktion der Bevölkerungsgröße* beiträgt. Dies würde zusammen mit den anderen vorgeschlagenen Maßnahmen einen wirkungsvollen Beitrag zur Entschärfung der bestehenden gefährlichen Trends bilden und zu einer Entspannung der weltweiten Verhältnisse beitragen.

3. TIME (Telekommunikation, Information, Multimedia und Entertainment) als treibende Kräfte auf dem Weg in die Zukunft[11]

Ein wesentliches, in Punkt 2 bereits mehrfach gefallenes Stichwort zum Verständnis der heutigen Entwicklungen ist die *Informations- und Kommunikationstechnik*. Dies sind Technologien, die noch relativ jung sind, die die Welt aber schneller und mehr verändert haben als möglicherweise alle anderen Technologien zuvor. Wenn man heute in öffentlichen Verlautbarungen hört, wo die wichtigen Zukunftsfelder gesehen werden, dann fallen oft Schlagworte wie Material- oder Bio-Wissenschaften. Wenn man dann aber deren Potential genauer analysiert, dann zeigt sich oft, daß diese neuen Technologien einen Großteil ihrer Bedeutung daraus beziehen werden, daß sie ihrerseits die Möglichkeiten der Informations- und Kommunikationstechnik noch weiter zu steigern versprechen. Deshalb bilden Informations- und Kommunikationstechnologien auch für die Zukunft die dominierende Entwicklungslinie; dies hängt damit zusammen, daß diese Technologien eng verknüpft sind mit der Erschließung von neuen Potentialen der eigenen Entfaltung wie der Wertschöpfung für Personen und Organisationen, mit der Organisation von menschlichem Miteinander, der Bereitstellung und Verarbeitung von Wissen sowie dem Aufbau von Macht und der Schaffung von Umsetzungskapazität. Wir tun deshalb hinsichtlich der Einschätzung der Größe dieses Potentials gut daran, Informations- und Kommunikationstechnik in einer Tradition und Entwicklungsperspektive zu sehen, die mit der *Erfindung der Schrift* begann und mit der *Erfindung des Buchdrucks* einen gewaltigen weiteren Schritt nach vorne tat; in dieser Linie folgten vor

---

[11] Radermacher, F. J. (1995): Informations- und Kommunikationstechnik: Basis einer auf Wissen und Nachhaltigkeit angelegten weltweiten Industriegesellschaft. Beitrag zum Technischen Symposium 'Change in TIME' der Siemens-Nixdorf Informationssysteme AG, München.

einem halben Jahrhundert Rechner, später *Personalcomputer* und jetzt als nächste Stufe *Datenautobahn und Multimedia*.

Es sind dies alles Technologien, die es erlauben, *Wissen* vorzuhalten, zu speichern, zu tradieren und von einer Rechnergeneration an die nächste weiterzugeben. Charakteristisch für die moderne Entwicklung – also insbesondere für die Rechner- und Netzwerktechnologie – ist allerdings, daß sie über die genannten Dimensionen hinaus auch Möglichkeiten einer *komplexen Verarbeitung und Generierung von Wissen* beinhalten und darüber hinaus schließlich auch Mechanismen, um Wissen unmittelbar umzusetzen, also in Realwelthandlungen zu überführen. Dies zielt auf *Wahrnehmung der Außenwelt*, auf Messen, Steuern, Regeln, Entscheiden sowie *den Einsatz von Aktorik*. Hier erfolgte in den letzten Jahren ein großer neuer Schritt über die Ablage von Wissen (wie z. B. in einem Buch) hinaus. Mittlerweile halten wir nämlich nicht nur Anleitungen vor, wie man etwas tun soll, sondern setzen den Rechner immer öfter dazu ein, die Dinge gleich auch selbst zu tun (vom Steuern eines Flugzeugs über die Korrektur eines Textes bis zur Unterhaltung von Kunden).

Das ist der nächste Schritt hin zu technischen Systemen großer Komplexität und Leistungsfähigkeit; und es spricht sehr viel dafür, daß wir auf diesem Weg noch den Aufbau eines Potentials erleben werden, das viele heute für undenkbar halten würden. Insbesondere haben wir in den letzten Jahren erleben können, daß dieses *'technische Wissen in Aktion'* Dimensionen zu erschließen erlaubt, die wir bis vor kurzem exklusiv beim Menschen lokalisiert sahen, also Leistungsdimensionen, die wir üblicherweise mit Gefühl, mit Intuition, mit Handeln *'aus dem Bauch heraus'* bezeichnen, d. h. ganzheitliche Beurteilungen von Situationen. Diese Leistungspotentiale gehen wir zunehmend erfolgreich mit Technologien im Bereich *neuronaler Netze* an. Zusätzlich arbeiten wir an einer Anbindung von Maschinen an die reale Welt (sogenannte Symbolverankerung) im Sinne einer immer besseren Nutzung von Sensorsignalen aller Art, inklusive solcher Sensoren, die den Sinnesorganen von Menschen nachempfunden sind (sehen, hören, fühlen). Wir sind insofern dabei, technische Systeme zu bauen, die in der Fähigkeit der Beurteilung von Situationen und in der Anbindung an die reale Welt biologische Kompetenzen und Leistungsmerkmale mehr und mehr nachbilden. Von der Sensorik her reicht dies von einer neuronalen, intuitiven Ebene bis hin zu einer Wissens- und Argumentationsebene und schließlich hin zu einer dem mathematisch-naturwissenschaftlichen Bereich zugehörigen Modellebene.

Wenn man sich die Frage stellt, warum es möglich war, daß in so kurzer Zeit so dramatische Veränderungen passieren konnten und warum das gerade im Bereich der Informations- und Kommunikationstechnologie geschehen ist und nicht in anderen Feldern, dann scheinen zwei Punkte besonders wichtig zu sein. Ganz entscheidend, und oft nicht ausreichend gewürdigt, werden die großartigen *mathematischen Einsichten in die prinzipiellen Möglichkeiten der Symbolverarbeitung*, für die berühmte Namen wie *Turing* und *von Neumann* stehen, beides wichtige 'Väter' der modernen Informationstechnik. Die entsprechenden Einsichten und Erkenntnisse wurden vor 40 bis 50 Jahren erarbeitet und beinhalten die vollständige mathematische Charakterisierung der Möglichkeiten der digitalen Informationsverarbeitung. Diese Einsichten haben es den Technikern ermöglicht, die technische Seite der Informationsverarbeitung im wesentlichen in der Form zu handhaben, daß über einem zweiwertigen Alphabet (0/1) bestimmte Ein-/Ausleseoperationen schnell realisiert werden und ansonsten im wesentlichen die Ausführung des kleinen Einmaleins über diese Zahlen technisch-hardwaremäßig – durch *Ausnutzung geeigneter physikalischer Prozesse* realisiert wird. Daß man die generelle Aufgabe der Symbolverarbeitung so weitgehend verdichten und damit auf ganz wenige, zudem prägnant formulierbare elementare Grundfragen reduzieren konnte, ist in seiner intellektuellen Brillanz wunderbar und läßt uns vielleicht sogar etwas von der tieferen Harmonie des Kosmos erahnen. Zugleich hat man damit den Technikern, den Ingenieuren, den Chemikern, den Physikern – heute ist ja die Optoelektronik als Disziplin schon stark involviert – ein Handlungsfeld eröffnet, in dem die hohe Kreativität zehntausender Forscher weltweit darauf gerichtet werden kann, zwei physikalische Zustände in Form weniger Standardoperationen immer effizienter zu manipulieren.

Erst diese Verdichtung der Aufgabenstellung hat den gewaltigen technischen Innovationsprozeß in Gang gesetzt, der heute den Kern der Veränderungsdynamik treibt, die wir nunmehr seit Jahren erleben. Diese beinhaltet, daß bei der *Leistungsfähigkeit der Hardware etwa alle zwei Jahre eine Leistungsverdopplung* erreicht wird. Diese Leistungsverdopplung kann dabei im Prinzip für dieselben Anwendungssysteme, Programme, Überlegungen und Modelle genutzt werden wie die alte Hardware. Das beinhaltet, daß wir nicht mit jeder neuen Hardware neue Anwendungssysteme bauen müssen, wenn natürlich auch immer wieder Neues möglich wird und neu hinzukommt. Wir haben somit Anwendungsentwicklung und Hardwareentwicklung weitestgehend voneinander trennen können. Gerade durch diese Separation, die es den verschiedenen Disziplinen erlaubt, mit ihren Stärken ihre jeweiligen Themen mit maximaler Energie voranzutreiben, sind die Voraussetzungen geschaffen worden, die diesen schnellen Prozeß der Veränderung und Innovation, den wir seit Jahren beobachten konnten und können, ermöglicht haben, und nach allem, was wir wissen, scheint es so zu sein, daß wir mindestens noch die nächsten zehn Verdopplungen in diesem Tempo, d. h. eine Leistungsverdopplung alle zwei Jahre, erleben werden. Das heißt, daß wir in etwa 20 Jahren für den Preis eines heutigen PCs eine Maschine auf dem Schreibtisch haben können, die bei gleicher Größe und gleichem Preis etwa um den Faktor 1.000 leistungsstärker sein wird. Dies entspricht dann der Leistungsstärke eines kleineren heutigen Rechenzentrums.

Vielleicht sollte man einen letzten Punkt an dieser Stelle erwähnen. Wir wissen aus weiteren theoretischen Einsichten der Informatik, daß es auch Probleme gibt, die wir prinzipiell niemals universell mit einem Rechner werden lösen können. Dazu gehören viele leicht formulierbare Optimierungsaufgaben des alltäglichen Lebens, wie die Frage einer optimalen Rundreise unter verschiedenen Nebenbedingungen oder optimale Lösungen für Plazierungs- und Verdrahtungsprobleme, die ihrer Natur nach in den Bereich der *kombinatorischen Optimierung* fallen. Viele dieser

Probleme scheinen inhärent schwierig zu sein und zu ihrer exakten Lösung exponentiell viele (relativ zur Problemgröße) Auswertungsschritte zu benötigen. Diese *kombinatorische Explosion* führt sehr schnell in Größenordnungen, die man generell niemals mit einem Rechner wird vollständig bearbeiten können, egal, wie lange die ständige Verdopplung der Rechnerleistung noch weitergehen wird. Das hängt damit zusammen, daß die Zahl 10^{80} schon oberhalb der Anzahl der Atome im Universum liegt – und damit tun sich für jede Technologie prinzipielle physikalische Grenzen schon relativ schnell auf. Daß für bestimmte Aufgabentypen eine derartige algorithmische Komplexität bekannt ist, hilft uns sehr, viel unnötige Arbeit bei wenig aussichtsreichen Versuchen zu vermeiden, die darauf abzielen, bestimmte 'harte' Probleme mit dem Rechner exakt zu lösen, für die inhärent absehbar ist, daß es eine derartige universelle Lösung nicht gibt. Auch für solche, nicht universell beherrschbaren Aufgabenstellungen gibt es aber meist zumindest *heuristische Lösungen* bzw. Näherungslösungen, die für die in den Anwendungen bestehenden Anforderungen ausreichen. Bei den Lösungswegen orientiert man sich hier teilweise an der Natur und ihren Mechanismen. Die Natur gibt uns im Bereich der genetischen Mechanismen, also der Art, wie die Natur immer neue Lebewesen und Lebensformen 'kreativ' erzeugt, interessante Hinweise, wie man auch in explodierenden, sehr großen Lösungsräumen unter Umständen mit der richtigen Art von Heuristik zu guten Ergebnissen kommt. Der Anspruch ist dann aber nicht mehr Optimalität, sondern das Erreichen guter Ergebnisse – und nach aller Erfahrung ist dies im Leben, auch in der Wirtschaft, meist ausreichend (insbesondere dann, solange die Konkurrenz ebenfalls nicht besser ist).

Nun steht der nächste Schritt unter den beiden Überschriften *'Multimedia'* und *'Datenautobahn'* an. Hier lohnt sich eine biologische Sicht auf dieses Thema. Die tiefere Wirkungskraft hinter Multimedia ist, in Anlehnung an biologische Lebensformen, die nunmehr gegebene Fähigkeit technischer Systeme zur *Integration vielfältiger Sensor- und Aktorkanäle* in ihre eigenen Verarbeitungsprozesse, insbesondere auch solcher Sensorkanäle, über die auch der Mensch verfügt, unter Umständen aber auch noch vieler weiterer. Die Technik hat jetzt erstmalig in der Geschichte die Voraussetzungen dafür geschaffen, daß technische Systeme, wie biologische Systeme schon immer, mit vielfältigen Sinneseindrücken ganzheitlich und integrativ umgehen können. Diese Richtung einer integrierten Sensorik gewinnt in der Forschung zunehmend an Bedeutung. Dasselbe gilt auch für das Thema 'Datenautobahn'. Man kann Datenautobahnen zunächst einmal als eine Infrastruktur zur Kommunikation sehen. Man kann die Datenautobahn alternativ auch aus einer Marktperspektive heraus zu begreifen versuchen. Wahrscheinlich ist aber die beste Metapher für die Datenautobahn diejenige des sogenannten *Global Nervous System*, also eines Nervensystems der Menschheit, eines Staates, einer Unternehmung oder beispielsweise einer Universität. Es spricht sehr viel dafür, solche komplexen Strukturen wie Universitäten, Unternehmen, Staaten, die Menschheit als höhere Organismen, sogenannte *Superorganismen*, zu sehen. Dies sind Strukturbildungen oberhalb der Ebene des einzelnen Menschen. Wir werden zur Zeit Zeuge, wie in einem Evolutionsprozeß der Technik diese Systeme ihrerseits sich ausstatten mit Nervensystemen, die zukünftig die interne Reaktionsgeschwindigkeiten dieser Superorganismen dramatisch verändern werden. Wir werden dieses Thema im folgenden noch genauer im Zusammenhang mit Formen der Repräsentation von Wissen und Fragen hinsichtlich der Wissensverarbeitung und des Lernens in Unternehmen als Superorganismen diskutieren.

4. Fragen zur Organisation von Wissen und Systemen

4.1 Wissen: Was ist es, und wo ist es repräsentiert?

Im folgenden wird versucht, Wissen, wie es im Rahmen allgemeiner, z. B. biologischer Systeme, für das Funktionieren von Maschinen (Robotern) oder in Organisationen sowie auch in größeren Strukturen des Zusammenwirkens von Menschen und Maschinen, sogenannten *Superorganismen*, eine Rolle spielt, zu klassifizieren. Dabei wird eine *Vier-Ebenen-Architektur der Wissensverarbeitung* zugrunde gelegt, die es im Prinzip erlaubt, ganz unterschiedliche Formen, Systeme und Anwendungsbereiche dieser Art abzudecken und die zugleich ausdrucksstark genug zu sein scheint, alle relevanten Formen von Wissen einzuordnen.

Unterschieden werden in dieser Perspektive 4 verschiedene Ebenen (vgl. Abb. 1):

1. *Signalebene*
   Auf der untersten Ebene geht es um eine unmittelbare Wechselwirkung physikalischer Natur von Systemen mit der umgebenden Welt. In diesen Kontext gehören insbesondere auch Signale. Signale werden über Sensorsysteme abgegriffen bzw. identifiziert und induzieren einerseits unmittelbare Wirkungen, andererseits werden aus ihnen mit Hilfe sogenannter Filter Merkmale als eine erste Form der Informationsverdichtung herausgefiltert. Bestimmte Sensoren zielen dabei (primär) auf die Außenwelt des Systems, andere primär auf die Innenwelt.

2. *Merkmalsebene*
   Merkmale sind die Eingangsinformation der 2. betrachteten Ebene der Informationsverarbeitung. Hier setzen einerseits funktionale Transformationen derartige Merkmale, z. B. zur Motorik bzw. Aktorik, etwa in Form trainierter (künstlicher) neuronaler Netze ein. Andererseits können auf der Basis von Merkmalen mittels Klassifikatoren *Objekte* bzw. *Begriffe* identifiziert werden.

3. *Symbolebene*
   Die Symbolebene operiert auf *Objekten* bzw. *Begriffen*, und zwar mittels unterschiedlicher Mechanismen der Symbolverarbeitung (Verarbeitung von Regeln,

Logik, Relationalsysteme usw.). Dies ist die klassische Domäne der *Künstlichen Intelligenz* (KI) als wissenschaftliche Disziplin.

4. Theorieebene
Von der 3. Ebene geht es in besonderen Fällen weiter zur 4. Ebene der *Theorien und Modelle*. Hier ist es dann z. B. möglich, mit zum Teil aufwendigen mathematischen Kalkülen der Optimierung, Statistik, Entscheidungstheorie und Numerik zu Aussagen und Schlüssen zu kommen.

Zur Illustration der Wirkungszusammenhänge auf diesen verschiedenen Ebenen seien entsprechende Abläufe in der *menschlichen Informationsverarbeitung* genannt (vgl. Abb. 2): Wenn jemandem mit der Nadel in die Haut gestochen wird, dann bewegt sich zunächst einmal die Haut nach innen und der Arm nach hinten – das ist die Ebene der unmittelbaren physikalischen Wechselwirkung (Ebene 1). Gleichzeitig kann der Betroffene (bzw. sein Gehirn oder sein Nervensystem) aus dem begleitenden Signalstrom aber auch Informationen bzw. Merkmale herausfiltern, die indirekt beschreiben, daß ihn da offenbar etwas pikst. Diese erkannten Merkmale fließen (auf der zweiten betrachteten Ebene) in ein biologisches neuronales Netz ein, das motorisches Verhalten bewirkt. Dabei wird z. B. der Arm reflexhaft zurückgezogen. Dies geschieht, ohne daß der Betroffene in diesem Moment bereits (bewußt) weiß, daß ihn etwas gepikst hat. Der Betroffene kann dann allerdings auf der nächsthöheren Stufe der Abstraktion (3. Ebene) die Situation auch erkennen, d. h. geeignet begrifflich klassifizieren als eine Situation, in der ihn jemand gepikst hat. Auf dieser Ebene kann ein Mensch dann bei Bedarf die Lage analysieren und ein angemessenes Verhalten ableiten. Schließlich können Menschen, z. B. als Wissenschaftler, auf einer nochmals höheren Ebene (Ebene 4) auch an einer Theorie arbeiten, die präzise beschreibt, was passiert, wenn eine Nadel die Haut trifft, wie dort die Signalströme zeitlich bzw. von der Intensität her verlaufen usw. Dabei werden die Signalströme unter Umständen durch Systeme von Differentialgleichungen beschrieben und anschließend Lösungen dieser Systeme untersucht. Es ist dabei interessant, zu unterscheiden, auf welcher Ebene man jeweils welche Aufgabe mit welchen Mechanismen angehen kann.

Die hier vorgestellte Architektur ist aus der *Verfolgung des Evolutionsprozesses* in der Biologie abgeleitet. Im Evolutionsprozeß wirkten zunächst nur Faktoren auf der untersten Ebene. Als die Lebensformen komplexer wurden, konkret mit der Ausbildung von Nervensystemen, kam die zweite Ebene hinzu. Bereits bei manchen Vogelarten ist die dritte Ebene zumindest partiell ausgeprägt, d. h. diese Tiere können bereits Zustände klassifizieren. Natürlich sind Leistungspotentiale auf der 3. Ebene zentral für Primaten und insbesondere Menschen. Nicht zuletzt fällt die *Sprache* wesentlich in diesen Bereich. Schließlich haben die Menschen und insbesondere die Wissenschaft als Gesamtsystem in den letzten paar tausend Jahren mit ihren Theoriebildungen die vierte Ebene erreicht.

Abb. 1: Vier Ebenen der Informationsverarbeitung und Erzeugung von Wirkung

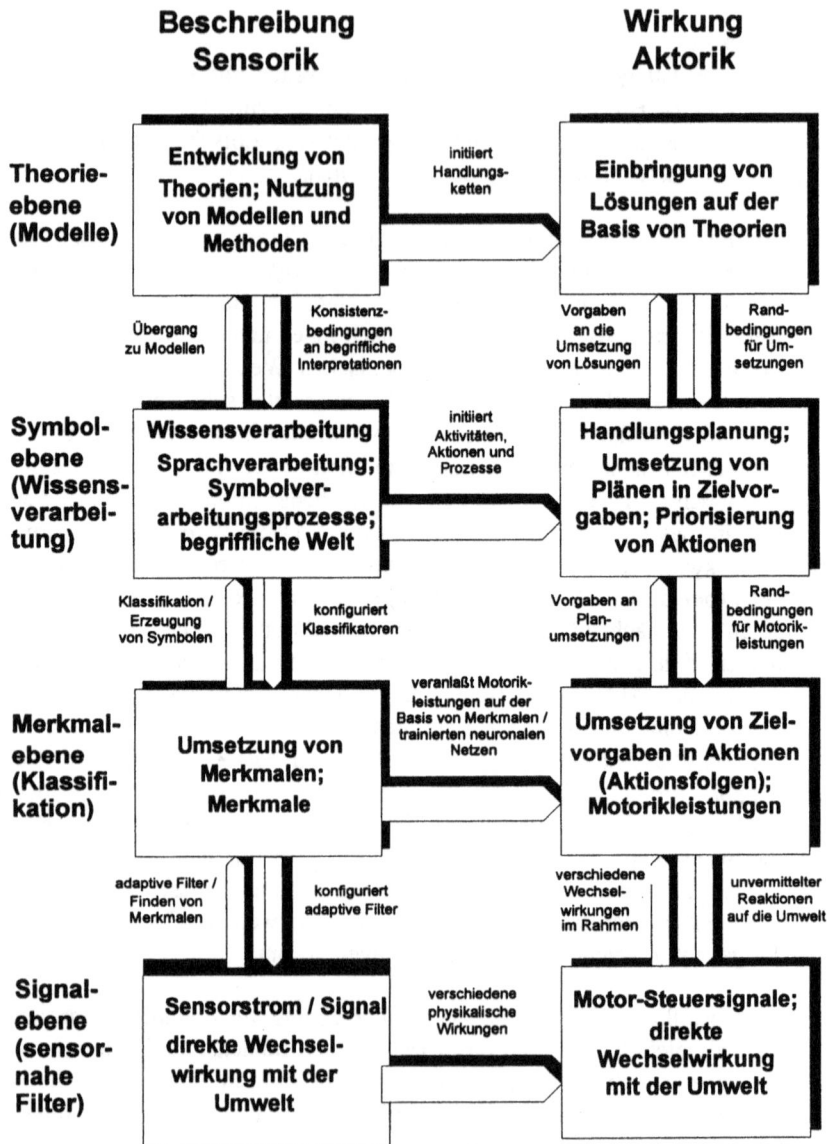

Abb. 2: Vier-Ebenen-Architektur am Beispiel 'Nadelstich'

Ebenen	Verarbeitungs-prozesse	Wirkungs-mechanismus	Formen der Wissens-repräsentation
Modelle / Theorien (4)	Mathematik	Beschreibung der Ausbreitung von Signalen bei Nadelstichen in die Haut auf der Basis von Differentialgleichungsmodellen	$\dfrac{d}{dt}\dfrac{\partial}{\partial x} f(t,x,x) = \dfrac{\partial}{\partial x} f(t,x,x)$
Wissens-verarbeitung (3)	Logik, Regelverknüpfung	Erkennung von Nadel, erfolgtem Stich, der sozialen Konstellation usw.	„Schmerz"
	Sprache		
Neuronale Ebene (2)	Klassifikatoren, gelernte Funktionen	Zurückziehen des Armes als ererbter bzw. erlernter Reflex	
Sensor ebene (1)	dreidimensionale Passung, chemische Reaktionen	Einbuchten der Haut, Erregung von Schmerzrezeptoren, dreidimensionale Passung	

Das Gesamtleistungsspektrum an intellektueller Kapazität auf allen genannten vier Ebenen, das soeben dargestellt wurde, ist übrigens bei Menschen/Säugetieren im Gehirn bzw. im Nervensystem ganzheitlich in einer *neuronalen Architektur* realisiert, deren Möglichkeiten – überspitzt gesagt – auch 'mißbraucht' werden können zu Leistungen, für die sie ursprünglich nicht 'erfunden' worden waren. Dieses Basisleistungsvermögen eines biologischen Nervensystems besteht primär in der Fähigkeit, Beziehungen zwischen Mustern rückgekoppelt in Form des Lernens an Beispielen zu etablieren. Inhaltlich korrespondiert dies zu Fragen der Funktionsapproximation in der Mathematik. Es gibt mittlerweile mathematische Sätze, die dieses Basispotential neuronaler Netze präzise beschreiben.

Es sei an dieser Stelle erneut erwähnt, daß sich die hier für biologische Systeme gegebenen Hinweise auch auf (biologische) *Superorganismen*, z. B. Insektenstaaten, Schwärme, Staaten oder auch das *System Menschheit* übertragen lassen. Natürlich gilt dies ebenso für Unternehmen und Organisationen. Hierauf wird im folgenden noch genauer eingegangen. Zugleich wird hierbei deutlich werden, welche Herausforderung das immer wichtiger werdende Thema des *Wissensmanagements* in diesem Umfeld darstellt.

4.2 Zur Einordnung der Vier-Ebenen-Architektur in andere gesellschaftliche Anwendungsfelder bzw. Gegenstandsbereiche

In ähnlicher Weise wie biologische Systeme, inklusive Superorganismen, kann man auch andere, nicht-biologische Systeme mit der hier zugrundeliegenden Theorie studieren, was im Kontext dieses Textes besonders interessant ist. So beispielsweise Serviceroboter, Mensch-Maschine-Systeme und Unternehmen. *Unternehmen* sind in diesem Zusammenhang natürlich von besonderem Interesse; hierauf wird im weiteren kurz eingegangen. Dabei ist als generelle Vorbemerkung folgende Beobachtung von Interesse: Für die Theorie und Praxis der Unternehmensorganisation hat in den letzten Jahren die Formalisierung von Strukturen und Prozessen und die Beschreibung bzw. Dokumentation und Ablage von Abläufen in Datenbanken oder Informationssystemen eine immer größere Bedeutung gewonnen. Mit dieser Entwicklung verbunden ist die Zielsetzung, eine höhere Striktheit/Normierung der Abläufe zu erreichen, um so eine bessere planerische Durchdringung aller relevanten Prozesse sicherzustellen. Mit dieser Entwicklung verbunden ist eine verbesserte Transparenz. Sie erlaubt auch einen leichteren Austausch von Führungskräften und eine größere Verteilbarkeit der Abläufe. Verbunden damit ist allerdings auch eine stärkere Bürokratisierung. Dieser dominierende Trend einer immer weitergehenden Formalisierung stößt allerdings zunehmend an Grenzen hinsichtlich der erzielbaren Leistungsniveaus. Deshalb werden seit einigen Jahren unter dem Schlagwort einer lernenden Organisation bzw. fraktaler oder selbstähnlicher Strukturen und unter Betonung von Selbstorganisationsprinzipien andere Ansätze ins Spiel gebracht. Diese erneut veränderte Sicht wird vor allem durch die Notwendigkeit einer raschen Anpassung an sich immer schneller verändernde Märkte, Produktlandschaften und Konkurrenzverhältnisse motiviert.

In der folgenden Abb. 3 wird für Unternehmen beispielhaft auf Wissenselemente eingegangen, die auf den verschiedenen Wechselwirkungsebenen angesiedelt sind. Die angesprochenen Entwicklungen der letzten Jahre betreffen dabei primär die Ausgestaltung der Wechselwirkung zwischen den Ebenen 2 und 3 und den Stellenwert dieser Ebenen. Die unterste Ebene 1 betrifft z. B. Gebäudetypen, Türhöhen, Raumgrößen, Ausstattung mit Infrastruktur usw. Ebene 2 betrifft indirekte, nicht unmittelbar aus Ursache-Wirkungsargumenten abgeleitete Mechanismen zur Kanalisierung bzw. Steigerung der Kommunikation, also z. B. die Art der Einteilung der Einheiten und Teams (in Arbeitsgruppen, Projekte, Abteilungen usw.), das Aufstellen von Kopierern, die Plazierung von Treppenhäusern, eine großzügige Cafeteria, Plazierung von Pflanzen, Ausstatten der Gebäude mit Kunst usw. Wesentlich für diese Ebene ist auch der gesamte Umgang mit *Fragen der Form, der Farbe oder des Designs*. Die Wissensebene 3 betrifft die Ablage von Vorschriften und Kalkülen bzw. Organisationsprozessen und Regelwerken, die vorgeben, wie sich Personen in Unternehmen zu verhalten haben. Hier sind auch der (explizite) juristische Bereich, Auditing-Verfahren, Normen, ISO-Regelwerke usw. angesiedelt. Auf der 4. Ebene der mathematischen Modelle sind schließlich Modelle darüber angesiedelt, wie bestimmte Produktions- oder Entscheidungsprozesse in der Wechselwirkung von Abteilungen untereinander zu erfolgen haben.

Erwähnt sei auch, daß die jeweiligen inhaltlichen Schwergewichte und die wichtigsten Wirkungsfaktoren auf den verschiedenen Ebenen sehr stark abhängen von der Größe der jeweiligen Firma oder Organisation, die man zu beschreiben versucht. So haben Untersuchungen gezeigt, daß für das Einzelindividuum einer der wichtigsten Ansatzpunkte zur Veränderung von Prozessen die *Motivation* darstellt, etwas, was sehr stark auf den Ebenen 2 und 3 der besprochenen kognitiven (4 Ebenen-) Hierarchie angesiedelt ist. Für Gruppen ist der vielleicht wichtigste Faktor die jeweilige *Organisationsform*, d. h. die Organisation der Mechanismen der Wechselwirkung unter den Beteiligten. Dieser Aspekt ist inhaltlich sehr stark auf den Ebenen 1 und 2 angesiedelt. Für größere Verbände oder Unternehmen scheint schließlich ein ganz zentraler Erfolgsfaktor die *Verfügbarkeit von Informationen* zu sein. Dies sind Mechanismen, die ganz wesentlich auf den Ebenen 2 und 3 angesiedelt sind, aber ihrem Charakter nach wiederum ganz anders sind als die Motivationsseite bei den Individuen.

Abb. 3: Vier-Ebenen-Architektur am Beispiel 'Designprozeß' im Unternehmen

Ebenen	Verarbeitungs-prozesse	Wirkungs-mechanismus	Formen der Wissens-repräsentation
Modelle / Theorien (4)	Mathematik	Mathematische Verfahren für „gute Form", Goldener Schnitt, ...	$\frac{\sqrt{5}-1}{2}$: 1
Wissensverar-beitung (3)	Logik, Regelver-knüpfung	Regelwerke für den Designpro-zeß; Prüfen von Vorschriften und Normen	**„gutes Design" (sprachliche Begrün-dung)**
	Sprache		
Neuronale Ebene (2)	Klassifikatoren, gelernte Funk-tionen	Formen des freien Brainstorming; gewachsene Part-nerschaften; Me-thoden zur Steige-rung der Kreati-vität	Beziehungsnetzwerk
Sensorebene (1)	dreidimensionale Passung, chemische Re-aktionen	Werkzeuge, in-stitutionell vorge-gebene Beziehun-gen zu Partnern, körperliche Re-aktionen der in-volvierten Mitar-beiter auf De-signlösungen	Passung

4.3 Prinzipielle Lernmechanismen auf den betrachteten Verarbeitungsebenen

Aufgrund des soeben Gesagten läßt sich in ganz unterschiedlichen Kontexten Wissen interpretieren als das *Wirken von Operatoren auf Muster bzw. Daten*, wobei die Muster bzw. Daten ganz unterschiedlichen Repräsentationsformen angehören können, und die Operatoren auf die jeweilige Repräsentationsform zugeschnitten sind (z. B. neuronale Netze und zugehörige Lernmechanismen, symbolische Welten und Regelextraktion mittels statistischer Methoden). Leistungsstarke Lernmechanismen bilden in diesem Kontext besonders wichtige Faktoren zur Steigerung der Leistungsfähigkeit von Unternehmen als Superorganismen. Sie sind auf der jeweiligen Ebene ganz spezifisch. So erfolgen auf der *Strukturebene* kontinuierliche Anpassungen, z. B. in einem genuin-eigenen *Findungsprozeß sozialer und technischer Art*, der bis zu nationalen Ausbildungssystemen, internationalen Konkurrenzmechanismen, *Vereinbarungen der Tarifpartner* usw. reicht. Auf der eher *neuronalen Ebene* findet das Lernen von und in Unternehmen in Form des Miteinanders von Personen, seien es Mitarbeiter, Kunden oder Zulieferer, statt. Hier prägen sich bestimmte Formen der Interaktion, des Austauschs, der Motivation, des 'Networking' usw. heraus. Es ist bekannt, daß die jeweilige Kommunikationskultur enormen Einfluß auf das Verhalten der einzelnen Personen, aber durchaus auch auf deren Kreativität und Leistungsfähigkeit hat. Neuerdings gewinnen dabei Formen der internen und externen Vernetzung (z. B. Intranetze, Zugriff auf Wissensbanken, Diskussionsforen) eine zunehmende Bedeutung. Lernen auf der *Ebene 3, d. h. der Ebene der Regelwerke*, besteht in der Extraktion von Regeln oder Sätzen von Vorschriften und Organisationsprinzipien, die sich in der Vergangenheit bewährt haben und nun in neuen Umgebungen umgesetzt werden. Die Einbeziehung von Unternehmensberatern, die Beteiligung an Benchmarkingprozessen sowie Formen der Zertifizierung tun das ihre zur weiteren Verbreitung und ständigen Anpassung und Fortentwicklung dieser Regelwerke. Auf der *Modellebene* schließlich besteht Lernen primär in der Fortentwicklung und Anpassung von Theorien bzw. in der Ausgestaltung der dort wirksamen Algorithmik. Im Kontext von Unternehmen betrifft das heute etwa die Qualität der Ausgestaltung von Decision Support Systemen.

4.4 Was ist Kreativität?[12]

Kreativität und Lernen sind wichtige Themen, um das *Phänomen Intelligenz* zu studieren, aber auch, um die Leistungsfähigkeit von Unternehmen in *Innovationsprozessen* zu beurteilen. Dabei geht es um Kreativität der Mitarbeiter wie des Unternehmens als Superorganismus. Kreativität kann dabei allgemein als eine geeignete Koppelung der beiden Mechanismen 'Erzeugung von Lösungen' und 'Auswahl von Lösungen' in sehr großen Strukturräumen verstanden werden. Viele

---

[12] Radermacher, F. J. (1995): Kreativität – das immer wieder neue Wunder. Forschung & Lehre 10, S. 545-550.

Personen sind überzeugt, daß nur der Mensch kreativ ist, und sie denken dabei z. B. an Geistesblitze, wenn etwa beim Problemlösen, beim Verstehen eines Witzes, bei der Interpretation eines komplizierten Bildes plötzlich die neue Idee oder die richtige Interpretation wie aus dem Nichts heraus da ist. Demgegenüber werden bekannte Lernerfolge, etwa bei Maschinen, bei höheren Primaten oder von Strukturen und Systemen wie dem Immunsystem, der DNS im Bereich der Vererbung oder überhaupt im *gesamten Evolutionsprozeß* gerne übersehen.

Typische Beispiele menschlicher Kreativität (im Sinne der Erzeugung und Bewertung von Lösungen) sind vor dem beschriebenen Hintergrund einer Vier-Ebenen-Architektur einzuordnen, wobei wir meistens von *Intuition* sprechen, wenn es sich um ganzheitliche, teilweise auch emotional geprägte und logisch nicht direkt begründbare Vorschläge (Ebene 2; beim Menschen primär rechte Gehirnhälfte) handelt in Abgrenzung zu logisch erschlossenen und entsprechend begründbaren Ergebnissen (Ebene 3; beim Menschen primär linke Gehirnhälfte). Bewertungskriterien, die hier gefühlsmäßig, teils auch unbewußt, wirken können, sind: Qualität von Vorhersagen, Kürze von Beschreibungen, Einfachheit von Lösungen, Formen der Symmetrie oder Harmonie, Stimmigkeit, Generalisierbarkeit, Analogieeigenschaften usw. Als Phänomen besonders interessant sind dabei für Menschen die bereits angesprochenen *Geistesblitze* (z. B. Bildverstehen, Verstehen von Witzen). Menschen haben bei solchen Geistesblitzen oft den Eindruck, daß es bei ihnen plötzlich 'klick' macht, so als käme der Einfall oder die Idee aus dem Nichts – *wie ein Wunder*, wunderbar. Mancher kennt auch das Phänomen, daß er am nächsten Morgen aufwacht, und eine lange gesuchte Idee plötzlich da ist. Manche Menschen versuchen dies zu systematisieren bzw. zu forcieren, z. B. dadurch, daß sie abends vor dem Zubettgehen ein Problem noch einmal gründlich durchdenken und hoffen, daß sie am nächsten Morgen mit einer Lösung aufwachen. Das hat schon oft 'Wunder' bewirkt. Nicht überraschend haben sich konsequenterweise in den letzten Jahren verschiedene Schulen und Formen des Kreativitätstrainings herausgebildet und teilweise auch kommerziell an Bedeutung gewonnen.

Aus wissenschaftlichen Untersuchungen weiß man, daß unterschiedlichste Kreativitätsprozesse beim Menschen in dem hier beschriebenen Rahmen verstanden werden können. So wurde in der Literatur der großen wissenschaftlichen Erfindungen, aber auch der Technikentwicklung, aufgezeigt, wie durch geschickte Kombination und Fortentwicklung früherer Erfindungen neue Lösungen entstanden sind. Dabei wird auch immer wieder deutlich, wie teilweise nicht mehr benötigte Elemente früherer Lösungen in neuen Kontexten noch lange weiterleben (z. B. erinnern die ersten Eisenbahnabteile noch stark an Pferdekutschen). Des weiteren verstehen wir mittlerweile relativ gut, in welcher Weise in menschlichen Kreativitätsprozessen die Wechselwirkung zwischen dem Unbewußten und dem Bewußten eine große Rolle spielt, wobei die unbewußte Ebene massiv-parallel ausgestaltet ist und eher neuronal-intuitiv (Merkmalsebene) operiert, während die *bewußte Ebene primär sequentiell und auf der Symbolebene abläuft.*

Aufgrund des Gesagten spielen eher intuitive Mechanismen (z. B. neuronale Klassifikatoren) und stures Abarbeiten auch beim Menschen auf der Ebene von *'Hilfsprozessen' des Denkens* eine große Rolle, und dabei wird vieles ausprobiert, bewertet (nach Prinzipien wie Symmetrie, Kürze der Beschreibung, Analogieeigenschaften usw.) und auch wieder verworfen, bis schließlich eine denkbare, interessante Lösung gefunden wird, die dem Bewußtsein bekanntgemacht wird und dann dort *aufblitzt*. Das ist dann für uns der berühmte *Geistesblitz*, der aus dem Nichts zu kommen scheint und der bei der hier gewählten Betrachtungsweise viel von seiner 'Magie' verliert. Denn tatsächlich stehen hinter diesem 'Wunder', für uns unbemerkt, oftmals Sekunden, Minuten, Stunden oder sogar Tage harter, simultan betriebener Rechenarbeit (Ausprobieren), die in ihrem Charakter zumindest Ähnlichkeiten zu dem aufweist, was wir bei heutigen (intelligenten) technischen Systemen realisieren oder bei Primaten vermuten oder beobachten. Unser Bewußtsein meint demgegenüber in diesem Augenblick, der Mensch hätte gerade aus dem Nichts heraus einen genialen Einfall gehabt.

Gut zu beobachten sind derartige Abläufe auch in der Bildverarbeitung, z. B. bei der Interpretation der modernen 3-D-Bilder. Dort kann man durch bewußte Introspektion versuchen zu erahnen, wie unbewußte Prozesse des eigenen Gehirns angestrengt versuchen, zu einer plausiblen 3-D-Bildinterpretation zu kommen, welche die Informationen, die über zwei visuelle Kanäle angeliefert werden, so einem möglichen Modell der realen Welt zuzuordnen erlaubt, daß die Informationen konsistent sind und eine gewisse Qualität der Plausibilität (unbewußter Teil des Auswahlprozesses) aufweisen. Aus der Psychologie kennt man entsprechende Phänomene auch bei der Interpretation von Hohlbildern von Gesichtern, bei der sich das Gehirn (d. h. die dort wirksamen *unbewußten Filter*) weigert, Sichten, also Interpretationen, zu akzeptieren, die der üblichen Erfahrung (hier: nach innen statt wie üblich nach außen gewölbte Gesichter) widersprechen. Bestimmte Drogen, Alkohol, Nikotin, extreme Erfahrungen, aber auch bestimmte Gehirnkrankheiten können die Kraft dieser Filter signifikant mindern. Mehr Lösungen – häufig auch zu viele – geraten dadurch auf die bewußte Ebene, *Auswahlprozesse erfolgen dann auf höherer Ebene der Informationsverarbeitung*. Gerade im Bereich der Kunst, teilweise auch der Wissenschaft, macht man sich gelegentlich entsprechende Formen der Stimulanz zu Zwecken der Kreativitätssteigerungen zunutze.

Es bietet sich geradezu an, diese hier gemachten Beobachtungen zu übertragen auf die *Kreativität von Gruppen, Organisationen, Firmen* als Ganzes. Auch hier wird es darum gehen, *spontane Prozesse des Erzeugens von Lösungen geeignet zu koppeln mit Filtern*, die die Qualität solcher Lösungen beurteilen und zu Auswahlentscheidungen kommen. Zu den häufig genutzten Mechanismen gehören Methoden des Brainstorming oder Aufenthalte von Teams in der Einsamkeit eines Berghofes oder das Hinzuziehen eines Spezialisten für Kreativität. All dies sind Ansatzpunkte, die Freiraum schaffen, Neues zulassen und damit helfen sollen, abseits von Hierarchien zunächst einmal Ideen zu generieren, Ideen entstehen zu lassen. Die späteren Prozesse der Entscheidungsfindung über diese Ideen, die Prüfung ihrer Tragfähigkeit usw. sind dann unter Umständen eher wieder klassisch und erinnern an die Filter, mit denen wir im Gehirn Lösungen auswählen bzw. teilweise verwerfen, modifizieren usw.

4.5 Verteilte vs. hierarchische Organisation: Netzwerke

Eine weitere zentrale Frage, die heute in der Diskussion um schlanke bzw. lernende Unternehmen eine große Rolle spielt, betrifft eine vernünftige Organisation der Informationsverarbeitung und Entscheidungsautorität zwischen möglicherweise parallel operierenden Komponenten bzw. Einheiten einerseits und der Notwendigkeit der Zusammenführung und Integration von Ergebnissen auf höheren Ebenen andererseits. Ein gutes Beispiel für die hier bestehenden Möglichkeiten liefert der Aufbau des *menschlichen Gehirns als massiv-paralleles System*, (teilweise) kontrolliert durch ein *lineares, sequentiell* (ähnlich einer von Neumann-Maschine) arbeitendes *Bewußtsein*. Höhere Kontrollstufen sind dabei in der Regel symbolisch organisiert und resultieren in der Regel aus der Notwendigkeit der Koordinierung/ Priorisierung bestimmter knapper, häufig nur einmal vorhandener Ressourcen. Bei Firmen betrifft das etwa die Frage der Eigentümerrolle, die jeweilige Rechtsform, Finanzen, den Firmennamen, Know-how-Bereiche, Zugriff auf Mitarbeiter, Kundenbindungen usw.

Auch bei Unternehmen – und gerade auch bei einer weitergehenden Virtualisierung und der Entwicklung hin zum lernenden Unternehmen – geht es also darum, wie man die genaue Organisationsstruktur ausprägen soll. Hier ist irgendwo zwischen streng hierarchischen Modellen und einer fast beliebigen Verteiltheit und wechselseitigen Verknüpfung von Suborganisationen die richtige Lösung zu finden. Auf dem Ansatz sogenannter Heterarchien sei hier erneut verwiesen. Sehr vernünftig ist ein weitgehendes freies Operieren von Subeinheiten, die mit einer klaren Mission um einen bestimmten Typ von Markt oder eine knappe Ressource herum organisiert sind. Die jeweilige knappe Ressource bildet dabei die tiefere Begründung für eine jeweilige Führungsebene der Einzeleinheit und damit letztlich auch für die Schaffung dieser Einheit. Das Ineinanderschachteln solcher Einheiten, das von Hierarchien knapper Ressourcen herrührt, führt zu einer weitergehenden Vernetzung und Vermaschung in immer wieder übergeordnete Kontexte, die ihrerseits knappe Ressourcen verwalten und dabei die Rahmenbedingungen festlegen, unter denen die jeweils untergeordneten Systeme operieren. Derartige – *fraktale* – *Strukturen* weisen insgesamt einen hohen Grad von *Selbstähnlichkeit* auf und sind wesentlich bestimmt durch den Markt (das 'Biotop'), in dem sich das Unternehmen bewegt. Der Grad der Hierarchisierung wird dabei von diesem 'Biotop' mitbestimmt. Hierarchie ist Information, konkurriert aber mit dem Potential der Selbstorganisation als leistungsfähiger Lernmechanismus.

5. Die Bedeutung weltweiter Investitionen in Wissenskapital[13]

5.1 Die zentrale Rolle von Human Capital

In einer Studie aus jüngerer Zeit hat die Weltbank den *Reichtum der Nationen* untersucht. Erstaunlicherweise zeigt sich, daß die materielle Güterproduktion, der oft ein so hoher Stellenwert zugewiesen wird, nur etwa 20 % dieses Reichtums ausmacht. Die natürliche Ausstattung der Staaten liegt – wenn auch länderweit sehr unterschiedlich – in einer vergleichbaren Höhe. Den Hauptbestandteil des Reichtums der Nationen bildet jedoch das *Potential der Menschen*, also ihr *Wissen und Können*, das sogenannte *Human Capital*, die Human Resources. Hiermit wird alles das bezeichnet, was Menschen in ihrem Leben gelernt haben, auch das, was sie in der täglichen Praxis des Miteinander permanent lernen, und das reicht hin bis zu *guter Regierungsführung*, Verständnis für institutionelle Fragen, einem *funktionierenden Rechtssystem* usw. Human Resources aufzubauen ist anstrengend und schwierig. Eltern und Lehrer kennen den mühseligen Prozeß des Aufbaus entsprechender Potentiale. Daß dieser Entwicklungsvorgang so aufwendig ist, verstehen wir heute auch aus der Sicht der Hirnforschung gut. Viele der bekannten Schwierigkeiten hängen damit zusammen, daß es hier um die Konfiguration bzw. Ausgestaltung *biologischer neuronaler Netze* geht. Diese repräsentieren Wissen unter anderem in der Stärke synaptischer Verbindungen zwischen Neuronen, und um diese geeignet auszuprägen, müssen lange Makromoleküle aufwendig produziert werden. Das benötigt Zeit, Geduld und Zielorientierung, und das in einem Umfeld unterschiedlicher Einflußfaktoren und persönlicher Interessen. Erschwerend kommt hinzu, daß uns in diesem Umfeld viele der Lernvorgänge gar nicht bekannt sind. Vieles passiert auf neuronaler Ebene, wird fast automatisch übernommen bzw. ist sogar genetisch vorbestimmt.

Das Human Capital ist so entscheidend, daß z. B. Deutschland und Japan nach einem verlorenen Zweiten Weltkrieg mit vergleichsweise geringer materieller Unterstützung von außen in der Lage waren, ihre Ökonomien relativ rasch wieder aufzubauen, weil eben das entsprechende Human Capital verfügbar war. Aus demselben Grund ist es heute so schwierig, Entsprechendes in Schwellen- und Entwicklungsländern zu leisten. Das Human Capital ist nicht vorhanden, damit fehlt das Potential zur Umsetzung der häufig vorhandenen Naturschätze und des entsprechenden Kapitals, das bei entsprechenden Renditeaussichten sofort aus den reichen Ländern her zufließen würde. Das Human Capital ist in einem Land aus eigener Kraft nur in einem *co-evolutionären Prozeß* mit dem Aufbau der Wirtschaft langsam und Schicht um Schicht zu heben, zumindest solange man sich hier

---

[13] Radermacher, F. J. (1997): Globalisierung und weltweite Herausforderungen: Die Rolle der Pädagogik. Beitrag zur Internationalen Pädagogischen Werktagung, Salzburg.

entsprechend der bisherigen Formen der Ausbildung und Wissensvermittlung (lehrerzentriert, face to face) bewegt.

Mit dem Aufkommen der Informationsgesellschaft zeigen sich jetzt am Horizont ganz neue Chancen zur Bewältigung dieser Problematik. War bisher Ausbildung primär ein *sehr personalintensiver und damit teurer Prozeß*, insbesondere charakterisiert durch die intensive persönliche Wechselwirkung von Erziehern mit jungen Menschen an dafür bestimmten Lokationen durch spezifisch dafür ausgebildete und bestellte Personen bzw. das persönliche Umfeld, so ergeben sich jetzt mit den neuen multimedialen Möglichkeiten ganz neue Ansatzpunkte. In Ansätzen kennen wir die hier bestehenden Potentiale bereits aus der Nutzung von Büchern, Tonbändern, Kassetten, Platten zum Erlernen von Sprachen usw., aber das neue Potential einer multimediagestützten Ausbildung ist doch ungleich größer. Wenn einmal die Telematisierung der Ausbildung gelungen sein sollte, dann sind hier unglaubliche Steigerungspotentiale denkbar, und sie werden natürlich komplementiert durch die Möglichkeiten des direkten Erfahrungsaustausches mit anderen über Netze weltweit, oder auch mit den bereits absehbaren Chancen durch die Nutzung von *virtuellen Realitäten* sowie schließlich auch durch die absehbaren *senso-motorischen Erfahrungsmöglichkeiten* in diesem Umfeld. All dies ist zu sehen vor dem jetzt international verfolgten Ziel des Aufbaus einer auf *Wissen gegründeten globalen Informationsgesellschaft*.

5.2 Der Übergang in die Informations- und Wissensgesellschaft

Der Übergang in die Informationsgesellschaft ist weltweit in vollem Gange. Die G7-Nationen interpretieren ihre aktuellen gesellschaftlichen Veränderungsprozesse in diesem Sinne. Auch die Europäische Kommission hat entsprechende ambitionierte Positionen für die EU formuliert. Wir beobachten in diesem Zusammenhang heute einen sich ständig verstärkenden Prozeß der Formalisierung von Wissen, Know-how und Informationsquellen und zunehmende Möglichkeiten der *Nutzung dieses Wissens an jedem Ort zu jedem Zeitpunkt* durch entsprechende Vernetzung mit zugehöriger technischer Ausstattung.

Ausgehend von der Beobachtung, daß Wissen im Sinne einer Antwort auf ein bestehendes Problem in der Regel durch Anwendung verschiedener Operatoren auf vorhandene Datenquellen entsteht, ist insbesondere der über Netze und Komponenten wie das WorldWideWeb (WWW) ermöglichte uniforme Zugriff auf verteilte Daten und Dienste von zentraler Bedeutung. Über entsprechende Architekturen und Standardisierungen von Schnittstellen wie z. B. CORBA und eine skriptartige Organisation einer Anwendung von Operatoren auf Daten werden Schlüsselkomponenten für den Übergang in eine Wissensgesellschaft geschaffen. Dies wird in ähnlicher Weise getrieben durch die rasch voranschreitende *Digitalisierung aller Informations- und Wissensquellen*, die letztlich auch als Reaktion auf die *beschleunigte Zunahme von Wissen* (Hinweis: Die Zeit zur Verdopplung des Wissens in

Fächern wie der Mathematik und Informatik liegt mittlerweile deutlich unter 10 Jahren) zu verstehen ist. Die klassische Verwaltung dieser Informationen über Archivsysteme und Bibliotheken kann diesem Mengenwachstum nicht mehr gerecht werden. Die Digitalisierung aller Informationen, die nunmehr aufgrund der verfügbaren Multimedia-Technologie auch Bildverarbeitung, Videofilme, Radioaufnahmen usw. umfaßt, schafft die technischen Voraussetzungen für den beschriebenen Übergang in eine Wissensgesellschaft.

Mit dieser Gesellschaft sind ganz neue Anforderungen verbunden. Die Frage des *Umgangs mit der Informationsüberflutung* und die *Qualitätssicherung von Informationen* ist zu beantworten. Ferner ist auch das Wissen um das Zusammenführen von Daten und Methoden zu Antworten auf Informationsbedürfnisse in Form *aufbereiteter Dossiers*, wie angedeutet, ein wichtiges Thema. Gerade die Aufbereitung von Dossiers wird zunehmend zu einem wichtigen Wertschöpfungssegment, das neue Berufe wie sogenannte *Information Broker* und entsprechende technische Komponenten wie *automatische Filter und Informationsbroker* erforderlich macht. Hier sind interessante Wissensmärkte und Softwarekomponenten für die Zukunft absehbar. Als Folge dieser Prozesse wird der Zugriff auf Wissen noch stärker internationalisiert und standortunabhängiger. Der Weg in eine internationale Wissensgesellschaft wird das vorhandene Wissen weltweit in fast gleicher Qualität verfügbar machen. Im Umkehrschluß kann dies dazu beitragen, über benötigtes Wissen weltweit besser und gleichberechtigter zu kommunizieren. Als Folge dieser Entwicklung ist schließlich auch eine Umorientierung von Forschungsprozessen in Richtung auf sogenannte *Affordable Technologies* denkbar, also auf Wissen und Lösungen, wie sie auf der Welt jeweils spezifisch vor Ort benötigt werden.

Wohin sich dies alles entwickeln wird, ist heute noch unklar. Zu erwarten ist aber, daß insbesondere in den Schwellenländern *wissenshungrige junge Menschen neue Zugänge zu Know-how* erhalten und intensiv nutzen werden. Dies wird erneut den Druck auf uns erhöhen, in diesem modernen Umfeld konkurrenzfähig zu bleiben. Dies gilt dann in besonderem Maße auch für unsere Ausbildungssysteme.

5.3 Das Potential multimedial gestützter Ausbildungssysteme[14]

Ausbildung und Wissensvermittlung sind bis heute sehr stark *lehrerzentriert organisiert*. Das entsprechende Wissen ist bei besonders ausgewählten Einzelpersonen konzentriert, die im Rahmen entsprechender organisatorischer Strukturen ihr Wissen den Schülern entweder in unmittelbarer persönlicher Wechselwirkung oder zumindest in Wechselwirkung eines dazugehörigen Apparates mit diesen Personen vermitteln. Die klassische Verkörperung dieses Modells bildet der einzelne Hochschullehrer in der Doppelrolle als Lehrer und Forscher. Die beschriebene Organi-

---

[14] Radermacher, F. J. (1996): Moderne Informationstechnologien: Internationale Konkurrenz der Ausbildungssysteme und die Herausforderung einer Verschlankung der Hochschulen, in: Beck, Uwe/Sommer, Winfried (eds.): LEARNTEC 95, S. 417-431, Springer-Verlag, Heidelberg.

sationsform hat zur Folge, daß entsprechende hochwertige Ausbildungsangebote nur an speziellen Standorten in den einzelnen Ländern (insbesondere an Hochschulstandorten) vorgehalten werden können und dies wiederum nur gemäß einer bestimmten weltweiten Verteilung dieser Standorte auf die einzelnen Länder. Dies gilt um so mehr, als man – um international wettbewerbsfähig zu sein – in der Regel ein *Cluster entsprechender Institutionen* mit jeweils hochqualifiziertem Personal benötigt, die wiederum aufeinander bezogen zu Standorten tendieren, an denen Qualität durch entsprechende Einrichtungen und Personen breitflächig vorgehalten wird und damit insbesondere über die eigenen engeren Fächergrenzen hinweg benötigtes Know-how ebenfalls vorhanden ist. Diese Tendenz wird bis heute weiter dadurch verstärkt, daß die Fortentwicklung dieses Know-hows, etwa im technischen Bereich, stark an der *Wechselwirkung mit entsprechenden industriellen Partnern* hängt. Aus all dem wird verständlich, warum bis heute im Ausbildungsbereich die starke Lehrerzentrierung und Standortbezogenheit mit allen daraus resultierenden organisationsspezifischen Zwängen für die Lernenden vorherrscht. Dies ist bis heute auch einer der Gründe, warum insbesondere die reichen entwickelten Länder in diesem Bereich nach wie vor ein extrem hohes Gewicht besitzen, was wiederum ihre technologisch-wirtschaftliche Stärke festigt.

Das Gesagte gilt mit Einschränkungen durchaus auch für den Bereich der *beruflichen Bildung*, in dem die enge Wechselwirkung mit dem industriellen Umfeld, und damit der Zugang zur Gewinnung von *Erfahrungen eines mehr ganzheitlichen bzw. auch taktil-neuronalen Charakters* im Umgang mit Betriebsstrukturen, Produktionsprozessen, Werkstücken usw. eine noch viel größere Rolle spielt, und setzt sich schließlich fort bis in den *schulischen Bereich* (Gymnasien, Fachoberschulen, Realschulen, berufsbildende Schulen, Hauptschulen usw.). Dort hängt letztlich an der genannten Lehrerzentrierung die heute dominierende Ausbildungsform, bei der Schüler in einem extrem normierten Zeitrhythmus an zentralen Orten in bürokratisch strukturierter Form alternativlos dazu genötigt werden, vorgegebene Lehrplaninhalte vorschriftsgemäß abzuarbeiten, auch solche, die in manchen Aspekten lebensfremd sind (z. B. massive Betonung der formalen Grammatik fremder Sprachen statt eines Trainings lebenspraktisch nutzbarer Fähigkeiten zur Konversation).

Mit der nun fortschreitenden technischen Entwicklung ergeben sich erstmalig ganz neue Ansatzpunkte. Konkret wird die Möglichkeit erkennbar, über entsprechende multimediale Komponenten *Ausbildungsprogramme weltweit orts- und zeitunabhängig verfügbar* zu machen. Man stelle sich als einfaches Denkmodell vor, es lägen sämtliche Vorlesungen eines Gebietes von mehreren Hochschulen als Videofilme vor; weiterhin seien sämtliche Übungsaufgaben mit Musterlösung elektronisch abrufbar, ebenso die Klausuren der letzten Jahre. Schon ein solcher 'Schatz' an einfach bereitstellbarem Material würde weltweit die Möglichkeiten des Lernens, d. h. des Lernens an allen Orten zu ganz unterschiedlichen Zeitpunkten gemäß Rhythmus und Interesse der Schüler enorm verbessern (*Schülerzentrierung*). Zugleich würde dies eine viel bessere Transparenz über wechselseitige Qualitäten von Ausbildungsformen, inklusive einer freien Wahl der Dozenten, erlauben. Desweiteren würden Personen, die heute nur schwer an Ausbildungsgängen teilnehmen können, die Chance erhalten, sich selber fit zu machen bzw. zu halten (Hinweis: Selbst ein Professor könnte sich problemlos die Kurse eines Kollegen anschauen).

Mit relativ kleinen Maßnahmen läßt sich der bezeichnete Weg wesentlich weitergehend unterstützen, z. B. über die Einrichtung von *elektronisch vernetzten Selbsthilfegruppen*, netzbasierten Nachhilfeangeboten bis hin zu der Möglichkeit, unter Umständen weltweit preiswert Experten als Unterstützung bei Unklarheiten hinzuziehen zu können. Natürlich bieten sich noch viel weitergehende Schritte an, etwa *qualitativ hochwertig aufbereitete multimediale Kurssysteme*, die sich auf den jeweiligen Schüler einzustellen vermögen, die mehrsprachig angeboten werden, die hypertextartig Vertiefungen von Themen anbieten, usw. Noch etwas weiter gedacht, muß im Einzelfall die Vorlesung gar nicht mehr in klassischer Form gehalten werden. Vielmehr denke man an leistungsfähige Konsortien von Wissenschaftlern eines Fachgebietes, die in Konkurrenz zueinander den Standard eines Faches dadurch definieren, daß sie in *Wechselwirkung mit Medienfachleuten, Pädagogen und Studenten* das Gebiet ausbildungsmäßig optimal aufbereiten, entsprechende Kurse entwickeln und am Markt zur Verfügung stellen. Derartige Lösungen könnten dann eingebracht werden in moderne Ausbildungssysteme, die deutlich weniger Präsenz vor Ort erfordern und damit letzten Endes zu ganz anderen Studien- bzw. Lernmodellen führen würden. Sollte es zu solchen Lösungen kommen, würden sich die Rahmenbedingungen des Lernens signifikant verändern. Es würde ein neues Ausbildungsprofil geschaffen und zugleich das immer wichtiger werdende *lebenslange Lernen* in ganz anderer Weise unterstützt werden, als dies bisher möglich ist. Verbunden damit wären allerdings zugleich eine *Ausdehnung der weltweiten Chancen der Partizipation an derartigen Ausbildungsformen*, und damit verbunden noch bessere Möglichkeiten für Menschen in anderen Ländern, von überall auf der Welt her auf hohem Ausbildungs- und Wissensniveau mit uns zu konkurrieren.

Das soeben beschriebene Szenario eines Übergangs zu einer stärker schülerzentrierten Ausbildung ist weniger weit entfernt, als es zunächst erscheinen mag. Die treibende Kraft ist erneut der Weltmarkt, z. B. in Form der Politik einiger Spitzen-Universitäten in den USA, die sich auf diesen Weg hin orientieren. Diese Universitäten sind zum Teil sehr gut; sie sind zudem als Privatuniversitäten ohnehin auf die Vermarktung ihrer Ausbildungsleistungen hin ausgerichtet. Für sie bietet sich nunmehr eine interessante Chance, ihren Aktionsradius und damit die verfügbaren Finanzierungsquellen deutlich auszudehnen. Die Technik schafft erstmalig die Möglichkeit, solche internationalen Ausbildungsangebote multimedial über Datenautobahnen zu organisieren. Tatsächlich werden von einigen Universitäten in den USA bereits die ersten Master-Kurse über Internet angeboten. Damit ist ein möglicher Entwicklungspfad in die Zukunft vorgezeichnet.

Dieser Pfad zwingt uns in der Bundesrepublik bzw. in Europa, über unsere eigene Positionierung in diesem Prozeß nachzudenken. Das hat mehrere Gründe: Wie oben bereits erwähnt, ist ein eigenes hochwertiges Ausbildungssystem eine wesentliche Voraussetzung zum Erhalt der eigenen Industriebasis, der internationalen

Wettbewerbsfähigkeit, aber auch zur Verteidigung und zum *Export der eigenen Kultur sowie der eigenen politischen Wertesysteme*. Würde es alleine einem Staat wie den USA gelingen, über weltweite netzwerkgestützte Ausbildungssysteme preiswerter als bisher einem größeren Teil der jungen Menschen in allen Ländern der Welt ein Studium zu ermöglichen, so würde auf diesem Wege en passant die Prägung dieser Studenten auf amerikanische Kultur und Technologien mit erfolgen, und dies würde nachfolgend entsprechende Auswirkungen für unsere eigenen industriellen Auslandsmärkte nach sich ziehen. Dies ist eine Entwicklung, die wir in Europa unter keinen Umständen zulassen sollten. Wir müssen schon deshalb im internationalen Wettbewerb der Ausbildungssysteme, auch beim Übergang in eine neue Technologiestufe, unsere Wettbewerbsfähigkeit zu erhalten suchen. Möglicherweise wird sich dies einmal rückblickend als die größte Herausforderung erweisen, mit der unser Wissenschafts- und Ausbildungssystem in den letzen 50 Jahren fertig werden mußte.

Ferner sei dann auf eine weitere Bedrohung hingewiesen. Sie resultiert letztlich daraus, daß wir z. B. in Deutschland pro Universitätsausbildungsplatz 20.000 DM und mehr pro Jahr aufbringen, wenn auch mit einer hohen Variation der entsprechenden Kosten pro Studiengang und Ausbildungsplatz. Das ist sehr viel Geld. Angesichts der zunehmenden Globalisierung und der Zunahme netzwerkbasierter Formen der Kooperation ist zu erwarten, daß es auch für unsere eigenen Studenten zunehmend attraktiv sein könnte, entsprechende netzwerkbasierte internationale Angebote anzunehmen. Auch von der Finanzierungsseite her wird dem schon von der öffentlichen Seite wenig entgegenzustellen sein, wenn man annimmt, daß die Kosten für derartige internationale Angebote deutlich unter den bisherigen Hochschulkosten pro Studienplatz liegen könnten. Wenn gar zukünftige Auftraggeber, die international über Netze von anderen Staaten aus agieren, ihrerseits ein besonderes Interesse an bestimmten internationalen Diplomen artikulieren würden, könnte ein noch höherer Anreiz entstehen, entsprechende internationale Ausbildungsangebote zu bevorzugen, und dies auch bei unseren eigenen Studenten. Hier könnten insofern dem deutschen bzw. europäischen Ausbildungsmarkt auf Dauer die eigenen Studenten, d. h. Kunden entzogen werden. Bei den Schulen könnte es mittelfristig ähnlich aussehen.

5.4 Die Notwendigkeit der Kostensenkung im öffentlichen Bereich

Ein letzter Punkt sei erwähnt: Aufgrund der veränderten internationalen Konkurrenzlage steht bei uns nach der Industrie nun auch der *öffentliche Bereich* vor dem unbedingten Postulat einer weitgehenden *Verschlankung bzw. Kostensenkung*.[15] Auch hier gilt es insofern, mit weniger Kosten zu höheren Leistungen zu kommen, einfach weil eine Finanzierung auf dem heutigen Niveau angesichts des Zustandes

---

[15] Radermacher, F.J. (1995): Schlanke Verwaltung und Effizienzsteigerung. Beitrag zum EUROFORUM, Köln.

der öffentlichen Finanzen bei uns und der Situation in den wichtigsten Konkurrenzländern nicht mehr möglich sein wird. Es wird deshalb im öffentlichen Bereich allgemein, aber auch in einem so wichtigen Segment wie dem Ausbildungssektor kein Weg an entsprechenden Kosteneinsparungen vorbeiführen. Zielvorstellung könnte sein, im Ausbildungsbereich *mit 80 % der heutigen Aufwendungen 120 % der heutigen Leistung zu erbringen.* Das ist nicht unrealistisch, da mit den beschriebenen neuen Ausbildungstechnologien die Effizienz der Ausbildung wesentlich gesteigert werden könnte; die Technik bietet hierfür interessante, oben beschriebene Ansatzpunkte (insbesondere multimediabasierte, netzwerkfähige Systemlösungen). Hier sind interessante Ansätze erkennbar, die aber große Flexibilität auf seiten des Staates erfordern, nämlich neben neuen technischen Lösungen (hier multimediale Ausbildungssysteme) die Entwicklung und politische Durchsetzung dazu korrespondierender organisatorischer und rechtlicher Strukturen im Ausbildungssektor, und damit verbunden wohl auch im gesamten öffentlichen Bereich.

Große Schwierigkeiten auf dem Weg zu neuen multimedialen Ausbildungssystemen und Lösungen liegen in der Tatsache begründet, daß die Produktion solcher Systeme sehr viel Geld kostet, andererseits im Moment die öffentliche Hand nicht in der Lage ist, eine entsprechende Finanzierung zu leisten. *Additive Finanzierung in Ergänzung zu den heutigen Strukturen ist unrealistisch.* Wenn überhaupt, dann sind entsprechende Finanzierungen nur durch Erschließung von zukünftigen Einsparungspotentialen möglich. Das bedeutet etwa, daß man in der *Digitalisierung der Bibliotheken* nicht auf additive Lösung zielt, sondern Personal in klassischen Aufgabenbereichen durch eine höhere Effizienz einzusparen versucht; auch mancher Neubau wird dann vielleicht nicht mehr erforderlich sein. Desweiteren könnte man bei der Universitätsverwaltung diejenige Effizienzsteigerungen zu erreichen versuchen, die im öffentlichen Dienst insgesamt ohnehin anstehen und die in der Wirtschaft in der Regel längst umgesetzt sind. Hier geht es also darum, mit *neuen Strukturen und Aufgabenprofilen,* bei voller Nutzung der Möglichkeiten der modernen Telematik, zu *signifikanten Kosteneinsparungen* zu kommen.

Schließlich bieten die angedeuteten Veränderungen im Ausbildungsbereich selbst besonders große Chancen zur Kostenreduktion. Sie setzen natürlich entsprechende Veränderungen von Studienordnungen und rechtlichen Rahmenbedingungen voraus und damit auch Veränderungen hinsichtlich der Organisation von Universitäten und Studiengängen. In diesem Zusammenhang muß es gelingen, in einem geeigneten Zusammengehen zwischen den Zuständigen bei den entsprechenden Bundes- und Landesbehörden bzw. Ministerien und durch Veränderungen der Rechtsordnungen und einschlägigen Vorschriften sowie durch Fortentwicklung der Studienordnungen in den Hochschulen die Voraussetzungen dafür zu schaffen, daß zukünftig multimedial gestützte Ausbildungssysteme, sobald und sofern sie verfügbar sind, auch eingesetzt werden können und ein gleichwertiges Diplom zu erwerben gestatten. Wenn das gelingt, dann könnte die Finanzierung entsprechender

Ausbildungskomponenten bei gutem Willen im Zusammengehen aller Beteiligten letztendlich dadurch sichergestellt werden, daß für die Zukunft entsprechende *Einsparungen an Personal, Räumen, Sachmittel* usw. vereinbart werden, d. h. die Finanzierung der multimedialen/netzfähigen *Ausbildungseinheiten* würde aus *induzierten zukünftigen Einsparungen* erfolgen, die bereits jetzt festgelegt würden. Das sollte so geschehen, daß dieser Weg für die Hochschulen attraktiv bleibt, so daß eine engagierte Beteiligung motiviert wird. Dies beinhaltet, daß von den zukünftig einsparbaren Mitteln durchaus einiges für Forschung und Lehre und eine verbesserte Infrastruktur in den Universitäten verbleibt, während der Rest an die öffentliche Hand als Ergebnis des Verschlankungsprozesses zurückfällt.

Die entsprechenden Ausbildungsprodukte könnten international vermarktet werden. Aufgrund der oben gegebenen Hinweise ist ein solcher Ansatz zur weltweiten Ausbildung von Human Resources und zur Erreichung einer nachhaltigen Entwicklung mittelfristig unverzichtbar. In diesem Aufgabenfeld ist durchaus auch ein 'Return on Investment' denkbar, der dazu führen könnte, daß sich jetzt schon Banken, Verleger usw. an den entsprechenden Produktentwicklungen beteiligen würden. Es versteht sich von selbst, daß alle in diesem Prozeß einzusetzenden laufenden Forschungsmittel auf Landes-, Bundes- und EU-Ebene möglichst konzentriert bei denjenigen Gruppen von Wissenschaftlern eingebracht werden sollten, die nicht nur entsprechende Forschungsprototypen zu entwickeln bereit und in der Lage sind, sondern zugleich auch zur Umsetzung in ihrem Umfeld beitragen wollen und dazu in ihren Universitäten und in ihren Landesministerien bereits jetzt die entsprechende Modifikation der Rechts- und Studienordnungen vorbereiten bzw. verabschiedet haben. Ein solcher selektiver Mitteleinsatz würde teilweise auch die unsägliche Antragsflut, also die Überbuchung aller Forschungsprogramme und damit verbunden die Fehlleitung von Ressourcen durch einen völlig überzogenen Aufwand der Antragstellung, einzudämmen helfen, denn es ginge dann nicht nur um Forschung, sondern um Forschung gepaart mit der Bereitschaft und Kraft zur Umsetzung der Neuerungen bei sich selbst.

Die gegebenen Hinweise zu den zukünftigen Ausbildungssystemen sollten deutlich machen, daß wir in Deutschland bzw. Europa mit großen Veränderungen in der internationalen wirtschaftlichen Konkurrenzsituation konfrontiert sind, die insbesondere *unser Überleben als Hochlohnstandort* unmittelbar tangieren. Alle Randbedingungen sprechen dafür, daß sich unser Vorsprung zu den dynamisch aufholenden Schwellenländern weiter verkleinern wird, und daß wir zugleich mit weniger Ressourcen als bisher werden auskommen müssen, was zusammengenommen einen großen Anpassungsdruck auf unsere Gesellschaft erzeugt. Der Weg in die Zukunft ist zu bewältigen. Dies verlangt von uns, wie oben dargestellt, daß wir uns insbesondere dem weltweiten Konkurrenzdruck und der zunehmenden internationalen Arbeitsteilung stellen, beides positiv annehmen und erst gar nicht versuchen, bestimmte Teile unserer Gesellschaft *privilegiert hinter Zäunen* in dem momentan vergleichsweise komfortablen Zustand 'einzumauern', da dies auf Dauer die internationale Wettbewerbsfähigkeit des Industriestandortes Deutschland bzw. Europa zerstören würde. Wir müssen deshalb in allen Sektoren die notwendigen

Anpassungsleistungen auf uns nehmen; dies schließt den öffentlichen Bereich und damit auch den Ausbildungssektor mit ein.

Die Ausbildungssysteme selber können, wie oben beschrieben, bereits mittelfristig unter einen starken, *spezifischen Druck durch den Export von netzwerkgestützten multimediabasierten Ausbildungssystemen, etwa aus den USA,* geraten. Diese Entwicklung könnte zunächst indirekt den Weltmarkt für unsere Industrieprodukte, mittelfristig aber durchaus auch das Ausbildungssystem in unserem Lande selbst bedrohen. Eine aussichtsreiche Gegenstrategie besteht auch hier in der Annahme der Konkurrenz. Als Kern einer geeigneten eigenen Strategie gilt es, wie dargestellt, die *Wettbewerbsfähigkeit deutscher bzw. europäischer Ausbildungssysteme auch in Zukunft international sicherzustellen* und zwar mit Hilfe netzwerkgestützter und multimedial aufbereiteter Produkte und Komponenten. Die Erzeugung entsprechender Produkte wird allerdings angesichts der öffentlichen Kassenlage schwierig werden und ist wohl nur zu leisten, wenn sie – zumindest zum Teil – durch auf diesem Wege erschließbare zukünftige Einsparungen finanziert werden kann. Der Weg in Richtung auf eine kosteneffizientere Hochschule, die moderne Ausbildungskonzepte nutzt und multimediale Technik einsetzt, ist zügig anzugehen und eröffnet für den Standort Europa die Chance, die sich andeutenden Risiken zu beherrschen und darüber hinaus unsere *internationalen Wertschöpfungschancen im Ausbildungsbereich sogar noch zu erhöhen.* Letzteres würde, unter geeigneten Rahmenbedingungen des Welthandels, zugleich wesentliche Beiträge zur Erreichung des Ziels einer *nachhaltigen Entwicklung* eröffnen.

Für Europa stellen sich in diesem Umfeld unter dem Aspekt *Mehrsprachigkeit* und *Vielfalt der Kulturen* besondere Anforderungen, die aber durchaus zu ähnlichen Problemen weltweit korrespondieren. Es gilt hier, aus einem *Nachteil einen Vorteil zu machen.* Hierzu sollte mit einem gewissen Zusatzaufwand die Architektur entsprechender Ausbildungssysteme so angelegt werden, daß sie unmittelbar dafür geeignet sind, um mit vergleichsweise kleinem Aufwand weltweit eingesetzt werden zu können. Die Systeme sollten also leicht an *verschiedene kulturelle Kontexte und Traditionen* sowie *verschiedene Sprachen* anpaßbar bzw. in diese übersetzbar sein. Das setzt vernünftigerweise voraus, daß man die gesamte Konzeption entsprechender Ausbildungseinheiten bereits mit entsprechenden *multikulturellen internationalen Teams* vornimmt. Der Marktdruck in Europa würde so etwas motivieren, auch forcieren. Auch die Förderpolitik der Europäischen Gemeinschaft greift diesen Ansatz bereits auf und verfolgt eine entsprechende Orientierung, und wenn man hier erfolgreich ist, dann bieten sich für uns interessante Chancen, mit entsprechenden Komponenten in den *Markt der weltweiten Ausbildung und der Steigerung der Qualität der Human Resources* einzusteigen. Gemäß der oben gegebenen Hinweise wird es dabei zukünftig insbesondere darum gehen, mittels geeigneter Mechanismen der Gegenfinanzierung die Bereitschaft des Südens zur Beachtung von Umweltrestriktionen und zur Beschränkung von CO_2-Emissionen durch beispielsweise den Export entsprechender Beiträge zur Realisierung von Bildungsleistungen aus dem Norden zu kompensieren.

Den hier tätigen Personen, gerade auch im Bildungssektor, wird abverlangt werden, *sich in diese neuen Wertschöpfungsketten einzupassen* und damit gleichzeitig die Notwendigkeit einer Anpassung des öffentlichen Sektors an den Weltmarktdruck mitzutragen. Gedanklich kann man sich etwa vorstellen, daß vielleicht einmal die Hälfte der heutigen Ausbildungskapazität an Schulen, Hochschulen usw. in Verbindung mit entsprechenden Techniken und geeigneten Multimedialösungen ausreichen sollte, unsere jungen Leute nicht nur so gut wie bisher, sondern sogar noch besser und lebenslang auszubilden, während die andere Hälfte sich einbringt in die weltweiten Aufhol- und Aufbauprozesse über den Export von intellektuellen Ressourcen und in diesem Umfeld dann auch eine neue Finanzierung findet.

6. Die Herausforderungen an den Ausbildungssektor und die Pädagogik

Die beschriebenen neuen weltweiten Anforderungen, wie die neuen technischen Lösungsbeiträge, verlangen signifikante Veränderungen in der allgemeinen gesellschaftlichen Orientierung, wie konkret im Bereich der Ausbildungssysteme und der dort tätigen Personen. Von der Pädagogik wird in diesem Kontext insbesondere gefordert, *neue Modelle des weltweiten, kulturübergreifenden Transports von Know-how* zu erarbeiten, diese Entwicklungen zu fördern, statt sie zu torpedieren, sie als Chance und Aufgabe für sich selbst zu sehen, mit gutem Beispiel voranzugehen und nicht mit einer eher standesorientierten Status-quo-Politik zu meinen, das 'Abendland am besten dadurch verteidigen zu können', daß man auch angesichts der neuen technischen Möglichkeiten überall und um jeden Preis die bisherigen Modelle und Finanzierungsgrößenordnungen im Ausbildungsbereich, vor allem auch im öffentlich finanzierten Bereich, zu halten versucht. Es ist offensichtlich, daß die Co-Evolution der *Human Resources*, insbesondere die *Stärkung des Wissens aller Menschen* um die weltweiten Zusammenhänge und zugleich die *generelle Stärkung der Situation der Frauen* insbesondere entscheidend dafür sein werden, die globale Umweltthematik positiv zu bewältigen. Dies zielt insbesondere auf die *Verringerung der Größe der Weltbevölkerung* nach einem enormen, heute wohl nicht mehr zu verhindernden Wachstum auf wahrscheinlich über 10 Milliarden im Jahr 2050 aus Einsicht in die Zusammenhänge.

Der hierfür notwendige Wissensaufbau bei all diesen Menschen ist nicht zu leisten in Form des mühseligen klassischen Prozesses einer langsamen Co-Evolution von Ausbildungsqualität und wirtschaftlicher Entwicklung auf der Basis der *heutigen ressourcenintensiven Formen von Ausbildung*. Interessanterweise gilt das übrigens nicht nur für die Nöte in den aufholenden Ländern. Die aufgrund der heutigen Weltmarktsituation *unbedingte Notwendigkeit des lebenslangen Lernens*, am Arbeitsplatz wie zu Hause, erzwingt auch bei uns zunehmend ganz neue, sehr viel weniger kosten- und zeitintensive Modelle, also *schülerzentrierte Ausbildungsmodelle*, die flexibel sind hinsichtlich Ort und Zeit des Trainings und die zudem deutlich weniger Kosten verursachen als bisher *(Ausbildung am point of learning)*. Auch hier werden deshalb entsprechende Veränderungen unerläßlich sein, wenn wir uns denn überhaupt auf dem Weltmarkt gegen Bildungsanbieter bzw. ausgebildete junge Menschen aus anderen Ländern halten wollen.

Die Ausbildung von Menschen, also *der Aufbau von Human Resources*, bildet seit jeher eine große Herausforderung an die Gruppe bzw. Gesellschaft. In einer modernen, abstrakten Sicht der Wissensverarbeitung (vgl. Gliederungspunkt 4 dieses Textes), die ein Verständnis für die Möglichkeiten einer Auswertung von Informationen im Sinne eines Rechners (Berechenbarkeitstheorie, Symbolverarbeitung, Algorithmik) mit den jüngeren Erkenntnissen im Bereich der neuronalen Netze ('hardwarenahe Approximation' genügend glatter Funktionen und Klassifikation von Objekten) verbindet, bestehen Ausbildung, Bildung und Lernen gerade in der *Konfiguration biologischer neuronaler Netze* und damit operational in dem *zielorientierten Aufbau bzw. der Elimination langer Makromoleküle in Nervensystemen*. Es ist dies ein sehr mühseliger Prozeß in beide Richtungen, also sowohl beim Wissensauf- als auch beim -abbau. Dabei ist das Wissen, ist die Kompetenz von Personen in vielschichtigen Modellen abgelegt, die grob klassifiziert entlang der in Teil 4.1 beschriebenen Architektur strukturiert werden können.[16,17]

Schließlich sei noch einmal erwähnt, daß nach wie vor für das menschliche intellektuelle Vermögen die neuronale Ebene ganz zentral ist. Sie bildet die Basis für einen Großteil unserer Sensomotorik, aber auch für unsere *spontanen Bewertungen, unsere Intuition* usw. Ansonsten kommt bei Menschen der engen *Wechselwirkung zwischen neuronalen (subsymbolischen) und symbolischen Mechanismen* eine zentrale Bedeutung zu. Hier ist auch bis heute der entscheidende Vorsprung des Menschen vor Lösungen maschineller Intelligenz zu sehen.

Ausbildung von Menschen hat viel mit der geeigneten Ansprache und Nutzung der verschiedenen angesprochenen Repräsentationstypen zu tun. Die pädagogische Theorie hat sich dabei in den letzten Jahren eher etwas zu sehr in Richtung auf eine Betonung der Ebene 3 und 4 bewegt, während gute, gelebte Pädagogik nach wie vor viel mit Gefühl, Intuition und Aufeinandereingehen, also mit eher neuronalen Verarbeitungsebenen zu tun hat.

In allen genannten Bereichen hat die Pädagogik vor allem zum *Aufbau eines grossen empirischen Erfahrungsschatzes* mit unterschiedlichen Vorgehensweisen beigetragen. Es ist z. B. bekannt, daß gute *Ausbildung von Beispielen lebt, auch von der richtigen Reihenfolge in der Präsentation des Stoffes*. Die Pädagogik hat in dieser Hinsicht eine lange Tradition entwickelt, und es wird nicht einfach sein, diese vielschichtigen Modelle optimal an die neuen multimedialen Techniken anzu-

---

[16] Radermacher, F. J. (1996): Cognition in Systems. Cybernetics and Systems 27, 1-41.
[17] Radermacher (1997): Kreativität als Chance für den Standort Deutschland. Beitrag zur literaturWERKstatt berlin. Eine verkürzte Textvariante ist erschienen im VDI-forum, 2. Jahrgang 1/97, S. 18.

passen. Denn die Möglichkeiten dieser Technik gehen weit über einen eingeschränkten Ansatz hinaus, bei dem nur die bisherigen papiergebundenen Medien multimedial 'nachempfunden' werden, das wäre unter Umständen sogar kontraproduktiv. Stattdessen braucht man hier neue Modelle und damit verbunden auch neue Modelle des *lebenslangen Neu-Lernens*, denn wir stehen heute in manchen Disziplinen bereits vor einer *Halbwertzeit des Wissens von nur noch wenigen Jahren*, d. h. schon nach wenigen Jahren ist die Hälfte des früher erlernten Stoffes nicht mehr relevant, nicht mehr aktuell, nicht mehr passend.

Die neuen Medien haben auch die Tendenz, uns zu ermöglichen, uns Informationen aller Art sehr schnell zu besorgen. Mit dem, was heute bereits am Horizont an *Wissensverarbeitungsmechanismen* (Suchmaschinen, Begriffssystemen, Verschlagwortung, technische Filter, Broker usw.) absehbar ist, wird der einzelne überall und schnell über eine unglaubliche Fülle von Informationen verfügen können. Die Rolle der Ausbildung wird deshalb notwendigerweise im Charakter anders werden. Es geht in vielen Fällen um *Orientierung*. Es geht um die Vermittlung von *Wissen in Form von Modellen*, um die Idee der *Falsifizierung* im Gegensatz zu dem früheren Versuch der Vermittlung eines (scheinbar) sicheren Wissens über Gegenstandsbereiche und damit vor allem auch um die *Vermittlung von Metawissen*, also Wissen darüber, wo man andere Wissensquellen findet, wie man sie bewertet, wie man sich vernetzt usw. Die Ausbildung wird dabei zunehmend vor allem darin bestehen müssen, daß man versucht, konsistente, möglicherweise auch konkurrierende Rahmen des verfügbaren Wissens zu vermitteln und ansonsten darauf abzielt, permanent die *Idee der Falsifizierung zu betonen* und auch in ihrem Einsatz zu üben. Stärker als heute wird es deshalb zukünftig wohl auch notwendig sein, Beispiele für *Denkfehler, Schlußfehler, falsche Beweise* usw. in die Ausbildung mit einzubinden, und zwar als Mittel zur Sensibilisierung für Fehlerquellen und zur Ermahnung zur Vorsicht. Man kann sich also nicht mehr darauf beschränken, als Ergebnis der Ausbildung einen fixen Rahmen des als richtig Erkannten oder Gesehenen zu vermitteln.

In diesem Kontext sind dann auch ganz neue Aufgaben zu leisten. In einer Welt, die zusammenwächst, ist das Verständnis für die *Vielfalt der Kulturen* als denkbare Antwort auf Überlebensnotwendigkeiten ebenso zu vermitteln wie Erkenntnisse, die mit der *globalen Weltsituation*, wie sie oben unter 2. beschrieben wurde, zusammenhängen. Dies zielt im weitesten Sinne auf ein *neues Ausbildungsfach wie Weltbürgerkunde*, eine *Orientierung an Good Governance* (eine einsichtsvolle, auf weltweite Erfordernisse hin ausgerichtete Art des Regierens) und *nachhaltige Entwicklung*, ein besseres Verständnis für komplexe, rückgekoppelte, dynamische Systeme usw.[18,19] Glücklicherweise eröffnet die neue Technologie auch in diese Richtung viele neue Möglichkeiten. *Computerspiele wie SIMCITY 2000* eröffnen

---

[18] Dror, Y. (1995): Ist die Erde noch regierbar? C. Bertelsmann, München.
[19] Spiegel, P. (1996): Das Terra-Prinzip. Das Ende der Ohnmacht in Sicht: Wirtschaftler werden Revolutionäre. Horizonte Verlag, Stuttgart.

heute schon vielen jungen Leuten die Chance, eine Komplexität der Welt in Rollen als Unternehmer, Manager, Politiker usw. zu erfahren und wahrzunehmen, die früher für Normalbürger völlig verschlossen war. In diesem Sinne liegen große Probleme vor uns, aber es sind auch spezifische Lösungsansätze absehbar. Die Pädagogik ist hier, wie der Gesamtbereich der Human Resources in den entwickelten Ländern, zentral gefordert.

Es geht darum, die zentralen Erfordernisse der völlig veränderten weltweiten Gegebenheiten und der vor uns liegenden Herausforderungen zu begreifen und zugleich zu erkennen, wie man als einzelner, aber auch als Teil einer Gruppe bzw. der Gesellschaft sich auf dieser Welt in die wichtigsten gesellschaftlichen Prozesse so einbringen kann, daß man insgesamt *zur Stabilisierung der globalen Situation beiträgt*. Indem man das tut, trägt man gleichzeitig zur Absicherung des eigenen Landes und der eigenen Position bei. Wenn hier genügend viele Personen ihren Beitrag leisten, kann vielleicht vermieden werden, daß wir alle zusammen in einem naiven, zwar verständlichen, aber letztlich in jedem Fall zum Scheitern verurteilten Versuch der Bewahrung des Status quo um jeden Preis (bei uns z. B. auch unter Ausnutzung der spezifischen Möglichkeiten des öffentlichen Dienstes, die Kosten der Stabilisierung der Welt temporär nicht mittragen zu müssen) letzten Endes eine Zukunft des Desasters heraufbeschwören, das nun wirklich in niemandes Interesse liegen kann.

7. Die Verantwortungsfragen[20]

Zum Abschluß dieses Textes scheinen ein paar Hinweise zum Thema *Verantwortung* angebracht. Dies betrifft die Frage, welche Verantwortung ein einzelner in dieser schwierigen Lage hat, wie diese Verantwortung positioniert ist, und was man als einzelner angesichts dieser globalen Herausforderungen tun kann. Die Standardantwort darauf ist in unserer Gesellschaft stereotypisch und wenig greifbar, läuft aber immer auf einen *diffusen Appell an die Verantwortung des einzelnen* hinaus. Wir haben meiner Ansicht nach so etwas wie ein *'Political Correctness'-Syndrom* der permanenten Betonung der Verantwortung des einzelnen. Ich persönlich glaube demgegenüber, daß die Verantwortung geteilt ist. Sie ist geteilt zwischen den einzelnen Personen und den gesellschaftlichen Strukturen, in denen sie leben, also den größeren Organismen, den *Superorganismen*, in die der einzelne eingebettet ist. Es liegt insofern sehr viel Verantwortung darin, wie ein Unternehmen organisiert ist, wie ein Staat organisiert ist, wie die Weltwirtschaft organisiert ist, und systematische Fehler in der Organisation eines Staates oder eines Weltwirtschaftssystems kann man nicht auf der Ebene des einzelnen durch dauerndes Einfordern der Verantwortung des einzelnen kompensieren. Um es noch deutlicher zu machen: Für die Probleme in Bosnien ist der normale Bosnier nur begrenzt zuständig. Er agiert dort

---

[20] Radermacher, F. J. (1996): Und sie bewegt sich noch – Die Welt im Jahr 2050. DER ROTARIER 4, 21-33.

vielmehr unter sehr schwierigen Rahmenbedingungen, die ihm im Einzelfall ein Verhalten aufzwingen, das er selbst gar nicht exerzieren will, aber realisieren muß, um zu überleben. Die Verantwortung liegt damit primär bei den Rahmenbedingungen; auf nachfolgenden Ebenen liegen nachfolgende Verantwortungsdimensionen, und das schließt den einzelnen mit ein. Zugleich besteht bei dem einzelnen somit in besonderem Maße die Verantwortung, gemeinsam mit anderen im Rahmen der eigenen Einflußmöglichkeiten daran zu arbeiten, *daß die Rahmenbedingungen stimmen*. Bei uns wird häufig so getan, als wären die Rahmenbedingungen keine variable Größe, als wären diese sozusagen 'vom Himmel gefallen'. Die *Rahmenbedingungen bilden aber die wichtigste politische Gestaltungsaufgabe*. Denn jeder von uns muß zunächst einmal unter den Rahmenbedingungen operieren, wie sie sind. Und das heißt beispielsweise auch, daß wir im Moment alle die Beschleunigung der Innovation akzeptieren, ja geradezu nutzen und selber vorantreiben müssen, damit wir als Staat oder als Firma auf dem Weltmarkt überhaupt im Spiel bleiben, damit wir überhaupt dabei bleiben, damit wir also zunächst einmal ökonomisch überleben, selbst wenn wir das Tempo eigentlich als zu hoch ansehen.

Das darf uns aber nicht daran hindern, gleichzeitig darüber nachzudenken, wie wir weltweit zu besseren Strukturen kommen, bei denen dann die Beschleunigung überall nicht mehr so groß ist – und sein muß – wie heute. Wir müssen auch im Moment in massivem Umfang Ressourcen verbrauchen. Aber das darf uns nicht daran hindern, daran zu arbeiten, daß es irgendwann weltweit Rahmenbedingungen geben wird, unter denen wir alle nicht mehr Ressourcen in dem Maße verbrauchen (müssen) wie heute. Das heißt also, daß wir unsere Rolle im System und außerhalb des Systems permanent geschickt ausdifferenzieren und genau aufeinander abstimmen müssen. Und dies gilt nicht zuletzt auch im Bereich der *Ausbildung*, der *Pädagogik*, des *Aufbaus und der dauernden Verbesserung der Human Resources, und das weltweit*. Das ist die eigentliche *ethische Herausforderung*, und das heißt im Normalfall auch, daß gerade Personen mit Macht und Einfluß auch dann, wenn sie natürlich überwiegend (z. B. zu 95 %) ihrem Tagesgeschäft nachgehen und dieses erfolgreich betreiben müssen, sich dann ihrerseits in begrenztem Umfang (z. B. zu 5 %) der Frage widmen müssen, wie wir insgesamt als Gesellschaft weiterkommen und wie wir in ganz anderen Bereichen, die nicht unmittelbar mit der eigenen Arbeit zusammenhängen, die erforderlichen Veränderungen bewirken können. Tatsächlich ist das die größte heutige ethische Herausforderung, und nur dann, wenn wir hier alle unseren Beitrag leisten, haben wir noch eine Chance, die vor uns liegenden Herausforderungen zu bewältigen.

Literatur

Dahlmanns, G./Eckart, S./Hormann, J./Radermacher, F. J./Schmidt-Bleek, F. (1996): EXPO 2000 Thematic Orientation – One World – One Future! Sustainability is no longer divisible, revised version, result of the thematic process. FAW-Publikation.
Dror, Y. (1995): Ist die Erde noch regierbar? C. Bertelsmann, München.
Greiner, C./Radermacher, F. J./Rose, T. (1996): Contributions of the Information Society to Sustainable Development. Report of the Working Circle: A DG XIII-initiated Group on Sustainability and the Information Society, held at the European Commission, Brussels, December 12-13, 1995; FAW-Publikation.
Information Society Forum (Hrsg.): Netzwerke für Menschen und ihre Gemeinschaften. Die Umsetzung der Informationsgesellschaft in der Europäischen Union. Erster Jahresbericht des Forums Informationsgesellschaft, Juni 1996.
Morath, K. (Hrsg.) (1996): Welt im Wandel – Wege zu dauerhaft-umweltgerechtem Wirtschaften. Frankfurter Institut – Stiftung Marktwirtschaft und Politik.
Morath, K./Pestel, R./Radermacher, F. J. (1996): Die Überbevölkerungssituation als Herausforderung: Robuste Pfade zur globalen Stabilität, in: Morath (1996): Welt im Wandel – Wege zu dauerhaft-umweltgerechtem Wirtschaften. Frankfurter Institut – Stiftung Marktwirtschaft und Politik, S. 89-111.
Radermacher, F. J. (1995): Informations- und Kommunikationstechnik: Basis einer auf Wissen und Nachhaltigkeit angelegten weltweiten Industriegesellschaft. Beitrag zum Technischen Symposium 'Change in TIME' der Siemens-Nixdorf Informationssysteme AG, München.
Radermacher, F. J. (1995): Kreativität – das immer wieder neue Wunder. Forschung & Lehre 10, 545-550.
Radermacher, F. J. (1995): Schlanke Verwaltung und Effizienzsteigerung. Beitrag zum EUROFORUM, Köln.
Radermacher, F. J. (1996): Cognition in Systems. Cybernetics and Systems 27, 1-41.
Radermacher, F. J. (1996): Moderne Informationstechnologien: Internationale Konkurrenz der Ausbildungssysteme und die Herausforderung einer Verschlankung der Hochschulen, in: Beck, Uwe/Sommer, Winfried (eds.): LEARNTEC 95, 417-431. Springer-Verlag, Heidelberg.
Radermacher, F. J. (1996): Und sie bewegt sich noch – Die Welt im Jahr 2050. DER ROTARIER 4, 21-33.
Radermacher, F. J. (1996): Westliche Industriegesellschaften unter dem Druck der Globalisierung: Strukturwandel von Arbeit und Wirtschaft in Deutschland und Europa. Dokumentation des 2. Zyklus der Kempfenhausener Gespräche, HYPO-Bank, München.
Radermacher, F. J. (1997): Building the Information Society: Labor Pressures, Globalization, and Political Goals of Sustainability as Challenges to the Regions in Europe, in: Proc. Die Informationsgesellschaft und die Regionen in Europa (R. Sturm/G. Weinmann/O. Will (Hrsg.)), Band 14, Universität Tübingen.
Radermacher, F. J. (1997): The Future of Labor: How to build the information society under the impacts of globalization and the political goal of sustainability. World-wide TOP Conference of Employment Service, Siemens-Nixdorf Informationssysteme AG, Wien, 1997.
Radermacher, F. J. (1997): Globalisierung und weltweite Herausforderungen: Die Rolle der Pädagogik. Beitrag zur Internationalen Pädagogischen Werktagung, Salzburg.

Radermacher (1997): Kreativität als Chance für den Standort Deutschland. Beitrag zur literaturWERKstatt berlin. Eine verkürzte Textvariante ist erschienen im VDI-forum, 2. Jahrgang 1/97, S. 18.

Schmidt-Bleek, F. (1993): Wieviel Umwelt braucht der Mensch? MIPS – Das Maß für ökologisches Wirtschaften. Birkhäuser Verlag, Berlin.

Spiegel, P. (1996): Das Terra-Prinzip. Das Ende der Ohnmacht in Sicht: Wirtschaftler werden Revolutionäre. Horizonte Verlag, Stuttgart.

Weizsäcker, E. U. von/Lovins, E. U./Lovins, A. B. (1995): Faktor Vier: doppelter Wohlstand, halbierter Naturverbrauch. Droemer-Knaur, München.

Rudolf Scharping

Wirtschaftliche Stärke und soziale Kohäsion – Grundlagen moderner Reformpolitik

1. Wirtschaftliche Stärke und soziale Kohäsion sind kein Widerspruch

Meine sehr verehrten Damen und Herren!
Wirtschaftliche Stärke und soziale Kohäsion als Grundlagen moderner Reformpolitik – das ist ein Thema, das von vielen heute als ein unauflöslicher Widerspruch verstanden wird. Die Entwicklung der letzten Jahre, die Propaganda der Bewußtseinsindustrie und vieles, was an öffentlichen Lügen herumgereicht wird, signalisieren: wirtschaftliche Stärke und sozialer Zusammenhang seien ein Widerspruch. Deshalb beginne ich mit einem Hinweis auf die Diskussion in anderen Ländern, Ländern mit denen wir nicht nur in einem wirtschaftlichen Wettbewerb, sondern in einem kulturellen Austausch stehen; Länder, mit denen wir Verbindungen haben, die ähnliche Vorstellungen von Demokratie, von der Freiheit und der Würde des einzelnen Menschen entwickelt haben. Mit anderen Worten: ich verweise auf Länder, die eine bestimmte Vorstellung von Zivilisation haben.

In den *Vereinigten Staaten von Nordamerika* hat vor geraumer Zeit, auf Einladung der amerikanischen Regierung, eine Tagung mit den 100 größten Unternehmen stattgefunden. Das Thema war: Die *soziale Verantwortung der Unternehmen*. Die Unternehmen verständigten sich auf einen Kanon ihrer sozialen Verantwortung gegenüber ihren Kunden und gegenüber ihren Mitarbeiterinnen und Mitarbeitern. Das wird manche überraschen. Aber: In den Vereinigten Staaten ist auch die Bewegung des Kommunitarismus entstanden. So vielfältig sie ist, hat sie einen gemeinsamen Kern, von dem übrigens auch in Deutschland mittlerweile etwas zu spüren ist, nämlich die völlige Unzufriedenheit mit einer Gesellschaft, die alle ihre Fragen nur noch in Kostenkategorien diskutiert und beantwortet; die alle ihre Erwartungen nur noch in betriebswirtschaftlichen Kategorien und Begriffen ausdrückt und deswegen in der Gefahr ist, völlig kalt und seelenlos zu werden, in ihrem inneren Zustand und in ihrer öffentlichen Sprache.

In *Japan* lud die Regierung die Unternehmen zu einer Diskussion ein über die Frage: *Was ist das Leitbild unserer Industriegesellschaft für das 21. Jahrhundert?* Welche Verantwortung haben wir, die Eliten dieses Landes, in den Unternehmen, in der Politik, in den Gewerkschaften? Die letzteren spielen in Japan keine so sehr große Rolle – aber immerhin. Welche Verantwortung haben wir also für die Zukunft unseres Landes? Sie kamen zu dem Ergebnis, daß alle sich verpflichten, zur Verwirklichung eines Leitbildes beizutragen. Dieses Leitbild heißt: *Ökologische Industriegesellschaft*.

In *Großbritannien* lehrt ein Baden-Württemberger, der mit dem Titel des Lords dem englischen Oberhaus angehört, Ralf Dahrendorf. Er verabschiedete sich aus der politischen Debatte Deutschlands mit dem Satz vom „Ende des sozialdemokratischen Jahrhunderts". Der Satz war schon deshalb falsch, weil das 20. Jahrhundert nun wirklich nicht als sozialdemokratisch bezeichnet werden kann, jedenfalls mit Blick auf seine erste Hälfte ganz sicher nicht. Mittlerweile hat Ralf Dahrendorf diesen Satz korrigiert. Ähnlich wie der französische Soziologe Pierre Bourdieu und andere kommt er zu der Erkenntnis, daß alle Überlegungen falsch seien, die einen Primat des Ökonomischen über das Politische oder des Politischen über das Ökonomische behaupten. Er komme, sagt Ralf Dahrendorf sinngemäß in einem bemerkenswerten Gespräch mit den 'Blättern für deutsche und internationale Politik' (vom September 1996), zu dem Ergebnis, daß alle westlichen Gesellschaften vor der gleichen Aufgabe stünden, nämlich das – wie er sagt – *prekäre Gleichgewicht* zu bewahren, das *wirtschaftliche Stärke, soziale Kohäsion und politische Demokratie* bilden.

Diese wenigen Beispiele halte ich all jenen entgegen, die behaupten, es gäbe einen Widerspruch zwischen wirtschaftlicher Stärke und sozialer Kohäsion oder sozialem Zusammenhalt. Das Gegenteil ist richtig: das eine bedingt das andere. Und im übrigen, wer einen dieser drei Pfeiler einreißen will, bringt das ganze Gebäude zum Einsturz. Was uns heute gegenübertritt als globaler Wettbewerb, ist ein Prozeß, der sich immer intensiver und schneller vollzieht, so wie globale Märkte eine Realität sind. Tatsächlich aber steckt hinter dem ökonomischen Wettbewerb noch ein anderer, weitaus wichtigerer Wettbewerb. Ich meine den *Wettbewerb zivilisatorischer Modelle, den Wettbewerb von Ideen über die Art und Weise des menschlichen Zusammenlebens, den Wettbewerb von Ideen über die Freiheit und die Würde im Leben des einzelnen Menschen.*

Singapur hatte einen sehr angesehenen, hoch effektiven Regierungschef. Er prägte den interessanten Satz, daß die asiatischen Tiger, also die südostasiatischen Staaten, so wettbewerbsfähig, so innovativ, so kreativ seien wie die alten westlichen Industriegesellschaften. Im Ergebnis allerdings wären sie überlegen, denn – ich überspitze – den Unfug mit den Menschenrechten und der Demokratie, das bräuchten sie dort nicht, das sei zu teuer.

Ich komme am Ende des ersten Teils meiner Ausführungen zu folgendem Schluß: Wenn wir, die wir zu den Entscheidungsträgern gehören oder in Zukunft zu ihnen gehören werden, wenn wir, die wir beanspruchen, Elite zu sein oder es tatsächlich sind, wenn wir uns nicht in Europa und in Deutschland auf ein gemeinsames *Leitbild unserer Zivilisation* verständigen, dann begehen wir einen Verrat am humanistischen Erbe der europäischen Entwicklung der letzten 200 Jahre und wir werden zum Einsturz bringen, was ein friedliches, menschenwürdiges und erfülltes

Leben für die große Mehrzahl der Menschen überhaupt erst möglich macht: nämlich das, um noch einmal Dahrendorf aufzugreifen, prekäre Gleichgewicht zwischen wirtschaftlicher Kraft, sozialem Zusammenhalt und politischer Demokratie. Es ist erstaunlich, daß man in Deutschland nach der Geschichte dieses Jahrhunderts, seinen brutalen Erfahrungen der ersten Hälfte und seinen ermutigenden Erfahrungen der zweiten Hälfte, so etwas hervorheben muß, aber es ist offenkundig notwendig geworden, denn Deutschland hat sich, auch was diese internationale Debatte angeht, zur geistigen Provinz zurückentwickelt.

2. Es gibt genügend Arbeit für alle

Ich wende mich nun einem Gedanken zu, der um reformerische Politik und Erneuerung kreist. Es geht um *die Frage, ob uns in Deutschland die Arbeit ausgeht,* und ob nicht angesichts der abnehmenden Bedeutung der Arbeitsgesellschaft insgesamt, der hohen Arbeitslosigkeit und des globalen Wettbewerbs überhaupt noch zu verteidigen, zu bewahren und zukunftsfest zu machen sei, was wir hier in Deutschland an wirtschaftlicher Kraft und sozialer Stärke verbunden hatten.

Ich bestreite die These, daß in Deutschland oder daß in der Europäischen Union die Arbeit ausgehe. Ich bestreite die Behauptung, daß die Arbeit zu teuer sei. Und ich bestreite die Behauptung, daß die Vollbeschäftigung ein nicht mehr erreichbares Ziel sei. Zur Begründung konfrontiere ich Sie einerseits wieder mit den internationalen Erfahrungen und andererseits mit sich daraus ergebenden Vergleichen und Zahlenmaterial:

Das *Volumen an bezahlter Arbeit in Deutschland,* ausgedrückt in Arbeitsstunden, die in Verträgen mit sozialer Sicherheit geleistet wurden, also sozialversicherungspflichtige Beschäftigung, ist in Deutschland fast konstant. Es schwankt mehr oder weniger deutlich um die Marke von 47 Milliarden bezahlter Arbeitsstunden. Gleichzeitig haben wir trotz eingetretener Arbeitszeitverkürzung und anderer Methoden zur besseren Verteilung der Arbeit real praktisch 6 Millionen Arbeitslose in Deutschland, zu den statistisch erfaßten 4,5 Millionen Menschen sind zusätzlich etwa eine halbe Million in Arbeitsbeschaffungsmaßnahmen oder anderen Überbrückungsmaßnahmen und über eine Million Menschen hinzuzurechnen, die sich aus dem Vermittlungsprozeß verabschiedet haben, weil sie keine Aussicht auf Erfolg mehr sehen.

Gleichzeitig sehen wir über andere Dinge, die die *Zukunft der Arbeitsgesellschaft* betreffen, in Deutschland mit gepflegter Langeweile und larmoyanter Gleichgültigkeit hinweg. Den vielen Millionen Menschen in sozialversicherungspflichtigen Beschäftigungsverhältnissen stehen *6 Millionen Menschen, die ohne Sozialversicherung* arbeiten, gegenüber – 6 Millionen geringfügige Beschäftigungsverhältnisse. Das sind die berühmten 610-DM-Verträge, die sicher hier und da auch von Studierenden ausgeübt werden. Aber häufig, nämlich in etwa 1,5 Millionen Fällen, sind das auch Menschen, die eine feste Tätigkeit haben und am Wochenende oder abends noch dazuverdienen, wegen des Urlaubs, wegen der Hypothekenzinsen beim Häuschen, oder weil in den letzten 6 Jahren eine reale Steigerung der Kaufkraft der Arbeitnehmereinkommen nicht mehr stattgefunden hat. Den etwa 25 Millionen abhängig Beschäftigten stehen also 6 Millionen gegenüber, die außerhalb der Sozialversicherung arbeiten. Dies muß von den anderen mitfinanziert werden, insbesondere deren Sozialversicherung.

Es gibt in Deutschland etwa *800.000 illegale Arbeitsverhältnisse*. Im letzten Jahr wurden in Deutschland *1.700.000.000 Überstunden* geleistet. Und auf der anderen Seite ist jede Menge Arbeit zu erledigen für die Sanierung der Städte und Häuser, in der Jugendarbeit, die ihre Oberbürgermeisterin Beate Weber angesprochen hat, in der Altenbetreuung und an vielen anderen Stellen.

Hier wird das Mißverhältnis deutlich. Diese Einsicht ist nicht allein in sozialdemokratischen oder gewerkschaftlichen Kreisen entstanden. Obwohl ich vermute, daß manche von Ihnen denken werden: „Es ist ja klar, daß aus der Sozialdemokratie solche Stimmen zu vernehmen sind." Ähnliche Überlegungen zu brachliegender Arbeit können Sie auch einem Buch von Herbert Henzler, Chef von McKinsey in Deutschland und Lothar Späth, ehemaliger Ministerpräsident in Baden-Württemberg, entnehmen.

Ich teile die Ansichten von Henzler und Späth. *Es geht uns nicht die Arbeit aus, sondern die Fähigkeit, aus vorhandener Arbeit bezahlte und soziale Sicherheit vermittelnde Arbeit* zu machen. Am Ende dieser Entwicklung könnte eine Gesellschaft stehen, die sich in drei Blöcke gespalten hat. Einen Block mit hoher Dispositionsbefugnis über Geld, Arbeit, Zeit und anderes, auch über andere Menschen, über Investitionen usw. Einen zweiten Block, wie man ihn zum Teil in Amerika studieren kann, bestehend aus festen Stammbelegschaften in den Betrieben. Und einen dritten Block, Ausgegrenzte, Hinausgedrückte und Weggeschobene, Menschen auf Abruf, schlecht oder nur vorübergehend bezahlt, ohne soziale Sicherheit, Opfer der ökonomischen Rationalisierung und des individuellen Egoismus der anderen.

Ein solch gespaltenes Land wird seine Zukunftschancen anders vermitteln und seine Zukunftsbedürfnisse anders formulieren als wir das zur Zeit tun. In einem solchen Land wäre die Vorstellung von der *gleichen Würde des einzelnen Menschen*, von der *gleichen Chance auf Freiheit* und ihres verantwortlichen Gebrauchs eine fundamental andere, als wir sie in unserem Grundgesetz verankert haben. Was Dahrendorf das prekäre Gleichgewicht genannt hat, ist in Deutschland ja auch das historische Erbe des Widerstandes gegen den Faschismus und das historische Erbe des Verfassungskonsenses, des Grundgesetzes. Das sollten wir nicht übersehen. Wer die Überlegungen des Kreisauer Kreises oder anderer liest, wer nachvollziehen will, was Carl Gördeler, der nun wirklich ein deutschnationaler, aber rechtsstaatlich denkender Mensch war, was James Graf Moltke oder Adolf Reichwein, der ein Sozialist und ein aufgeklärter Pädagoge war, gedacht hatten, der erfährt die Spannweite der Diskussion über ein Deutschland, das nie mehr der Gefahr erliegt, rückwärts zu gehen, dem Nationalismus oder Schlimmerem zu erliegen. Die Erinnerung daran ist keine Romantik oder Nostalgie, sondern eine Auffrischung unseres Gedächtnisses von *der Herkunft unserer Verfassung und ihrer Grundwerte*.

Manche sagen, das sei Romantik, das ließe sich im globalen Wettbewerb nicht mehr behaupten.

3. Es muß gehandelt werden

Wir müssen den gegenwärtigen Weg nicht fortsetzen. Es gibt dafür weder eine naturgesetzliche Zwangsläufigkeit noch eine ökonomische Begründung, schon gar keine zivilisatorische. Wenn jene 6 Millionen Arbeitsverhältnisse außerhalb der Sozialversicherung schrittweise verwandelt werden in ordentliche Teilzeitarbeitsplätze, wenn die illegale Beschäftigung wirksam bekämpft wird und die Zahl der Überstunden deutlich sinkt, dann können wir sofort *1 bis 1,5 Millionen Menschen in normale Arbeitsverhältnisse* bringen.

Es soll mir bloß keiner kommen und sagen, das ginge nicht. Diese Haltung ist nur zurückzuführen auf jene Mutlosigkeit, die sich breit macht, wenn man lange genug in ausgetrampelten Pfaden dahermarschiert. International gibt es gute Beispiele: Ich erinnere an die Niederlande. Ich erinnere an die USA. Ich erinnere an Japan. Damit habe ich drei Länder, die sehr unterschiedlich sind, nicht nur wegen ihrer Größe oder ihrer Zivilisation. Drei Länder, die eines geschafft haben, nämlich *eine stärkere Verbindung von wirtschaftlichem Wachstum mit Beschäftigung*. Und ich füge hinzu, daß Deutschland im Vergleich zu diesen Ländern, ich könnte Ihnen auch andere nennen, eine erstaunlich negative Entwicklung vollzogen hat. Wir sind das Land mit der geringsten, mit der schwächsten Verbindung von wirtschaftlicher Kraft und Wachstum der Beschäftigung. Wir sind das Land mit einer sehr niedrigen Lohnquote, also dem Anteil der Arbeitnehmerinnen und Arbeitnehmern am gesamten Volkseinkommen. Und wir sind das Land, das von allen OECD-Staaten das am stärksten belastet, was es am meisten braucht, nämlich Arbeitsplätze. Und gleichzeitig wird hier im Vergleich zu den G7-Staaten am wenigsten belastet, was es am wenigsten braucht, nämlich Finanzjongleure.

4. Internationale Kooperation

Es stellen sich die Fragen: Was bedeutet das für die soziale Kohäsion? Was bedeutet das für die *Zukunft*? Ich verlasse die Sphäre der Zahlen, der internationalen Vergleiche und der ökonomischen Fakten und komme zu einer Schlußfolgerung, die mit beidem, mit meiner Eingangsbemerkung und mit diesen Realitäten, zu tun hat. Ich war, bevor ich heute nach Heidelberg fuhr, in Tübingen und habe dort mit jungen Wissenschaftlern geredet, die am dortigen Max-Planck-Institut forschen. Ich habe danach mit Studierenden der Universität Tübingen gesprochen und dies vor wenigen Tagen auch in Düsseldorf und andernorts getan. Mir ist dabei, nicht nur an den Universitäten, nicht nur an den Fachhochschulen, sondern auch im Gespräch mit vielen jüngeren Bürgerinnen und Bürgern unseres Landes etwas aufgefallen: es gibt eine wahre *Sehnsucht nach Orientierung*. Es gibt eine wahre Sehnsucht nach einer glaubwürdigen, verläßlichen, realistischen Alternative zum gegenwärtigen Zustand. Es gibt eine wahre Sehnsucht nach wertgebundenem Handeln. Jeder in der Politik, der diese Sehnsucht übersieht oder ignoriert, gerät in die Gefahr, das europäische Zivilisationsmodell zu einer bloß ökonomischen Maschine zu denaturieren. Diese Entwicklung verrät das historische Erbe, verspielt Zukunft und mißachtet die Erwartungen vieler Menschen. Und es werden mehr und immer mehr. Das ist zugleich eine Hoffnung. Eine *Hoffnung* nämlich, daß man diesen scheinbar logischen Teufelskreis von immer mehr Arbeitslosigkeit, immer mehr sozialer Zerklüftung, immer mehr ungerechter Verteilung von Chancen, immer mehr Hinausdrängen von Menschen durchbrechen kann. Und man *kann* diesen *Teufelskreis durchbrechen*. Das gilt nicht nur für die Arbeitswelt. Wenn die Sehnsucht nach Orientierung und nach wertgebundenem Handeln, nach verläßlicher und realistischer Alternative, wenn das richtig empfunden ist – und mein Empfinden jedenfalls ist das – will ich nun einen weiteren Aspekt in die Diskussion einwerfen.

Was bedeutet diese Verknüpfung von zivilisatorischen Ideen und ökonomischen Tatsachen? Was bedeutet das für die Politik und für die Entscheidungen, die zu treffen sind? Auf dem Weltwirtschaftsgipfel 1994 in Neapel hat der amerikanische Präsident Bill Clinton angeboten, in den Welthandelsabkommen *ökologische und soziale Mindeststandards* zu verankern. Dieser Weltwirtschaftsgipfel der sieben größten Industrienationen unter Beteiligung Rußlands hat ein solches Ergebnis nicht vereinbaren können. Da zwei Staaten – Großbritannien und die Bundesrepublik Deutschland – Widerspruch einlegten, wurde die Einführung von ökologischen und sozialen Mindeststandards verhindert. Diese Tatsache ist in unserem Land weitgehend unbekannt.

Wenn wir nicht in einen zivilisationsgefährdenden Wettlauf möglichst niedriger Standards, möglichst weitgehenden Dumpings kommen wollen, dann darf eine entwickelte Gesellschaft wie die unsere, die stolz auf ihr erreichtes *Maß an Freiheit, Rechtsstaatlichkeit und Demokratie* ist, nicht daran vorbeisehen, daß in anderen Ländern der Erde konkurrierende Produkte hergestellt werden, deren Preise sich unter anderen aus einer groben Mißachtung der natürlichen Lebensgrundlage ergeben. Dann darf eine Gesellschaft wie die unsere nicht daran vorbeisehen, daß sich Preise auch aus einer groben Mißachtung der Rechte von Kindern auf eine menschenwürdige und von Kultur und Bildung geprägte Zukunft ergeben. Kinderarbeit und Ausbeutung bestimmen die Preise für Kohle und weitere Rohstoffe, aber auch anderes, darunter Teppiche oder landwirtschaftliche Produkte. Dies macht deutlich, daß jede Politik in Deutschland existentiell darauf angewiesen ist, *internationale Kooperation zu fördern* und Wettbewerb nicht als einen ruinösen Wettlauf zu verstehen, sondern als die *Suche nach dem gemeinsamen Vorteil*, im Sinne einer möglichst effizienten menschen- und naturschonenden, also in einem umfassenden Sinne kostengünstigen Weise. Die zweite Konsequenz ist: Alles, was in

Deutschland geschieht, muß mindestens *für Europa verträglich und zuträglich sein.* Wenn es schon nicht gelungen ist, sich weltweit auf bestimmte Mindeststandards für das Soziale, das Ökologische und die menschlichen Rechte und Bürgerfreiheiten zu verständigen, dann muß es mindestens in Europa geschehen.

5. Die Rolle der Bildung

Meine Damen und Herren, das Zivilisationsmodell, von dem ich sprach, ist ein europäisches. Deswegen begrüße ich die Debatte über die *Zukunft der Europäischen Union,* die in Deutschland zur Zeit mit zunehmender Intensität geführt wird. Es geht nicht nur um Fragen der europäischen Integration, der gemeinsamen Wirtschaftsunion und einer gemeinsamen Währung. Die Debatte hat einen tieferen gesellschaftspolitischen Kern.

Wir sollten nicht übersehen – ich komme noch einmal auf die Bemerkung zur Arbeitsgesellschaft zurück –, daß die Bundesrepublik Deutschland in den letzten drei Jahren Tausende und Zehntausende Arbeitsplätze verloren hat, weil die gegenwärtige Finanzpolitik zu einer fortwährenden Überbewertung der D-Mark im Verhältnis zu anderen Währungen führte. So stark wir im Export sind, so enorm die Gewinne an Produktivität in den letzten Jahren waren, so sehr die Gewinne der Unternehmen gestiegen sind und so sehr wir Exportüberschüsse erwirtschaften – im letzten Jahr in der Größenordnung von etwa 100 Milliarden Mark –, so offenkundig ist auch, daß Deutschland Schwächen hat.

Wenn es stimmt, daß Wettbewerb die Suche nach dem gemeinsamen Vorteil auf eine möglichst kostengünstige, menschen- und naturschonende Weise ist, wenn es stimmt, daß es weltweiter Kooperation bedarf, mindestens aber europäischer Integration, dann zeigt Deutschland in dieser Suche nach dem gemeinsamen Vorteil auch eklatante Schwächen. Stichwortartig nenne ich zwei Bereiche.

Erstens: *Innovation.* Damit nähern wir uns einem Thema, das Sie in diesen Tagen sehr intensiv beschäftigen wird. Deutschland ist hervorragend in der Grundlagenforschung, aber relativ schwach im Wissenstransfer von der Grundlagenforschung in die anwendungsorientierte Forschung und von dort in die Produktion. Das öffentliche Klima in Deutschland steht technischer Innovation und Erneuerung skeptisch, ängstlich oder ablehnend gegenüber. Das hat verschiedene Ursachen, die ich an dieser Stelle nicht im einzelnen vortragen möchte.

Ich greife einen Aspekt heraus, der mir bei der Wahrnehmung von politischen Pflichten im Ausland intensiv auffällt. Wenn ich als Vorsitzender der europäischen Sozialdemokratie durch andere europäische Länder oder durch die Vereinigten Staaten von Nordamerika reise, bemerke ich: Wir nennen in Deutschland Dinge, die vor uns liegen, ein Problem, eine Schwierigkeit. Wir analysieren sehr sorgfältig die Problemstellung, sind aber mutlos. In anderen Ländern wird möglicherweise weniger sorgfältig analysiert, aber die Herausforderungen, Aufgaben und Chancen werden fokussiert. Ich kenne kaum ein Land, in dem die *öffentliche Debatte* und das Bewußtsein mancher Angehöriger der Eliten so masochistisch, so problembeladen sind wie in Deutschland, und in dem vorhandene *Herausforderungen* immer als Problem diskutiert und verstanden werden und nicht als *Chance* und *Möglichkeit*. Es handelt sich wohl um ein tieferliegendes, mentales Problem, wobei hier der Begriff „Problem" durchaus angemessen ist.

Was wir wirtschaftlich, sozial, innovatorisch zu bewältigen haben, ist nur zu bewältigen, wenn wir denen *Mut* machen, die Mut haben und wenn wir denen Raum geben, die Raum haben wollen und wenn wir *Leistung* fordern und *Leistungsbewußtsein*.

Wir sollten Spitzenleistung als Orientierung und nicht als irgend etwas außerhalb der normalen Möglichkeiten Liegendes akzeptieren.

Deutschland braucht *die besten Schulen der Welt*. Deutschland *braucht die besten Fachhochschulen*. Deutschland braucht *die besten Hochschulen der Welt*. Leider sind wir davon noch ein gutes Stück entfernt. Wir müssen doppelte Anstrengungen unternehmen, um schneller voranzutreiben, was wir an Erkenntnissen gewinnen und was wir in wirtschaftliche und kulturelle Chancen umzusetzen in der Lage sind. Ich will dies an einem Beispiel illustrieren: Als in Schleswig-Holstein ein Mensch das Faxgerät erfand, bot er die Patente einer großen deutschen Firma an. Deren Antwort war: „Warum sollen wir uns selbst Konkurrenz machen, das Faxgerät hat keine Zukunft." Die Wirklichkeit hat die Antwort darauf gegeben.

Bildung muß wieder einen *bedeutungsvollen Stellenwert auf der politischen Tagesordnung* erhalten. Die Sperren eines zu langsamen Wissenstransfers, einer zu großen Vorsicht gegenüber Existenzgründern, neuen technischen Entwicklungen, neuen Möglichkeiten muß überwunden werden. Häufig wird *Bildung als Zukunftsinvestition* bezeichnet. Damit gerät man wegen der Wortwahl in die Gefahr, Bildung ausschließlich in ökonomische Zusammenhänge einzuzwängen. Wenn ich von Bildung als Zukunftsinvestition spreche, dann in dem Sinne, daß ohne Bildung eine kulturell vielfältige, freiheitliche, lebenswerte Gesellschaft nicht vorstellbar ist. Wer Bildung reduziert auf ökonomische Verwertbarkeit, der ruiniert sie zugleich. Dennoch: Die Bundesrepublik Deutschland ist mit ihren Aufwendungen der öffentlichen Haushalte für Bildung und Wissenschaft, Forschung und Technologie in der Reihe der entwickelten Industriestaaten auf einen hinteren Platz abgerutscht. Reine Politik des „Sparens", also des Kürzens wegen finanzieller Engpässe, zerstört am Ende Motivation und Leistung. Das sage ich auch mit Blick auf manches sozialdemokratisch regierte Land und füge hinzu: außerdem sollten Universitäten für einen Wettbewerb geöffnet werden. Denn Universitäten, wie übrigens das gesamte Bildungswesen, könnten mit ihren Ressourcen leistungsorientierter und effizienter umgehen.

Wo Bildung einen niedrigen Stellenwert hat, wird am Ende auch die Wirtschaft nicht mehr so wettbewerbsfähig sein und Grundlagen für den sozialen Zusammenhalt verspielen.

Kürzlich wurde ich gefragt, wie denn diese Einschätzungen – von denen ich hier einige Gedanken und Streiflichter nenne – mit den Bildern zusammenpaßten von

Sozialdemokraten und protestierenden Bergleuten. Dazu zwei Hinweise: Auf die Frage, wie denn die Heftigkeit des Protestes zu erklären sei, sagten diese Bergleute, sie kämpften um ihre Existenz und um ihre Ehre. Die politische Klasse – damit meine ich die Mitglieder der Parlamente, der Regierungen, weite Teile des deutschen Journalismus und andere, die sich an der Herstellung von Öffentlichkeit beteiligen – hat die Bedeutung der Veränderungen im Lebensgefühl der Menschen nicht hinreichend wahrgenommen. Heute sprach ich in Stuttgart mit einer großen Zahl von Betriebsräten und Unternehmern. Ein Mitarbeiter berichtete, wie es aus seiner Sicht dazu kommen konnte, daß die Entscheidung des Vorstandes jenes Unternehmens mit dem Stern in Sachen Lohnfortzahlung binnen kurzer Zeit die gesamte, mehrere zehntausend Köpfe zählende Belegschaft vor die Tore des Betriebes gebracht hat. Die Antriebsfeder war die Sorge um die *Gerechtigkeit*, das Gefühl für *Anstand*.

Ein anderes Gespräch mit einem jungen Mann hat sich ebenfalls in mein Gedächtnis geprägt. Er war knapp 20 Jahre alt und erklärte mir, er habe eine Sehnsucht, nämlich authentisch leben zu können. Diese Antwort von einem Menschen, der noch alles vor sich hat, versetzte mich in Erstaunen. Er erläuterte seine Empfindung mit dem Hinweis, er sei nun einmal ein Filmfreak und in der Welt der bewegten Bilder habe er praktisch alles gesehen, was er jetzt erlebe. Nichts sei ihm wirklich neu.

Das gehört zum Verständnis vieler in der politischen Klasse dazu: die Larmoyanz, manchmal der Zynismus des déjà vu; und das Ausspielen gegeneinander, als ob die Sehnsucht nach Gerechtigkeit, das Empfinden für Anstand nicht der Zwilling der Hoffnung sei, der Hoffnung auf neuen Fortschritt und freiheitliches, friedliches Leben.

Vielleicht fragen Sie sich insgeheim, was das mit unserem Thema zu tun hat. Ich will diesen Gedanken gerne begründen. Wir laufen Gefahr, immer mehr *Wissen* anzuhäufen und dabei immer weniger zu *verstehen*. Als ich von Sehnsucht nach Werten und nach Orientierung sprach, meinte ich auch dieses. In unserem Bildungswesen reflektieren wir die rabiat veränderte Umwelt nicht hinreichend. Das betrifft Lern- und Studieninhalte, Bildungs- und Studienorganisation und anderes.

In einer Regierungserklärung am 31. Januar 1997 sprach der Bundeskanzler davon, verantwortlich für die hohe Arbeitslosigkeit sei der Wunsch vieler Menschen zu arbeiten, insbesondere der Frauen. Manche nehmen es humorvoll – das ist in Ordnung –, manche zucken die Achseln, mich empört es, weil dieses Motto der Politik: Schuld seien die Menschen, nicht hinnehmbar ist. Auch in bezug auf die Hochschulpolitik werden derartige Schuldzuweisungen erhoben. Beispielsweise werden Schwierigkeiten an den Hochschulen dem Wunsch vieler Menschen angelastet, zu studieren. Gäbe es weniger Studierende, hätten wir nach dieser Pseudologik die gegenwärtigen Probleme nicht. Also schlußfolgern einige, dann müssen sie mindestens dafür bezahlen, damit es vielleicht weniger werden. Das ist die Übertragung eines bestimmten Mechanismus, einer bestimmten Denkweise auf Bildung, die eben mehr ist als Berufsausbildung und ökonomische Verwertbarkeit.

6. Sozialer Zusammenhalt

So, wie meine Partei bei der Frage der Innovation manchmal zu zögerlich und zu ängstlich war – weshalb ich sage, daß die Zukunft nur gestalten kann, wer vor ihr keine Angst hat und keine Angst vor der Zukunft macht –, so haben viele in Deutschland lange Zeit geglaubt, der soziale Zusammenhalt sei Gegenstand einer bürokratischen Verteilungsmaschine und erfülle sich durch sie.

Wer die Zivilisation, die mit dem europäischen Humanismus und der französischen Revolution ihren Ausgangspunkt hatte, fortentwickeln will, wer will, daß seine Kinder in sicheren sozialen Verhältnissen aufwachsen, wem das Vorbild von Los Angeles oder Schanghai eine schreckliche Vorstellung der Stadt ist, wer nicht wünscht, daß seine Kinder nur dann in sicheren Wohngebieten leben können, wenn dafür bezahlt wird, wer nicht will, daß in Deutschland oder in Europa entsteht, was man in Amerika schon kennt, nämlich Betreten bestimmter Wohngebiete nur mit privat ausgestellten Sonderausweisen, wer das und anderes nicht will, sondern die moderne zukunftsorientierte Fortentwicklung eines zivilisatorischen Modells, das wie nie zuvor den Menschen die Freiheit und die Würde gesichert hat und das jetzt gewissen Risiken und Herausforderungen unterliegt, der darf nicht nur nach der Arbeit oder der Bildung fragen, der muß sich auch für den sozialen Zusammenhalt engagieren. Auch dort müssen wir unser Land erneuern.

Deshalb plädiere ich dafür, das Nebeneinander vielfältigster kleiner sozialer Leistungen zu ersetzen und zusammenzufassen in einer sozialen Grundsicherung, die der Würde und der Freiheit des einzelnen Menschen wesentlich besser entspricht und bürokratische Wucherungen eindämmt.

Deshalb plädiere ich dafür, Soziales nicht zuerst als Staatliches zu begreifen, sondern als einen Appell an die Menschen und an ihre Fähigkeit zur eigenen Verantwortung.

Deshalb plädiere ich dafür, Subsidiarität auch in den politischen Entscheidungen so ernst zu nehmen wie es mehrere Millionen Menschen tagtäglich in den Vereinen, in den Wohlfahrtsorganisationen, in der Kommunalpolitik und andernorts praktizieren.

Ich weiß nicht wie es Ihnen geht, aber ich lebe sehr gern in Deutschland und finde, daß unser Land wunderbare Voraussetzungen, vor allem viele außerordentlich fähige und verantwortungsbewußte Menschen, hat. Ich bin fest davon überzeugt, daß unser Land eine sehr starke, eine sehr gute, eine sehr menschenwürdige Zukunft haben wird, wenn es gelingt, weltoffen und ohne ideologische Verklemmung seine Zukunft zu gestalten, strikt orientiert an der Verbindung von wirtschaftlicher Kraft, sozialem Zusammenhalt und der Entwicklung persönlicher Chancen und Leistungsmöglichkeiten als den Grundlagen für eine freiheitliche Demokratie.

Podiumsdiskussion

Brauchen wir eine neue Elite?

Moderation: Ernst Elitz, *Intendant des DeutschlandRadios*
Teilnehmer: Annette Schavan, *Kultusministerin des Landes Baden-Württemberg*
Hans Jürgen Kremer, *Geschäftsführer der DEUTSCHE ICI GmbH*
Klaus Otto Nass, *Rechtsanwalt, Staatssekretär a. D.*

Elitz: Meine Damen und Herren, der Begriff der Elite ist in Deutschland unbeliebt. Man mag sich selbst kaum zur Elite zählen, Elitenbildung an den Schulen und Universitäten ist verpönt. Unser Thema heute ist die Frage, ob wir eine neue Elite brauchen, und ich freue mich, dieses Thema mit drei Angehörigen der 'alten Elite' zu diskutieren.

Da man sich zur Elite ungern bekennt, wird es um so wichtiger sein, zu definieren, was die Elite überhaupt ist, wer dazugehört und ob man sich dazu bekennen soll und darf.

Frau Schavan, wann haben Sie sich denn das erste Mal als Angehörige der Elite gefühlt? Als Sie Ihre Promotion abgelegt haben, als Sie Chefin des Cusanuswerkes, oder als Sie Ministerin in der baden-württembergischen Landesregierung wurden?

Schavan: Natürlich ist von diesen drei Sachen keine ein wirkliches Indiz für Elite. Die Frage, wer zur Elite gehört, kann immer nur von anderen beantwortet werden, nie von einem selbst. Das Dazugehören zur Elite kann sich im Leben auch manchesmal ändern, und deswegen wäre es ganz eigentümlich, wenn mit dem Begriff 'Elite' ein Gefühl des Auserwähltseins verbunden wäre.

Man sollte selbst sehen, welche Begabungen man mitbringt, diese möglichst fördern und mit der Überzeugung verbinden, daß Begabungen sozialpflichtig sind, genauso wie das Eigentum.

Elitz: Begabung und Sozialpflichtigkeit wären also schon einmal zwei Definitionsmerkmale für die Elite. Ist aber Elite etwas, das erst jenseits eines akademischen Abschlusses beginnt?

Kremer: Nein, überhaupt nicht. Gerade in der Wirtschaft spielt am Ende des Tages der akademische Abschluß überhaupt keine Rolle, um zu den Spitzenkräften zu gehören. Da zählt wirklich nur Leistung und vor allen Dingen Verantwortungsbereitschaft. Wenn jemand in der Wirtschaft nicht verantwortungsbereit ist, kann er Spitzenfunktionen nicht übernehmen!

Elitz: Herr Professor Nass, Ihre Arbeit als Rektor des Stiftungskollegs für internationale Aufgaben der Robert Bosch-Stiftung bringt Sie in stetige Verbindung auch mit Entwicklungsländern. Was ist denn aus dieser Perspektive dem Begriff der Elite noch hinzuzufügen?

Nass: Lassen Sie mich ein Beispiel bringen: Eines der Hauptprobleme im Nahen Osten ist die Wasserversorgung, besonders die Nutzung des Jordanwassers. Eine Stipendiatin des Bosch-Kollegs hat mehrere Monate bei der Palästinensischen Wasserbehörde gearbeitet. Der Minister, der die Behörde leitete, war kein Fachmann. Die Bosch-Stipendiatin unterrichtete ihn über die völkerrechtlichen Regeln, die auch den Palästinensern bei den Verhandlungen über Wasserprobleme zugute kommen. Sie erntete großes Lob. Hier hatte ein Mann eine hohe Verantwortung übernommen, arbeitete zum Wohl seines Volkes und ließ sich von einer Expertin beraten. Mir scheint, daß er zur palästinensischen Elite gehört.

Elitz: Wir haben jetzt also als weitere Definitionsmerkmale die Bereitschaft, Verantwortung zu übernehmen und das Lernen, also das Wachsen mit den Aufgaben.

Wir können anscheinend die sozialwissenschaftliche Definition der Elite schon abhaken, die da heißt: „Elite sind Personen, die Spitzenpositionen in verschiedenen gesellschaftlichen Bereichen innehaben und somit Einfluß auf gesellschaftlich wichtige Entscheidungen ausüben". Das scheint mir nach all dem, was wir bisher besprochen haben, eine zu formalistische Definition.

Frau Schavan, was gehört denn inhaltlich an Werteorientierung zum Begriff der Elite?

Schavan: Das formale Bild der Elite hat sich nicht bewährt. Es geht davon aus, daß jemand in einem Bereich ausgesprochen gut ist, sich in diesem Feld an die Spitze bewegt, und damit automatisch zur Elite gezählt wird.
Dieses Bild führt dazu, daß wir weniger Menschen haben, die Grenzgänger zwischen den verschiedenen Milieus sind, die in der Lage sind, Brücken zwischen den verschiedenen Bereichen zu schlagen. Viele ungelöste Probleme, viele nicht überzeugend gelöste Fragen hängen damit zusammen, daß jeder im eigenen Milieu möglicherweise brilliert, aber sobald er aus diesem Milieu herauskommt, nahezu hilflos wirkt.

Wenn es denn eine neue Elite geben soll, dann muß ihr wichtigstes Merkmal sein, daß sie diese Verknüpfungsleistungen erbringt, die bisher noch unzureichend existieren.

Elitz: Also, der reine Spezialist, der Höchstleistungen nur auf seinem Gebiet erbringt, ist nicht unbedingt Ihr Idealbild von Elite?

Kremer: Nein, aber er kann Elite sein. Ich möchte den Elitebegriff aber mal von einer anderen Seite betrachten: wie kommt man eigentlich in die Situation, später einmal Spitzenpositionen bekleiden zu können? Die erste Voraussetzung dafür ist, daß die Frau oder der Mann eine besondere Begabung besitzt. Wenn man diese Begabung hat, darf man zunächst einmal dankbar sein. Darüber hinaus muß aber ein solcher Mensch leistungsbereit sein, und zwar besonders leistungsbereit. Als dritte Herausforderung kommt noch die Verantwortungsbereitschaft dazu.

Wenn Sie diese drei Voraussetzungen erfüllen, dann haben Sie die Fähigkeit, Spitzenleistungen zu vollbringen. Aus diesen Menschen bilden sich dann die verschiedenen Eliten, denn eine arbeitsteilige Gesellschaft wie die unsere besteht automatisch aus vielen verschiedenen Eliten.

Diese Eliten dann zu werten, ist eine ganz andere Frage. Was aber für die Zukunft viel wichtiger ist, als daß man sich zur Elite zuzählt oder von anderen als Elite bezeichnet wird, ist, daß diese Eliten in Deutschland zukünftig stärker vernetzt zusammenarbeiten. Das findet in Deutschland viel weniger statt als zum Beispiel in England, Frankreich und den USA.

Das liegt daran, daß der Begriff der Elite bei uns seit 1968 nur noch ungern benutzt wird, und sich deshalb Elitezirkel nicht bilden konnten. In anderen Ländern kommen die Eliten viel häufiger zusammen. Sie kommunizieren nicht über Expertenblätter, sondern direkt miteinander. Das ist bei uns viel zu wenig ausgeprägt.

Elitz: Begabungen kann man fördern, und da stellt sich die Frage, wo die Förderung der Eliten beginnt. Im Kindergarten, in der Schule oder erst in der Universität bzw. den Studienstiftungen?

Die Elite, wie Sie sie definieren, ist ja im Grunde etwas Demokratisches: Reich wird man, weil man etwas geerbt hat, Schönheit ist häufig genetisch bedingt, einen Orden bekommt man verliehen, die Beförderung hängt von der Einschätzung der Vorgesetzten ab. Die Kriterien, die Sie genannt haben, sind aber individuell geprägt und vom Wirken des Einzelnen abhängig, aber sicher bedarf er einer besonderen Förderung, um zu einem Teil der Elite zu werden, die über das reine Spezialistentum hinaus auch sittliche Verantwortung für das Ganze tragen soll.

Schavan: Auf allen Etappen von Bildung und Ausbildung soll nicht nur der Grundsatz gelten, daß Menschen gleiche Bildungschancen brauchen, das darf auch in Elitediskussionen nicht außer Kraft gesetzt werden, sondern auch, daß Begabungen entdeckt und dann entsprechend gefördert werden. Wir brauchen aber nicht nur bestimmte Begabungen, sondern viele verschiedene. Während der gesamten Ausbildungsphase muß man nach diesen Begabungen Ausschau halten, und dann auch den Mut haben, diese wirklich zu fördern und den Begabten entsprechend zu unterstützen.

Es gibt bei uns viele Leute, die behaupten, daß die Guten sich immer durchsetzen, deshalb brauche man keine Begabtenförderung. Wir haben also den ersten Grundsatz – gleiche Bildungschancen für alle – zum großen Teil umgesetzt, beim zweiten Grundsatz – erkannte Begabungen zu fördern – haben wir aber noch viel vor uns.

Elitz: Welche Funktion könnten denn Eliteschulen und -universitäten haben, wie sie in anderen europäischen Staaten existieren? Halten Sie solche Institutionen für die geeigneten Fördermöglichkeiten zur Herausbildung einer gesellschaftlichen Elite?

Nass: Das kommt darauf an, wie der Zugang zu solchen Schulen bzw. Hochschulen organisiert ist und in welchem Geist die jungen Leute geschult werden. An dem System der französischen ENA halte ich zum Beispiel den permanenten Wettstreit der Studenten um möglichst viele Punkte und die gesicherte berufliche Zukunft jedenfalls der besten Absolventen für bedenklich. An deutschen Universitäten geht es normaler zu und jeder Student kann sich selbst über das Studium seines Faches hinaus Zusatzqualifikationen erwerben.

Schavan: Es gibt in unterschiedlichen Ländern unterschiedliche Traditionen. In Deutschland kennen wir diese Eliteinstitutionen nicht. In den USA existiert solch eine Tradition, aber die Entwicklung dort zeigt, daß trotzdem bei vielen Problemen nicht die besten Lösungen gefunden wurden. Wenn ich also die Bildungslandschaft am Reißbrett entwerfen sollte, würde ich keinesfalls mit Eliteinstitutionen beginnen, aber es muß auch klar sein, daß unsere Institutionen trotzdem die Aufgabe haben, für die entsprechende Förderung zu sorgen.

Nass: In die Diskussion gehört aber noch ein anderer, wichtiger Aspekt: das Elternhaus. Die Begabtenförderung fängt nicht erst im Kindergarten an, und schon gar nicht an der Grundschule oder der Universität. Die beginnt schon mit der Geburt: Wenn jemand nicht durch die Liebe seiner Eltern sein Selbstvertrauen erhält, d. h. viel Liebe und ab einem gewissen Alter eine gewisse Autorität, woher soll es dann kommen?

Außerdem sollte man ernsthaft überlegen, welchen Sinn das starre Festhalten unseres Schulsystems am 13. Schuljahr hat. Es gibt ja gute Argumente für ein 13. Schuljahr. Sie haben bloß den Nachteil, daß man mit diesen Argumenten auch noch ein 14. und 15. Schuljahr fordern könnte. Man kann also die Schulzeit durchaus verkürzen, zumindest für die, die diese lange Ausbildung nicht unbedingt nötig haben, nämlich die Hochbegabten. Es gibt zwar schon vereinzelte Regelungen, aber es sind noch viel zu wenig.

Kremer: Es ist auch interessant zu sehen, wie unterschiedliche Spitzenleistungen unterschiedlich gefördert werden. Im sportlichen Bereich scheint das ja überhaupt kein Problem zu sein: Wenn Sie in der Schule im Fach Mathematik Spitzenleistungen erbringen, müssen Sie sich trotzdem nach dem Langsamsten in Ihrer Klasse richten. Wenn jemand aber im Sportunterricht 100 Meter in 11,0 Sekunden läuft, verlangt doch niemand von ihm, daß er den Langsamsten an die Hand nimmt, um dem eine bessere Zeit zu ermöglichen!

Sportliche Spitzenleistungen werden also ohne weiteres gefördert und ohne weiteres anerkannt. Wirtschaftliche oder wissenschaftliche Spitzenleistungen in der Schule zu fördern, ist aber leider sehr problematisch und wird heute nicht durchgeführt.

Elitz: Ich möchte jetzt aber doch noch einmal auf den soziologischen Aspekt zu sprechen kommen: Wir haben eine Definition für den Idealtypus eines Mitglieds der Elite gefunden. Jetzt stellt sich natürlich die Frage, ob dieser Idealtypus überhaupt in Führungspositionen aufsteigen kann. Erfolg hat doch möglicherweise eben nur der, der sich nicht an die sittliche Verpflichtung der Elite hält, wie sie hier definiert wurde.

Schavan: Ich sehe auch die Gefahr, daß wir aus dem Begriff Elite einfach die 'guten Menschen' machen. So einfach ist es natürlich nicht. Man sollte aber darauf bestehen, daß jedes Mitglied der verschiedenen Eliten – dazu gehört dann eben nicht nur der Macher in der Wirtschaft, sondern auch der Politiker, der Künstler, der Literat, der Wissenschaftler – immer das Gemeinwohl als seine oberste Maxime sieht. Selbst wenn dieses Mitglied der Elite nur einen kleinen Bereich hat, in dem es die Masse überragt, muß doch versucht werden, die eigenen Handlungen stets in die großen Zusammenhänge einzubauen.

Nass: So ähnlich hat das Immanuel Kant ja schon in seinem Kategorischen Imperativ gefordert. Wir reden die ganze Zeit so, als ob sich der gute Mensch nun in der Elite inkarniert. Alle Eigenschaften, die wir heute über die Elite diskutiert und hervorgehoben haben, der Gemeinsinn vorneweg, sind Eigenschaften, die sowieso von jedem Bürger verlangt werden, nicht nur von der Elite. Die herausgehobene Stellung und die von der Elite erwartete Vorbildfunktion machen es aber nötig, daß die Angehörigen der Elite sich noch ein ganzes Stück mehr an diese Grundsätze halten, die von jedem Menschen erwartet werden, sonst wüßte ich nicht, wodurch die Führungsschicht sich den Namen Elite verdient haben soll.

Elitz: In einer Zeit, in der über den Mangel an Vorbildern geklagt wird, ist es ein Charakteristikum der Elite, daß sie aus Menschen besteht, die – vielleicht ohne es zu wollen – tatsächlich noch Vorbilder sind.

Zum Abschluß möchte ich Sie bitten, eine kurze Schlußerklärung zu geben. Brauchen wir Eliten tatsächlich, oder wäre es besser, wenn alle gleich ausgebildet würden? In wieweit bestimmen Machterhalt und Machtinteresse das Verhalten von Angehörigen der Elite, und wo liegt die geistige und kulturelle Verantwortung der Führungsschicht?

Kremer: Natürlich hat die Elite Macht. Macht um der Macht willen hat keinen Wert, aber ohne Macht geht es eben auch nicht, irgend jemand muß entscheiden, sonst geht es nicht weiter.

Der Begriff Chancengleichheit wird meines Erachtens grundsätzlich falsch benutzt. Nach einem Urteil des Bundesverfassungsgerichts ist Gleiches gleich, aber Ungleiches ungleich zu behandeln. Wenn aber in der Schule und der Universität per 'Nivellierungshobel' die Hochbegabten wegnivelliert werden, dann ist das eine Gleichbehandlung, die so vom Verfassungsgericht nicht gewollt ist.

Die Gesellschaft braucht eine Elite, weil wir eine arbeitsteilige Gesellschaft sind. Gerade Deutschland als rohstoffarmes Land ist auf das Kapital in den Köpfen angewiesen. Wenn wir diesen Rohstoff vernachlässigen, dann werden wir in Zukunft nicht bestehen können. Wir brauchen Spitzenleistungen auf allen Gebieten. Die einzelnen Eliten müssen aber miteinander reden. Ohne Elite, ohne den, dem etwas einfällt, geht es nicht weiter. Es ist leider genetisch bedingt, und das ist nicht wertend gemeint, daß es unterschiedliche Begabungen gibt. Diese unterschiedlich erkannten Begabungen müssen unterschiedlich gefördert werden, damit sie irgendwann wieder zusammenkommen und für die Gesellschaft das Notwendige erreichen.

Schavan: Eine demokratische Gesellschaft braucht selbstverständlich konkurrierende Eliten, die in einen Ideenwettstreit treten, im Blick auf die großen Herausforderungen, vor denen diese Gesellschaft steht. Selbstgenügsamkeit ist der größte Feind der Eliten. Das ist auch ein Problem der derzeitigen Spitzenkräfte, daß sie sehr zufrieden mit sich sind und diesen Brückenschlag zum anderen Milieu, zu anderen Ideen nicht genügend wagen. Die größten Herausforderungen unserer Gesellschaft sind in absehbarer Zeit nicht mehr die Globalisierung und die wirtschaftliche Weiterentwicklung, sondern die kulturelle Weiterentwicklung, die Frage der Verständigung.

Macht und Geist sind kein Antagonismus. Der schlimmste Verhinderer von Selbstkontrolle ist die Behauptung, ohnmächtig zu sein.

Nass: Die Macht der Eliten sollte man nicht überschätzen: Jeder Politiker macht doch die Erfahrung, daß es nicht möglich ist, einfach Entscheidungen durchzusetzen, wenn sie z. B. vorher nicht mit den betroffenen gesellschaftlichen Gruppen besprochen wurden. Diese Konsultationen, die man führen muß, schwächen die Macht, die man heutzutage in Führungspositionen hat, doch merklich ab.

Wie könnte man die Elite fördern? Die Universitäten sollten eine größere Flexibilität der Studenten möglich machen. Heute können sie zwar ein Auslandssemester machen, aber das Semester verlieren sie in Deutschland, weil die im Ausland erworbenen Scheine meist bei uns nicht anerkannt werden und sie irgendeinen Pflichtschein nachmachen müssen. Hier sind die einzelnen Fakultäten gefordert.
Im übrigen fördern die Studienstiftungen zum großen Teil Studenten, die sich selbst bewerben. Wer diese Initiative zeigt, bringt doch schon eine wesentliche Voraussetzung mit, einmal Mitglied der Elite zu werden.

Elitz: Mitgliedschaft in der Elite, das haben wir hier erfahren, ist nicht vergleichbar mit der Mitgliedschaft in einer Partei, in einer Religionsgemeinschaft, oder im PEN-Club. Wenn es eine neue Elite geben soll, dann unterscheidet sie sich von der alten dadurch, daß sie nicht eine Elite von Spezialisten ist, sondern daß sie eine sittliche Verantwortung für die Gemeinschaft wahrnimmt, und daß sie immer die Gesamtheit im Blick hat und über die eigene Disziplin hinausschaut. Das, glaube ich, ist die neue Elite, und das Schlußwort möchte ich hier dem Philosophen Theodor Adorno geben. Der hat einst gesagt: „Elite mag man in Gottes Namen sein. Niemals aber darf man sich als solche fühlen."

Podiumsdiskussion
Die Zukunft der Bildungsideale

Moderation: Klaus Bresser, *Chefredakteur des ZDF*
Teilnehmer: Christoph Führ, *Bildungshistoriker*
Walter Hiller, *Geschäftsführer des Bundes der Freien Waldorfschulen e. V.*
Hans-Jürgen Quadbeck-Seeger, *Vorstandsmitglied der BASF AG*

Bresser: Meine Damen und Herren, in unserem Lande schimpfen Professoren auf Politiker, weil Gelder gekürzt werden, Politiker über Professoren, weil die zuwenig für die Lehre tun, Studenten, heißt es, studieren zu lange, Eltern beschweren sich über die Lehrer wegen mangelnder Qualifikation, Lehrer über Eltern, weil sie die Kinder nicht richtig erziehen. Arbeitgeber klagen über Schulabgänger, weil die nicht genügend können, und Schul- und Universitätsabgänger über Arbeitgeber, weil es keine Arbeit gibt.

All das hat mit unserem Thema zu tun, denn man würde nicht streiten, wenn es dahinter nicht Ansprüche, Forderungen, Visionen, eben Ideale von Bildung gäbe. Um diesem Hintergrund ein Stück näher zu kommen, schlage ich vier Schritte für die Diskussion vor.

Die erste Frage lautet: Brauchen wir überhaupt so etwas wie Bildungsideale oder stören sie eher und können wir sie uns überhaupt noch leisten?

Die zweite Frage lautet: Wenn wir sie brauchen, welche Bildungsideale könnten es denn sein? Solche, die den einzelnen in den Mittelpunkt stellen und das Individuum zum Maß aller Dinge machen, oder solche, die auf den Nutzen der Allgemeinheit zielen, eine soziale Aufgabe in der Gesellschaft erfüllen? Oder am besten solche, die beides leisten?

Drittens dann ist zu fragen, inwieweit entspricht unser derzeitiges Bildungssystem bestimmten Zielvorstellungen? Entsprechen die Bildungsinhalte und die Bildungsstrukturen heute noch den Anforderungen, etwa der Fächerkanon oder der Aufbau von Schulen und Universitäten?

Und viertens sollten wir schließlich davon reden, wie ein Bildungssystem aussehen muß, das künftigen Anforderungen gewachsen sein will?

Herr Dr. Führ, ist eine Gesellschaft in der Vergangenheit eigentlich je ohne Bildungsideale ausgekommen?

Führ: Bildungsideale hat es immer gegeben und es wird sie immer geben. Sie sind gerade unter einem hindurchgelaufen! Als Überschrift über dem Eingang der Neuen Universität steht: „Dem lebendigen Geist". Dieses Ideal wurde, sobald 1933 die Nationalsozialisten an die Macht gekommen waren, ersetzt durch den Schriftzug „Dem deutschen Geist". Die Nationalsozialisten hatten ihre eigenen Bildungsideale und konnten mit lebendigen Geistern gar nichts anfangen.

Wir haben im 19. Jahrhundert das Bildungsideal des allseits gebildeten Humanisten gehabt, formuliert durch Schleiermacher, Fichte und vor allem Wilhelm von Humboldt, dem großen Zusammenfasser einer mehr als drei Jahrzehnte dauernden Bildungsdiskussion und Umsetzer einer Schul- und Hochschulreform nach der Niederlage von Jena und Auerstedt 1806.

Am Beispiel der Griechen und der griechischen Epoche sollte die deutsche Jugend erzogen werden. Am Ende des Jahrhunderts sagte der junge Kaiser Wilhelm II. bei der preußischen Schulkonferenz 1890, und er hatte selbst in Kassel als erster Hohenzoller das Gymnasium besucht: „Wir sollen nationale junge Deutsche erziehen und nicht junge Griechen und Römer." Und so wurde die Epoche der Humanität abgelöst durch einen steigenden Nationalismus. Schon Grillparzer, der ein sehr gescheiter und weiser Historiker, Dichter und Verwaltungsbeamter war, hat in den 1840er Jahren, als der Nationalismus im alten Österreich aufkam, gesagt: „Von der Humanität über die Nationalität zur Bestialität". Wir Deutschen haben das dann bis 1945 durchexerziert.

Die humanistischen Ideale gingen schlicht auch dadurch über Bord, daß im Jahre 1900 durch eine preußische Schulkonferenz der Hochschulzugang über das humanistische Gymnasium, das allein bis dahin die allgemeine Hochschulreife vermittelte, neu geregelt wurde, und nun auch Schüler, die nie Griechisch und vielfach auch kein Latein in der Schule gelernt hatten, zur Hochschule zugelassen wurden.

Der *Staat* also setzt Bildungsideale und Bildungsziele fest. Sie sind in den Verfassungen und Landesgesetzen umrissen. Heute haben wir in Deutschland aber keine klaren Vorstellungen mehr, was wir unserer Jugend vermitteln sollen. Daß das nicht neu ist, möchte ich Ihnen durch das Zitat eines großen Heidelberger Gelehrten, des von den Nationalsozialisten wegen seiner jüdischen Frau aus dem Amt entfernten Karl Jaspers, vergegenwärtigen: „Symptom der Unruhe unserer Zeit um die Erziehung ist die Intensität pädagogischen Bemühens ohne Einheit einer Idee. Dann wieder scheint das Charakteristische unserer Situation die Auflösung substantieller Erziehung zugunsten eines endlosen pädagogischen Probierens, einer Zersetzung in gleichgültige Möglichkeiten einer unwahren Direktheit des Unsagbaren. Es ist, als ob die Freiheit des Menschen, die errungen wurde, sich selbst aufgebe in der leeren Freiheit des Nichtigen. Ein Zeitalter, das sich selbst nicht vertraut, kümmert sich um Erziehung, als ob hier aus dem Nichts wieder etwas werden könne." Dies schrieb Jaspers bereits 1931.

Bresser: Es ist interessant, wenn man z. B. in der hessischen Verfassung von 1946 liest, daß das Ziel von Erziehung sei, den jungen Menschen zur sittlichen Persönlichkeit zu bilden, seine berufliche Tüchtigkeit und die politische Verantwortung vorzubereiten zum selbständigen, verantwortlichen Dienst am Volk und der

Menschheit durch Ehrfurcht und Nächstenliebe, Achtung und Duldsamkeit, Rechtlichkeit und Wahrhaftigkeit. Das klingt schon noch nach 19. Jahrhundert. Herr Hiller, sind das Ziele, mit denen Sie sich als Sprecher für die Waldorfschulen einverstanden erklären, oder differenzieren sie da?

Hiller: Ich kann jetzt schlecht sagen, daß ich damit nicht einverstanden wäre, aber ich möchte, nachdem Sie Bildungsideale in einen gesellschaftlich-politischen Kontext gestellt und das historisch kurz beleuchtet haben, einen dritten Ansatz wagen, und zwar vom Kind direkt aus. Wenn man die Entwicklung eines kleinen Kindes anschaut, so trifft man überall darauf, daß da von Anfang an Impulse wahrnehmbar sind in Richtung des Gewinnens einer Eigenständigkeit. Ganz elementar sind hierbei das selbständige Aufrichten und das sich selbst mit 'ich' bezeichnen können, was um das dritte Lebensjahr herum geschieht. Es gibt also einen Strang hin zur Eigenpersönlichkeit, mit all den Stufen, blauen Flecken, verbrannten Fingern usw.

Daneben gibt es aber auch den ganz starken Drang, die Umwelt zu erschließen, in Beziehung zu treten mit den Menschen, aber auch mit den Dingen rundherum. Neugierde, Forscherdrang, die Dinge durchschauen wollen, sich damit in Beziehung setzen wollen. Das sind eigentlich Elemente, die dem Menschen innewohnen und die beobachtbar sind. Die Sozialisationsinstanzen müssen sich daran messen lassen, inwiefern diese ursprünglich menschlichen Möglichkeiten zur Entfaltung und Entwicklung kommen können, einerseits in die Richtung der Individualität, andererseits aber auch in die Richtung des Allgemeinwohls. Wie man eben das zu fördern in der Lage ist, daran werden das Elternhaus und die Schule zu messen sein.

Ich habe den Eindruck, daß man sich heute in einem Widerspruch befindet, daß man einerseits meint, Bildung stärker regulieren zu müssen auf den verschiedensten Feldern, und daß andererseits überall erlebt wird, daß die individuelle, eigenverantwortliche schöpferische Persönlichkeit dasjenige ist, was heute Entwicklung verspricht. Dieser Widerstreit ist augenfällig.

Eines der Ideale für das Schul- und Bildungswesen wäre, der Schule wirklich den pädagogischen Raum zu erhalten, daß dort tatsächlich auch darüber gesprochen werden kann, was es bedeutet: „Dem lebendigen Geist". Mir fiel dieser Spruch sofort auf, und ich fragte mich: „Wo sind heute überhaupt noch die Orte in der Schule, die Gelegenheiten, wo darüber gerungen werden kann, wo darüber auch unterschiedliche Positionen erarbeitet werden können?

In unserem Grundgesetz ist veranlagt, daß eine Vielfalt im Bildungswesen eben diesem individuellen Suchen nach Idealen auch zu entsprechen hat. Deswegen die Vielfalt, der Pluralismus im Bildungswesen, der in der Bundesrepublik natürlich noch viel zu wenig entwickelt ist.

Also: Wir brauchen Ideale und in der Regel haben wir sie auch. Sie lassen sich aus dem Menschentum, aus der Beobachtung auch der menschlichen Entwicklung, aber auch philosophisch-historisch und noch anders ableiten.

Bresser: Wir steuern auf die Frage hin, welches Ziel Bildung denn erreichen soll. Soll sie die Person, das Individuum zur Geltung bringen oder soll die Erziehung auf den Nutzen für die Allgemeinheit fokussiert sein? Ich zitiere eine neuere Verfassung, die von Thüringen: „Erziehung und Bildung haben die Aufgabe, selbständiges Denken und Handeln, Achtung vor der Würde des Menschen und Toleranz gegenüber der Überzeugung anderer, Anerkennung der Demokratie und Freiheit, den Willen zu sozialer Gerechtigkeit und Friedfertigkeit im Zusammenleben der Kulturen und Völker und die Verantwortung für die natürlichen Lebensgrundlagen des Menschen und die Umwelt zu fördern." Da sind dann durchaus neue Töne, und, Herr Quadbeck-Seeger, ich frage Sie: Sind das Ziele, mit denen Sie sich als Vertreter der Industrie, die im besten Falle ja möglichst vielen der Studierenden, die hier sitzen, auch mal Arbeit geben soll, einverstanden erklären können?

Quadbeck-Seeger: In dieser Runde habe ich eine Doppelrolle, und zwar einerseits als Naturwissenschaftler, andererseits als Vertreter der Wirtschaft. Ich möchte zunächst auf die Frage eingehen: Welche Form der Bildung braucht die Wirtschaft? Sie ist ja nach wie vor ein großer Arbeitgeber und unser Lebensstandard wird in Zukunft im globalen Wettbewerb noch stärker davon abhängig sein, wie leistungsfähig unsere Wirtschaft ist. Wir sehen ganz dramatisch, daß sich hier ein Wandel vollzieht von den sogenannten alten Technologien und Industrien hin zu den wissensorientierten und informationsorientierten Wirtschaftszweigen. Das hat natürlich Konsequenzen auf die Anforderungsprofile.

Früher war es durchaus ausreichend, gut ausgebildete Mitarbeiter einzustellen. Heute sehen wir eine deutliche Tendenz, neben dem Wissen auch die Fähigkeiten zu berücksichtigen. Wir brauchen Mitarbeiter, die Problemlösungskompetenz mitbringen. Es ist ein auffallendes Phänomen, daß lange Zeit sehr viel Wert auf die formale Intelligenz, den Intelligenzquotienten, gelegt wurde. In jüngerer Zeit wird zunehmend bewußt, daß die emotionale Intelligenz möglicherweise eine viel größere Rolle spielt für den Lebens- und Berufserfolg. Das heißt ganz vereinfacht: in komplizierter werdenden sozialen Zusammenhängen gestaltend handeln können.

Ich möchte im aristotelischen Ordnungssinne Bildung auf drei Ebenen betrachten. Die Basis bildet das Faktenwissen. Darauf baut das Handlungswissen auf, nämlich, wie gehe ich mit Lernstoff um, wie arbeite ich mich in neue Problemfelder ein, und wie organisiere ich mich selbst. Die oberste Stufe ist schließlich das Orientierungswissen. Wir brauchen Koordinaten, nach denen wir unser Handeln ausrichten. Hierbei zeigen sich dann auch die großen Unterschiede zwischen den Kulturen.

Neuerdings wird der Bildungsbegriff auch noch in die Zukunft projiziert. Also: Wie handeln wir, und welche Auswirkungen wird dies auf die nachfolgenden Generationen haben. Das steckt letztlich in dem Konzept des 'Sustainable Development'. Wir in den Unternehmen nehmen diesen Aspekt wirklich ernst. Wie wir sehen, ist der Bildungsbegriff in Bewegung. Wir müssen neue Koordinaten suchen, wobei ich immer etwas Unbehagen habe, wenn wir über Kanonisierung reden. Man kann Bildungsideale bekanntlich auch mißbrauchen, deswegen muß man damit wirklich sehr vorsichtig umgehen. Wie immer neue Bildungsinhalte definiert werden, sie müssen unter dem Aspekt der Verantwortlichkeit sich selbst, der Gesellschaft und der Zukunft gegenüber gewertet werden.

Bresser: Danke, Herr Quadbeck-Seeger, ich glaube, wir sind soweit, daß wir sagen können: Vor die Frage gestellt, sollen Bildung und Erziehung eher den Menschen, das Individuum entfalten, oder soll es seine soziale Verantwortung fördern, wird die Betonung immer mehr auf die zweite Aufgabe gelegt.

Müssen wir aber nicht einfach anerkennen, daß Bildungsziele und -erwartungen wesentlich abhängig sind von den Zeitumständen? Oder, zugespitzt gefragt: Glauben Sie nicht, daß in Zeiten von Wachstum und Hochkonjunktur man sich einiges leisten kann, in Zeiten der Rezession man sich aber stärker darauf konzentrieren muß, welche jungen Leute denn die Gesellschaft braucht?

Führ: Das Problem ist: Heute will man Lehrpläne gestalten, wobei Zukunftsbezogenheit, Schlüsselqualifikationen die Stichworte sind. Da sage ich: „Ja, wenn man doch wüßte, was die Zukunft bringt!" Eben weil man nur weiß, was vorher war, und was heute ist, die Zukunft aber offen ist und uns letztlich immer überrascht, kann man sich noch so gut vorbereiten – die Zukunft trifft uns unvorbereitet. Das ist also das Phänomen, das wir sehen müssen, daß wir, die wir gerade in einer großen technischen Revolution stehen, letztlich unvorbereitet in die Zukunft gehen, und daß alles Mühen, gewissermaßen zukunftsbezogene Bildung zu schaffen, vergeblich ist.

Bresser: Gut, man weiß nie, wie es kommt, aber können wir nicht eines heute mit großer Gewißheit sagen, nämlich, daß die Ressourcen abnehmen, daß der Müll wächst, und daß wir Umweltprobleme vor Augen haben, die gar nicht mehr abzustreiten sind? Das ist ja bestätigt, nicht nur von der Wirtschaft, sondern auch von der Wissenschaft. So hat Herr Quadbeck-Seeger es auch gemeint, daß wir die Verantwortung klarer denn je erkennen für diese Zukunft unserer Kinder und Kindeskinder.

Das ist, glaube ich, unstrittig, alles andere ist wohl sehr schwer in der Zukunft zu erkennen. Aber, wenn das so ist, und wenn das ein weltweites Problem ist, Herr Hiller, frage ich mich, ob wir nicht in Zeiten, in denen wir von der Industrie- zur Informationsgesellschaft überwechseln, und dadurch ja auch die internationale Integration möglich machen, international abgestimmte Bildungsideale brauchen? Können wir also noch mit Humboldt und einigen anderen Deutschen zurechtkommen?

Hiller: Ich denke, da sind verschiedene Ebenen zu berücksichtigen. Zum einen macht gerade der rasche gesellschaftliche und technologische Wandel immer mehr die 'gefestigte Persönlichkeit', die 'entwicklungsbereite Persönlichkeit' erforderlich. Gerade dadurch wird Wandel bewältigbar, und man wird nicht überwältigt durch den Wandel. Probleme wie Technikängste, die Ängste vor Fremdem entstehen ja erst, wenn eine Verunsicherung der eigenen Identität vorhanden ist, man sich angegriffen fühlt, wo gar kein Angriff da ist.

Die Entwicklung der Persönlichkeit ist heute wichtiger als je zuvor, weil alle hergebrachten Leitplanken der Gesellschaft, der Kultur, der Kirchen und sonstiger Gruppierungen so nicht mehr halten. Das ist ein Wegbrechen von sogenannten überlieferten, tradierten Werten. Es wird sehr viel mehr auf die Eigenorientierung der Persönlichkeit ankommen, auf das, was man selber als Sittlichkeit empfindet, als Moralität erlebt und auch umsetzt. Das ist das eine.

Das andere ist aber, daß es zu Standardisierungen der Fachkenntnisse kommt. Diese Kenntnisse werden auch einem rascheren Wechsel ausgesetzt sein, und gerade, um das zu bewältigen, braucht es den entwicklungsfähigen Mitarbeiter. Es braucht den, der nicht erst einmal entsetzt ist, daß die Dinge sich wieder einmal geändert haben, sondern der, der bereit ist, Dinge weiterzuentwickeln, sich mit in die Entwicklung einzubringen, also die Flexibilität, die Beweglichkeit, daß man nicht auf einmal Erworbenem sitzenbleibt und denkt, das sichert meine Karriere bis zum 65. Lebensjahr. Diese Mentalität führt ins Abseits.

Bresser: Machen wir es doch etwas konkreter, Herr Quadbeck-Seeger. Sie sind an der Spitze eines global operierenden Unternehmens. Sie stellen junge Leute ein, die von den Universitäten kommen. Haben Sie das Gefühl, daß die dem großen Markt gewachsen sind?

Quadbeck-Seeger: Das ist ein ganz eigenartiges Phänomen, gerade als Chemiker muß ich das sagen, weil wir vor allem mit den langen Studienzeiten eine besondere Sorge haben. Chemiker brauchen im Durchschnitt 19,4 Semester, bis sie fertig sind. Die jungen Leute kommen also mit ca. 30 Jahren in die Unternehmen, während dies in anderen Ländern sehr viel früher geschieht. Das ist ein Problem, das wir in Deutschland lösen müssen.

Jetzt kommt aber die Kehrseite: Wenn ich zwischen Amerikanern, Engländern, Japanern und Deutschen vergleiche, dann sind die deutschen Absolventen hervorragend ausgebildet, stark motiviert und haben eine hohe Loyalität zum Unternehmen. Das sind alles Vorteile, die wir durchaus auch in die Waagschale legen müssen.

Was mir aber auffällt, ist eine bimodale Verteilung. Wir haben tatsächlich noch immer sehr hoch motivierte, gute Studenten, die in der Regel auch schneller sind. Auf der anderen Seite aber haben wir viele Studenten, die nicht mit Herzblut studieren, sich aus Ratlosigkeit oder Verlegenheit für einen bestimmten Studiengang entschieden haben, und ihn dann, im wahrsten Sinne des Wortes, durchziehen. Später suchen sie dann irgendwo eher nach einer sicheren Position als nach großen Herausforderungen.

Das alles ist soziologisch schon untersucht worden und hängt wahrscheinlich auch mit dem unbegrenzten Zugang zur Universität zusammen und der fehlenden

Möglichkeit der Universitäten, stärker die Studenten selbst auszusuchen. Professor Rölleke, ehemaliger Rektor von Mannheim, hat das sehr zugespitzt formuliert. Er hat gesagt: „Es gibt zwei gesellschaftliche Institutionen in Deutschland, die nehmen müssen, was kommt: Das eine sind die Gefängnisse, das andere sind die Universitäten!" Das ist zwar zynisch formuliert, aber so ist es leider. Die Universität hat keine Möglichkeit, nach Leistungskriterien auszuwählen, wie es in anderen Ländern der Fall ist. Mit diesem Phänomen müssen wir uns noch auseinandersetzen.

Nun zum Berufserfolg von Absolventen deutscher Hochschulen. Insgesamt fällt auf, daß die deutschen Manager zwar als etwas konservativ gelten, aber in der Regel gründlicher, strategischer denken und im Grunde genommen für das Unternehmen verläßlicher sind. Die Amerikaner sind sehr viel an sich selbst orientiert, die Japaner denken sehr viel mehr in traditionellen Strukturen. Wir müssen unser Licht nicht unter den Scheffel stellen, denn trotz der hohen Löhne, trotz der vielen Freizeit, trotz der hohen Lohnnebenkosten sind wir immer noch Weltmeister im Export. Die Klagen, die ständig zu hören sind, gründen darauf, daß wir langsam spüren, wir werden diese Stellung nicht mehr lange so halten können, wenn es so weitergeht wie bisher.

Deswegen müssen wir jetzt Umsteuerungen und Umorientierungen vornehmen. Insgesamt ist das derzeitige Bildungssystem gut, aber wir spüren, es muß jetzt verändert werden, die Zeit ist reif. Die Frage ist nur, in welche Richtung? Dabei mahnen wir immer, daß es nicht in eine zu frühe Spezialisierung münden darf. Vielmehr muß es eine ausgewogene Mischung sein, eine möglichst breite Ausbildung. Naturwissenschaftler sollten Fremdsprachen mitbringen, Geisteswissenschaftler sollten auch über die Schule genügend naturwissenschaftliche Kenntnisse mitbringen. Während der Ausbildung muß es auch Phasen geben, in denen aus persönlichkeitsbildenden Gründen in die Tiefe gegangen wird, damit man sich auch selbst kennenlernt. Kann ich mich mit einem komplizierten Problem so weit identifizieren und damit umgehen, daß ich zu einer Lösung komme, ohne daß ich mich verzettele, ohne daß ich zu früh das Handtuch werfe? Und wo sind meine Grenzen?

Bresser: Vielleicht lohnt es sich, an dieser Stelle kurz einen Exkurs zum Thema 'Schule' zu machen. Wir hören bislang sehr Positives über das deutsche Ausbildungswesen, außer, daß ich bei Herrn Quadbeck-Seeger heraushöre, daß es zu viele sind, die an die Universitäten herangeführt werden, und es sind leider auch zu viele an den Universitäten, die sicher sein können, später keinen Beruf zu finden. Aber ist das, was hier anklang mit dem guten, alten Wort 'Allgemeinbildung' in den Schulen heute gewährleistet und bilden die Schulen Schüler heran, die wir nicht nur an den Universitäten, sondern später auch in der Gesellschaft sinnvoll einsetzen können?

Führ: Das ist eine sehr schwierige Frage. Wir leisten uns seit 1972 eine Oberstufenreform, die keinen Grundkanon des verbindlichen Hochschulreifewissens mehr kennt. Bis dahin standen wir im großen und ganzen in der Tradition Wilhelm von Humboldts. Wenn Sie die Studentafeln von 1810 bis 1970 vergleichen, sehen sie einen Prozeß der Erosion: Damals hatte man noch eine 6-Tage-Woche, also 36 Wochenstunden. 24 Wochenstunden davon gehörten dem Lateinischen, dem Griechischunterricht, dem Mathematikunterricht, dem Deutschunterricht. Der Rest war, wie Humboldt sagte, Allotria. Also Musik, Religion, Naturwissenschaften, Erdkunde und Geschichte. Im Laufe dieser 150 Jahre gewinnen die kleinen Fächer immer mehr Raum, und heute muß man Sexualerziehung, Verkehrserziehung, Drogenerziehung usw. mit in den Unterricht einbeziehen, angeblich, weil die Familie ihrer Erziehungsfunktion nicht mehr gewachsen ist. In den 60er Jahren ging der letzte Konsens traditioneller Richtung, der Fächerschwerpunkte beinhaltete, zu Bruch. Warum?

Hauptziel der Bildungspolitik war die Expansion des Gymnasiums, die Verdoppelung, ja, Verdreifachung der Abiturientenzahl. Man durfte keine Schüler mehr im Gymnasium 'verlieren', also wie früher herausprüfen. Wenn man am Anfang des Jahrhunderts 1 bis 2 % eines Jahrgangs zur Hochschulreife führte, waren es 1950 etwa 4 %, 1963 etwa 7 bis 8 %, dann seit der Zielsetzung der Verdoppelung der Abiturientenzahlen 1964 16 %, 20 %, 24 %, schließlich 30 %. Damals kam eine Schülerpopulation ins Gymnasium hinein, die mit dem traditionellen Bildungswissen nichts mehr anfangen wollte und konnte. So blieb der Ausweg, daß jeder Schüler seine Spezialinteressen pflegt. Deshalb die Oberstufenreform von 1972, die eine Spezialisierung zur Folge hatte, mit dem Ergebnis, daß eigentlich heute jeder Abiturient seinen Speziallehrplan hat, seinen speziellen Bildungslebenslauf und die Universität beim Studienanfang verschult werden muß, damit die Studenten ein einigermaßen verbindliches Niveau halten.

Ich war mit Naturwissenschaftlern im Studium befreundet, die fingen nach der Schule ihre Eingangsvorlesung in Physik und Mathematik mit dem Wissen des Abiturs an, und die Universität wußte genau, wo sie sie abholen mußte. Das weiß die Universität heute nicht mehr, weil jeder Student einen anderen 'Spezialehrplan' gehabt hat. Ich meine, diese Oberstufenreform, an der man seit 1972 alle ein bis zwei Jahre herumgedoktort hat, ist es wert, über Bord geworfen zu werden. Denn was einmal schief angelegt ist, kann nachträglich nicht mehr verbessert werden.

Wir brauchen also eine neue Allgemeinbildung. Kompetente Leute sollten den Versuch unternehmen, den Kanon einer Allgemeinbildung festzulegen, wie es zuletzt in den 20er Jahren und dann in den 50er Jahren gelungen ist. Dann muß versucht werden, das in den Schulen umzusetzen und damit das zu erreichen, was dringend erforderlich ist, nämlich die Schulzeit zu verkürzen. Ich halte zwölf Jahre bis zum Abitur für durchaus ausreichend, und ich meine auch, daß das Universitätsstudium gestrafft werden kann, aber das setzt eben alles Mühe und Lehrplanarbeit voraus.

Noch ein Gedanke zu den hohen Studentenzahlen: Ich fragte kürzlich einen Schwiegersohn, der als Mikrobiologe Nachwuchsbiologen ausbildet, was er denn im Beruf mache, und er sagte: „Ich bilde hochqualifizierte Arbeitslose aus." Das ist das Ergebnis einer Bildungsreform, die 1961 in Gang gesetzt wurde mit einer spektakulären Konferenz in Washington über Bildung und Wirtschaftswachstum. In dieser Konferenz wurde die These vertreten, daß die Wirtschaftswissenschaften heute in der Lage seien, jede Krise zu vermeiden, und je mehr Bildung wir der jungen Generation vermitteln, um so sicherer würden die Arbeitsplätze, um so stetiger und steiler sei der Anstieg der Wirtschaft. Diese These ist zu Bruch gegangen, und bezeichnenderweise kommt in den Protokollen von Washington 1961 ein Stichwort gar nicht vor: *Arbeitslosigkeit* – die gab es damals in der Zeit der Vollbeschäftigung nicht.

Man war im Banne des Wirtschaftswachstums gefangen und meinte, daß wir einem stetigen Anstieg entgegengehen wie im Schlaraffenland. Diese Bildungsthese, diese Wirtschaftsthese ist zu Bruch gegangen. Heute stehen wir im Grunde genommen vor den Trümmern dieser Bildungskonzeption, die nur auf Wirtschaftswachstum setzte, und müssen uns neu orientieren. Ein trauriges Faktum ist auch, daß ein Drittel der Studenten die Hochschule ohne Examen verläßt. Das hat wohl etwas damit zu tun, daß sie offensichtlich in der Oberstufe des Gymnasiums das Lernen des Lernens nicht gelernt haben. Übrigens: Dieses Wort, das Lernen des Lernens lernen, das ist echter Humboldt! In den 70er Jahren war das so modisch plakativ bei allen Diskussionen im Munde, man hatte gar nicht mehr gemerkt, daß man Humboldt zitierte. Wir sollten zu seinen Thesen zurückfinden. Doch ich sage nicht: „Zurück zu Humboldt!", nein, ich sage: „Vorwärts zu Humboldt!"

Bresser: Den Humboldt kriegen wir heute wohl nicht mehr aus dem Saal. Herr Hiller, bringt uns denn der Rückgriff auf alte Bildungsideale wirklich weiter?

Hiller: Ich glaube, diese Entwicklung ist vor allem dem zuzuschreiben, was heute nur selten wahrgenommen oder auch für wahr gehalten wird. Es ist die Frage des Berechtigungswesens. Wenn die Schüler sich nicht alle in der Schule angestrengt hätten, um gute Noten zu bekommen, und wenn gute Noten nicht verbunden wären mit Karriere- und Gehaltserwartungen, dann wäre diese Entwicklung so auch nicht gelaufen. Das ist eine halb fertiggestellte Bildungsreform – die Schulen auf, die Schüler rein, aber nachher wollen alle auch wie Akademiker verdienen. Das Spielchen geht eben nicht auf. Eigentlich ist das ein grandioser Betrug an der nachwachsenden Jugend dieser Zeit gewesen.

Wenn aber Bildung sich orientiert an der Entfaltung von Fähigkeiten, wenn im Verlauf dieser Entfaltung ein junger Mensch erlebt, was er kann und was er nicht kann, wenn er im Schulzusammenhang ganz in Ruhe die Entscheidung treffen kann, ob er mal ein Handwerk ergreifen will, ob er in der Industrie, im kaufmännischen oder akademischen Bereich tätig werden möchte, wenn das im Freiraum Schule möglich ist, dann entstehen auch Entscheidungen, die dann nicht während des Studiums zum Abbruch führen. Dann entstehen Entscheidungen, die dazu führen, daß nicht jemand aus Gehaltserwartungen irgendein Studienfach wählt und dann irgendwann im Betrieb sozusagen auf die Hinterbänke rutscht und auch bei Gelegenheit aussortiert wird, wenn man das konjunkturell und betriebsbedingt begründen kann.

Vorhin war von der Zukunft die Rede: Zukunft kann man nicht vorhersagen, man erlebt da immer wieder Enttäuschungen. Es läßt sich eben nicht alles planen. Aber wann ziehen wir endlich die Konsequenzen daraus und lassen in den Schulen Freiräume dafür, daß dort Erfahrungen gemacht werden, die eben nicht auf irgendeine geplante oder in irgendwelchen Ministerien entworfene Zukunft hin abgestimmt sind? Das ist eine sehr wichtige Frage, ob wir dieses Berechtigungswesen zur Auslese brauchen, oder ob nicht dieses Berechtigungswesen in der Schule selbst hochmotivierte Lehrer nach wenigen Jahren zutiefst frustriert.

An staatlichen Schulen treffen Sie ständig auf Lehrer, die sagen, daß das Berechtigungswesen eine Krücke sei, ihnen aber nichts Besseres einfalle. Man hat also gar nicht den Mut, Freiräume einzurichten. Über normierte Abschlußexamina kann man sich dann noch immer unterhalten, wobei ich aber die Meinung vertrete, eine Schule kann nur bestätigen, was an dieser Schule unter den dort obwaltenden Bedingungen gelernt werden konnte.

Die Universität und alles, was sich an die Schule anschließt, sollte aber nach einer Eingewöhnungsphase feststellen, ob hier eine Studierfähigkeit vorliegt. Ich glaube, das Abitur ist in Deutschland deutlich überhöht, andere Kulturnationen kommen sehr gut mit anderen Regelungen aus. In Norwegen fängt man ein Studium an und es stellt sich dann im zweiten Semester heraus, ob man wirklich die für das Fach benötigten Qualifikationen erworben hat und erwerben konnte. Das hat natürlich mit der Schule vorher etwas zu tun, ist aber doch etwas ganz anderes.

Man sollte die Schule in Deutschland endlich mal entlasten, sie sollte nur bestätigen, was an ihrem Ort geschafft wurde. Ich weiß, daß ich den Professoren damit eine erhebliche Arbeit auflaste, aber volkswirtschaftlich gesehen macht das durchaus einen Sinn, wenn man betrachtet, welche Kosten dieser Quasi-Hochschulzugang mit sich bringt, der dann nachher zu so viel Abbrechern und Umorientierung führt. Meiner Meinung nach ist dieses in der Schule institutionalisierte Berechtigungswesen der falsche Weg und unsinnig.

Bresser: Das ist ja eine interessante Frage. Kann man eine Regelung finden, wenn wir etwa in Nordrhein-Westfalen eine Abbruchquote von 40 % haben, die das, was sowieso geschieht, daß nämlich 40 % nicht zu Ende studieren, dadurch institutionalisiert, daß man nach zwei Semestern eine Zwischenprüfung einfügt, die dann über den weiteren Verbleib an der Universität entscheidet. Würde das helfen, Herr Quadbeck-Seeger?

Quadbeck-Seeger: Um es konkret zu machen: Wir diskutieren derzeit mit den Hochschulen zusammen ein Modell, das so aussieht: 6 Semester Basisstudium, dann ein Examen, das in etwa dem Bachelor entspricht, also etwas anderes als das heutige Vordiplom. Dann kommt die Entscheidung: Gleich in die Praxis oder wissenschaftliche Vertiefung? Das kann auch durch eine Zusatzausbildung in einem naturwissenschaftlich orientierten Fach, wie Toxikologie oder Biologie, sein. Schließlich als dritte Möglichkeit ein naturwissenschaftsfernes Aufbaustudium, so wie die Ingenieure mit dem Wirtschaftsingenieur es ja schon vorgemacht haben. Das läuft dort gut und die Absolventen sind recht erfolgreich. Die Zeit für diese Flexibilität ist einfach reif, weil es aus zwei Gründen gefährlich ist, so weiterzumachen wie bisher. Da ist einmal das Problem der Überqualifikation, denn an hohe Abschlüsse sind immer entsprechende Ansprüche gebunden. Das andere Problemfeld sind die Studienabbrüche. Dies ist ja eine dramatische Entscheidung im Curriculum eines Studenten mit allen psychologischen und sozialen Konsequenzen.

Daher drängen wir die Universität, hier mehr Flexibilität einzuführen, mehr Möglichkeiten, die den individuellen Entscheidungen mehr Spielraum lassen. Die jungen Menschen haben in Deutschland zwar die Wahl zwischen Fachhochschulen und Universitäten, aber das reicht nicht. Die Fachhochschulen, die eine sehr viel geringere Kapazität haben, haben derzeit ein ganz paradoxes Phänomen: Wegen der hohen Nachfrage haben sie einen strengeren Numerus Clausus als die Universitäten. Die Fachhochschulabsolventen sind sehr praxisnah orientiert und haben gute Berufschancen. So etwas spricht sich schnell herum.

Bei der anstehenden Hochschulreform sollten die Unterschiede durchaus erhalten bleiben. Wir wollen die Universitäten nicht verschulen, das darf nicht passieren. Es muß immer noch einen Freiraum geben für denjenigen, der an der Wissenschaft orientiert ist, der auch an einer wissenschaftlichen Laufbahn an der Hochschule interessiert ist. Die Bildungswege für die Begabten müssen offen bleiben. Aber es muß an der Universität auch die Möglichkeit geben, den Schwerpunkt auf die Ausbildung zu verlagern, ohne allerdings den Aspekt der Bildung ganz aufzugeben.

Das humboldtsche Bildungsideal hatte ein anderes Ziel im Auge, und zwar war es die Vorbereitung zum verantwortungsbewußten Staatsdienst. Das ist etwas, was wir heute auch noch brauchen, aber die Mehrzahl der Menschen wird heute eben nicht mehr vom Staat beschäftigt. Insofern muß man auch nachjustieren, das humboldtsche Bildungsideal muß erweitert werden. Heutzutage ist es eine Illusion, junge Menschen berufsfertig ausbilden zu wollen. Wir müssen vielmehr zu einem Konzept kommen, das die jungen Menschen berufsfähig macht, und dazu gehört vor allem das Bewußtsein, daß sie ihr ganzes Leben lang lernen werden. Aber dabei bin ich bei den jungen Menschen sehr zuversichtlich. Nach meinen Erfahrungen ist das nicht nur akzeptiert, sondern sogar gewünscht. Jeder Tag im Beruf bringt eine neue Erfahrung, einen neuen Lerninhalt. Ein Tag, an dem man nichts gelernt hat, ist eigentlich ein verlorener Tag.

Nicht Angst vor dem Neuen zu haben, sondern es als Aufgabe und Herausforderung zu nehmen – wenn das die Universität vermittelt, dann haben wir schon sehr viel gewonnen.

Bresser: Noch einmal Zahlen: 970.000 Studienplätze haben wir an den insgesamt 332 Hochschulen, und auf denen drängeln sich heute 1, 9 Millionen Studenten, und es werden noch mehr, durch die Veränderung in der Geburtenentwicklung werden statt der 230.000 Studienanfänger 340.000 bis 370.000 pro Jahr zu erwarten sein. Das heißt also, wir werden mit der Fülle nicht fertig werden. Hinzu kommt ja noch, daß die Industrie weniger Ausbildungsplätze denn je anbietet. Das heißt also, wir haben eine Überfülle und die führt dazu, daß heute schon die Ingenieure als Installateure tätig sind und die Geisteswissenschaftler als Taxifahrer, als Möbelverkäufer oder was auch immer. Das kann und darf ja nicht so bleiben, und die Frage ist doch, wo wird Einhalt geboten, wo wird ein Damm gebaut, über den dann nicht mehr alle hinwegkommen können? Oder wie soll es sonst gehen?

Führ: Dieser 'Damm', beinahe hätte ich gesagt, dieser 'Lawinenverbau', den wir brauchen mit Blick auf den Hochschulzugang, ist natürlich unerhört schwer zu installieren. Nachdem man jahrzehntelang auf Expansion gesetzt hat und den Maßstab der Fortschrittlichkeit von Bildungspolitik daran maß, wie hoch die Abiturientenquote eines Landes war, muß man nun umschalten und sagen: Die fortwährende Expansion ist Unfug! Dieter Simon, damals Vorsitzender des Wissenschaftsrates, heute Vorsitzender der Berlin-Brandenburgischen Akademie der Wissenschaften, hat schon vor fünf Jahren einen Sturm der Entrüstung hervorgerufen, als er in einem SPIEGEL-Interview sagte, wir müssen uns von diesem Syndrom des Wachstums lösen. Denn, wenn Sie die Planungen der Bund-Länder-Kommission für Bildungsplanung ansehen, die stehen alle auf Wachstum. Im Villa-Hügel-Gespräch 1993 habe ich mit der Wissenschaftsministerin von Nordrhein-Westfalen, Anke Brunn, gestritten, die ganz kaltschnäuzig sagte: „Unser Plan ist, 40 % eines Altersjahrganges auf die Hochschule zu bringen." Ich habe versucht, klar zu machen, daß das eine unrealistische Vorstellung ist.

Auf der anderen Seite sprechen Sie sehr richtig an: Weniger Lehrstellen verstärken die Neigung, in der Oberstufe oder in einem Studium zu 'parken'. Hier sind Entscheidungen fällig und hier muß nachgedacht werden. Ich habe auch kein Patentrezept, aber weil Herr Hiller ja das Problem Abitur ansprach: In meiner Zeit war das Abitur in Deutschland im Grunde genommen die humanste Prüfung, die man sich vorstellen konnte. Ganz im Unterschied zum Baccalaureat in Frankreich, wo schon damals 30% bis 40% durchfielen. Wir wurden beurteilt von Lehrern, die uns seit Jahren kannten, und in der Regel wußten sie genau, was sie vom einzelnen Schüler erwarten konnten, ob diese über die Hürden kamen oder nicht.

Dann kamen in den 60er und 70er Jahren die Massen, und so wurden die Prüfungsanforderungen im Abitur ständig verändert. Die Abiturienten wurden nicht mehr wie wir in drei Fremdsprachen geprüft, sondern es reichte, wenn sie eine nachwiesen. Mathematik konnten sie vorher abwählen, Naturwissenschaften wurden ganz klein geschrieben, deshalb ja seit Jahrzehnten die Klage der naturwissenschaftlichen Fakultäten über mangelnde Kenntnisse in diesem Bereich.

Die Lösung kann nur sein: Die Schule muß wieder einen allgemeingültigen Bildungskanon vermitteln, der ein umfassendes Allgemeinwissen sichert. So kann man den Wert des Abiturs steigern, indem man das Bildungsniveau wieder anhebt. Dann werden auch die Universitäten wieder arbeitsfähiger, denn die Studenten, die dann ihr Studium beginnen, würden in der großen Mehrzahl studierfähig sein.

Bresser: Meine Damen und Herren, es gibt Volkswirte, die sagen, ein neues Prinzip des Wettbewerbs müsse im Bildungssystem akzeptiert werden. Anreize seien zu setzen, damit sich Hochschulen, Professoren und Studenten aus eigenem Interesse wirtschaftlich verhalten. 'Bildung' sei Ware, die man am Markt anbiete und erwerbe – und für die man werben müsse. Aus wirtschaftlicher Sicht sei Bildung in erster Linie kein öffentliches Gut, und müsse daher keinesfalls ausschließlich staatlich finanziert werden. Der private Nutzen überwiege. Eine Ausbildung zum 'Nulltarif' biete den Studenten kein Motiv, effizient zu studieren. Für Lehrende müsse es leistungsorientierte Belohnungs- und Bestrafungsmechanismen geben.

Ich denke, eine breite bildungspolitische Diskussion in der Gesellschaft ist überfällig. Bürger und Politik haben sich der Frage zu stellen: Wie wichtig ist uns Bildung als gesellschaftliches Gut? Was sind uns Bildungsideale wert? Das heißt auch: Wieviel Geld wollen wir sie uns kosten lassen? Wer diese Frage nicht klar beantwortet, darf sich nicht wundern, daß die Bildung dann dem Markt überantwortet wird.

Ich weiß, wovon ich rede! Das Fernsehen ist wahrhaftig nicht nur Bildung, ist es nie gewesen. Aber seit dieses Medium dem sogenannten freien Spiel der Kräfte überlassen worden ist, gibt es dort von Bildung nur noch Spurenelemente. Der Markt ist kein Allheilmittel.

Der Heidelberger Club für Wirtschaft und Kultur wird seine Erfahrungen haben, wie schwer Wirtschaft und Kultur zusammenzubringen sind.

Kolloquien

Klaus Beck

Allgemeine ökonomische Grundkompetenzen – Befunde und Desiderate im Blick auf unsere moderne Wissensgesellschaft

1. Das Problem

In einer Repräsentativstudie an 16 bis 22 Jahre alten Schülern und Auszubildenden haben wir u. a. die beiden in Abb. 1 dargestellten Fragen gestellt.[1]

Welche der vorgegebenen Antworten würden Sie wählen? Die richtige Lösung wird im Abschnitt 2.3 zusammen mit den Antwortverteilungen, die wir in unserer Studie gefunden haben, angegeben.

Zunächst möchte ich erläutern, woran wir heute denken sollten, wenn wir von „allgemeinen ökonomischen Grundkompetenzen" sprechen, wie es in meinem Thema angedeutet ist. Dabei werde ich auch auf das Stichwort 'Wissensgesellschaft' eingehen, das die Veranstalter dieses Symposiums im Vorfeld mit Nachdruck ins Gespräch gebracht haben.

Wer Ausbildungsdesiderate reklamieren will, sollte zuvor etwas darüber in Erfahrung gebracht haben, was bei der gegenwärtigen Ausbildung geleistet und erreicht wird. Ich werde daher einige Befunde vorlegen, die wir unter der Frage zu beleuchten haben, ob und inwieweit sie als hinreichend oder als defizitär zu bewerten sind.

Meine Überlegungen schließen mit einigen Hinweisen darauf, wie es mit Blick auf ökonomische Grundkompetenzen um die relative Position der Bundesrepublik Deutschland im internationalen Vergleich bestellt ist.

---

[1] Vgl. Beck, K./Krumm, V.: Test zur wirtschaftskundlichen Bildung. Manual. Zweite Ausgabe. Auszugsweise ins Deutsche übertragen, ergänzt und kommentiert. Nürnberg/Salzburg 1990; Soper, J. C./Walstad, W. B.: Test of Economic Literacy. 2nd Ed. Examiner's Manual. Joint Council of Economic Education, New York 1987.

Abb. 1: Ausgewählte Aufgaben aus dem Test zur wirtschaftskundlichen Bildung (WBT)

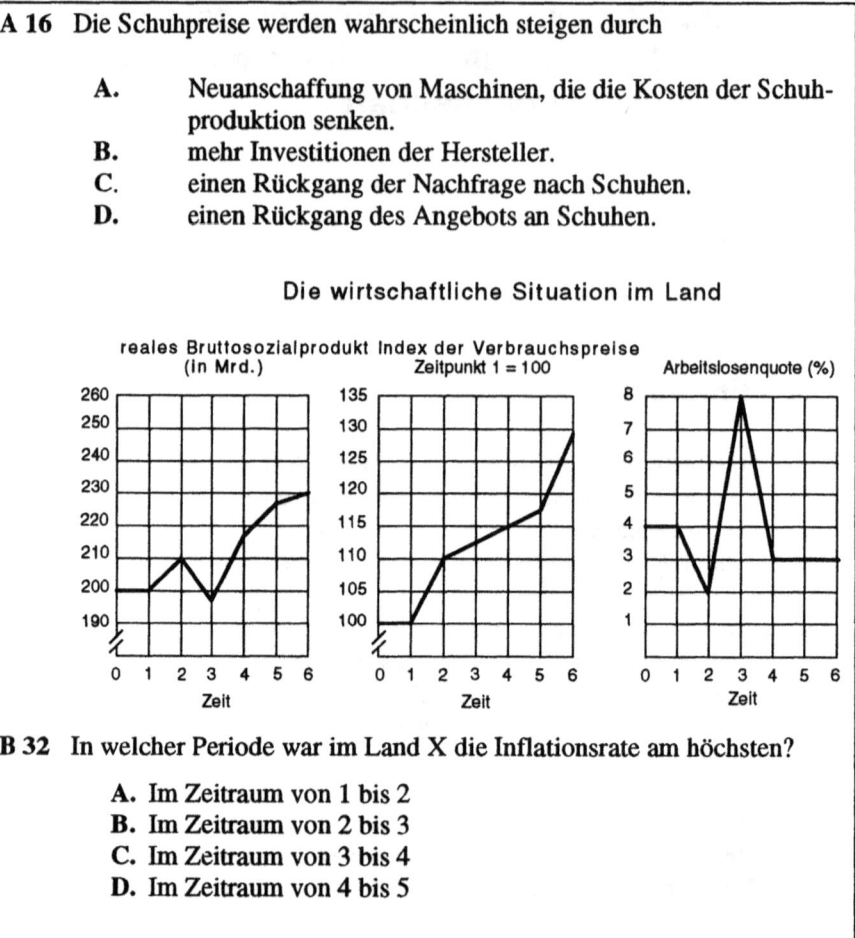

2. Die kognitiven Grundlagen ökonomischen Handelns

2.1 Wissen und Information

Wir haben uns daran gewöhnt, daß vom schnellen Veralten unseres Wissens gesprochen wird, daß sogenannte Halbwertszeiten von fünf oder weniger Jahren genannt werden, und daß das zentrale Problem unserer Zeit weniger darin bestehe,

Informationen zu speichern, sondern vielmehr darin, Informationen 'intelligent' miteinander in Beziehung zu setzen, um anstehende Fragen zu beantworten. Tatsächlich werden uns dank der Entwicklungen im Bereich der Informationsmedien immer mehr 'Wissensbestände' zugänglich, aus denen wir leicht und schnell, wie es scheint, alles, was wir brauchen, abrufen können. Und so stößt man immer häufiger auf den Hinweis, daß es heute nicht mehr so sehr darauf ankomme, sich mit Wissen sozusagen vollzustopfen, sich unnötig mit Fakten zu belasten; vielmehr bedürfe es der Entwicklung von Fähigkeiten, die überall vagabundierenden Informationen sinnvoll zu selektieren, zusammenzuführen und zu kombinieren.

Das letztere ist ohne Zweifel richtig. Wer nicht in der Lage ist, Bedeutsames von Irrelevantem zu trennen, wird kaum eine Chance haben, effizient zu entscheiden und zu handeln. So mußten etwa die jungen Leute in unserer Studie, als wir ihnen die Frage B 32 (vgl. Abb. 1) vorlegten, sehr wohl unterscheiden können, welche der beigefügten Graphiken zu deren Beantwortung heranzuziehen war.

Nun kann man an eben diesem Beispiel allerdings auch leicht erkennen, daß es ohne Wissen doch nicht geht. Wer nicht weiß, was eine 'Inflationsrate' ist, wird sicherlich die zutreffende Antwort auf die gestellte Frage nicht zu geben vermögen. Und natürlich muß man außerdem wissen, was 'reales Bruttosozialprodukt', was 'Index' und was 'Arbeitslosenquote' bedeutet, um entscheiden zu können, welche der vorgelegten Abbildungen im vorgegebenen Zusammenhang von Bedeutung sind. Das Wissen darf sich insofern nicht etwa auf die einschlägige Definition beschränken. Es muß auch die Bezüge zwischen den genannten Termini enthalten, also das umfassen, was wir als ein Begriffsnetz zu bezeichnen pflegen. Damit nicht genug. Die Konventionen für graphische Darstellungen des vorgelegten Typs müssen dem Wissen inkorporiert sein und auch sie bedürfen einer Verknüpfung mit dem relevanten Begriffsnetz. Die Steilheit des Profilzugs im Schaubild muß als formales Analogon für den Verlauf der Inflationsrate intern verfügbar sein.

Obwohl Aufgabe B 32 nur ein kleines und verhältnismäßig restringiertes Beispiel darstellt, kann man an ihm etwas wichtiges Allgemeines gut erkennen: Wissen ist keineswegs marginal oder gar obsolet geworden – im Gegenteil. Wir brauchen wie eh und je eine solide, umfassende und möglichst zuverlässige Wissensbasis, auf der wir operieren können. Die Fähigkeit, intelligente Denkprozesse ablaufen zu lassen, hängt sozusagen in der Luft, wenn es keine hinreichend breite Wissensbasis gibt.

Noch ein zweites sollte anläßlich unseres Beispiels gleich festgehalten werden. Es ist wichtig, eine klare Unterscheidung zwischen Wissen einerseits und Information andererseits einzuhalten. Als Information bezeichnen wir dokumentierte Aussagen, die der *potentiellen* Nutzung zur Verfügung stehen. Wissen dagegen nennt man dessen psychisches Pendant, also das, was wir – umgangssprachlich gesagt – in unseren Köpfen tatsächlich verfügbar haben. Um Informationen gedanklich zu verarbeiten, müssen wir sie zuerst in unseren Wissensbestand integrieren. Informationen – in diesem etwas engeren Sinne – können Computer *verarbeiten*, aber nicht wir Menschen.

Die vorhin erwähnte Rede von der Halbwertszeit des Wissens ist insoweit mißverständlich. Es mag zwar sein, daß die vorliegenden Informationen immer schneller ergänzungs- und korrekturbedürftig sind (obwohl bei all solchen Schätzungen eher unklar bleibt, worauf sie sich eigentlich beziehen). Das, was wir umgangssprachlich als das wissenschaftliche 'Wissen' bezeichnen, umfaßt lediglich die dokumentierten Informationen. Sie unterliegen tatsächlich einem ständigen verbessernden Revisionsprozeß. Ob man jedoch auch mit Blick auf das individuelle psychische Wissen von einer so rapide schrumpfenden Halbwertszeit sprechen muß, steht auf einem ganz anderen Blatt. Sie gilt bestenfalls für jenen Teil unseres Wissens, der sich auf Spezielles, beispielsweise auf die sogenannten Fakten, bezieht. Dagegen können die allgemeineren und allgemeinsten Begriffe und Handlungskonzepte stabil bleiben, ja, sie müssen es sogar, wenn wir unser Leben in einer gewissen Kontinuität führen wollen, weil sich über sie auch unsere Identität ein ganzes Stück weit konstituiert. Die Halbwertszeit des personalen Wissens eines Erwachsenen dürfte, so gesehen, leicht um einen Faktor drei oder vier länger sein als die der vorliegenden Information.

Ich will diesen Punkt hier nicht vertiefen. Wir sollten lediglich festhalten, (1) daß Denken ohne Wissen einen Griff ins Leere bedeutet, (2) daß Wissen ohne Denken einem verborgenen und unerschließbaren Reservoir gleicht, und daß (3) ungewußte Information gar nicht nutzbar ist. Mit anderen Worten: Die Grundkompetenz, gehaltvolle und effektive kognitive Leistungen erbringen zu können, besteht darin, über einer breiten und zuverlässigen Wissensbasis intelligente Operationen auszuführen; diese Wissensbasis besteht aus internalisierten Informationen.

2.2 Ökonomik als Analyse des Entscheidungshandelns

Wodurch zeichnet sich nun aber die entsprechende ökonomische Grundkompetenz des Wissens und Denkens aus? Selbstverständlich assoziieren wir mit dem Ökonomiebegriff zunächst die Wirtschaft, das Agieren von Klein-, Mittel- und Großunternehmen, auch öffentliche Betriebe, die Volkswirtschaft im ganzen. Und das ist auch richtig so. Aber der Begriff der Ökonomie wird heute nicht mehr an bestimmten Gegenständen oder Sachverhalten festgemacht. Er bezieht sich vielmehr auf eine Gruppe besonderer geistiger Operationen, nämlich das Treffen von Entscheidungen, die einer rationalen Vorteils- und Nachteilskalkulation zugänglich sind. Damit erschließt sich ein außerordentlich breites Problemfeld, das nicht allein Kauf- und Verkaufsentscheidungen einschließt, sondern beispielsweise auch Entscheidungen über die Wahl des Urlaubsortes oder über den Besuch eines Symposiums. Inzwischen wurden sogar ökonomische Analysen des Kirchenbesuchs, des generativen Verhaltens von Ehepaaren und – horribile dictu – des Selbstmords vorgelegt. Man kann sich über diese eher abgelegenen Anwendungsgebiete ökonomischen Wissens und Denkens wundern. Und wir brauchen uns hier auch nicht weiter mit ihnen zu beschäftigen. Wichtig ist freilich zu erkennen, daß man jedes bewußte Entscheidungsverhalten unter einem ökonomischen Aspekt betrachten kann. Man muß es nicht. Man könnte es auch unter einem ästhetischen oder unter einem psychologischen Aspekt beleuchten. Das ist Sache einer vorausgegangenen willkürlichen Aspektwahl, von der unten noch zu sprechen sein wird.

Wer sich eine ökonomische Analyse zur Aufgabe macht, trifft also auf ein beliebig breites Anwendungsfeld. Der Begriff der Ökonomik umfaßt, so gesehen, demnach viel mehr als das, was wir herkömmlicherweise unter 'Wirtschaft' verstehen (und was auch noch nie sauber gegen andere Bereiche abgegrenzt werden konnte). Mit der Aufgabe A 16 (vgl. Abb. 1) bewegen wir uns allerdings durchaus auf dem Gebiet der alltagssprachlich verstandenen Wirtschaft. Ihre Lösung setzt wiederum ein ganz bestimmtes solides Wissen voraus. Aber sie verlangt noch mehr. Man muß die Frage beantworten können, wie sich Personen unter bestimmten gegebenen Bedingungen entscheiden werden, wenn sie einem ökonomischen Vorteils-/Nachteils-Kalkül folgen. „Wann entscheiden sich die Schuhhersteller dazu, die Schuhpreise zu erhöhen?", so lautet diese Frage in unserem Falle. Und die Antwort läßt sich dann auch relativ leicht finden: Wenn das Angebot an Schuhen sinkt, dann kann man pro Paar höhere Preise erzielen. In den anderen zur Wahl gestellten Fällen wäre es stets nur nachteilig und also wirtschaftlich schädlich, die Preise zu erhöhen. Wollte man versuchen, das spezifische des ökonomischen Reflektierens herauszustellen, so könnte man auch sagen, daß es in einem *vorteilsoptimierenden Kalkulieren bewerteter Entscheidungsalternativen* besteht.

2.3 Befunde zum ökonomischen Wissen und Denken

Ich hatte Ihnen versprochen, über die Lösungsleistungen der insgesamt über 9.000 jungen Menschen in den beiden Eingangsaufgaben zu berichten[2] und auch ein paar allgemeinere Befunde wiederzugeben, die insgesamt die einschlägige Ausprägung der ökonomischen Grundkompetenz „Wissen und Denken" in dieser Generation spiegeln. In Abb. 2 sehen Sie zunächst die Prozentanteile, die auf die Antwortmöglichkeiten für die Aufgaben A 16 und B 32 (vgl. Abb. 1) entfallen. Die richtige Lösung ist mit einem Stern gekennzeichnet.

Bei der ersten Aufgabe fanden demnach rund 60 % nicht zur richtigen Lösung und bei der zweiten waren es volle zwei Drittel, die falsche Lösungsvorstellungen entwickelten. Was dieses letztere Ergebnis betrifft, so möchte ich hier schon gleich auf ein beachtliches Defizit hinweisen, weil die weiteren Untersuchungsresultate diesen Befund bestätigten: Schon das Lesen und Interpretieren von relativ einfachen Graphiken stößt bei vielen auf große Probleme. Es ist demnach fraglich, ob Zeitungsredakteure oder Fernsehmoderatoren ein angemessenes Bild vom Verstehenshorizont einer Großzahl ihrer Rezipienten haben.

---

[2] Nähere Informationen über Anlage und Ergebnisse der Studie, die von der DFG gefördert wurde (Az. IIA4-Be 1077/3), finden sich in: Beck, K.: Dimensionen der ökonomischen Bildung. Meßinstrumente und Befunde. Nürnberg: Universität Erlangen-Nürnberg 1993 (Institutsdruck BWI).

Abb. 2: Antwortverteilungen für Beispielsaufgaben

	A	B	C	D	k. A.
A 16	15	27	17	39*	1
B 32	27*	26	19	22	5

* richtige Lösung   k. A.: keine Antwort

Blicken wir nun jedoch auf die Befundlage insgesamt. Der Test, den wir zur Erfassung der Grundkompetenz „Ökonomisches Wissen und Denken" einsetzten (WBT), enthält insgesamt 46 Aufgaben. Sie beziehen sich auf vier Hauptgebiete der Ökonomik, nämlich Grundbegriffe, Haushalte (oder Mikroökonomie), Gesamtwirtschaft (oder Makroökonomie) und internationale Beziehungen. Zugleich folgten die Aufgaben in diesen vier Bereichen einem ansteigenden Schwierigkeitsgrad. Die Durchschnittsleistungen über alle liegen für den gesamten Meßbereich deutlich unter der 50 %-Marke. Sie differenzieren sich nach dem erhobenen Teilgebiet eher geringfügig und fallen allerdings auf dem Gebiet der 'internationalen Beziehungen' deutlich ab. Auch hier können wir zumindest eines gleich festhalten. Die Fragen, die wir gegenwärtig und verstärkt in der Zukunft etwa mit Blick auf Europa, aber auch weit darüber hinaus unter einem ökonomischen Aspekt zu diskutieren haben, dürften bei sogenannten Jungwählern eher selten auf ein auch nur im Elementaren hinreichendes Verständnis stoßen – eine Feststellung, die besonders deshalb als beunruhigend empfunden werden muß, weil das Maß der Ignoranz direkt mit dem Maß der Manipulierbarkeit korreliert sein dürfte. Ich komme darauf in Abschnitt 4 zurück.

Aus der Fülle der Teilresultate unserer Studie zu dieser Grundkompetenz möchte ich nur noch zwei weitere Überblicksresultate vorstellen, zunächst den Altersquerschnittsvergleich.

Abb. 3: Durchschnittlicher Anteil richtiger Aufgabenlösungen im WBT (in v.H.)

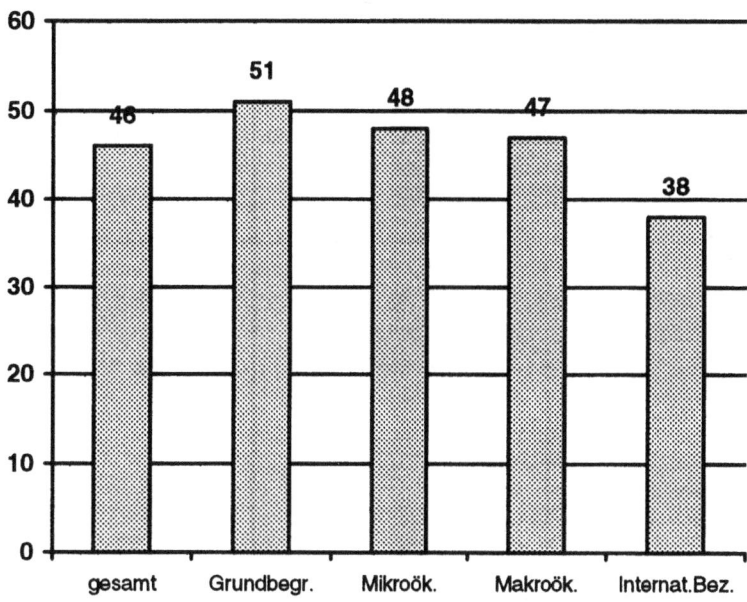

Abb. 4: Altersentwicklung der Lösungsleistung im WBT (RWP)

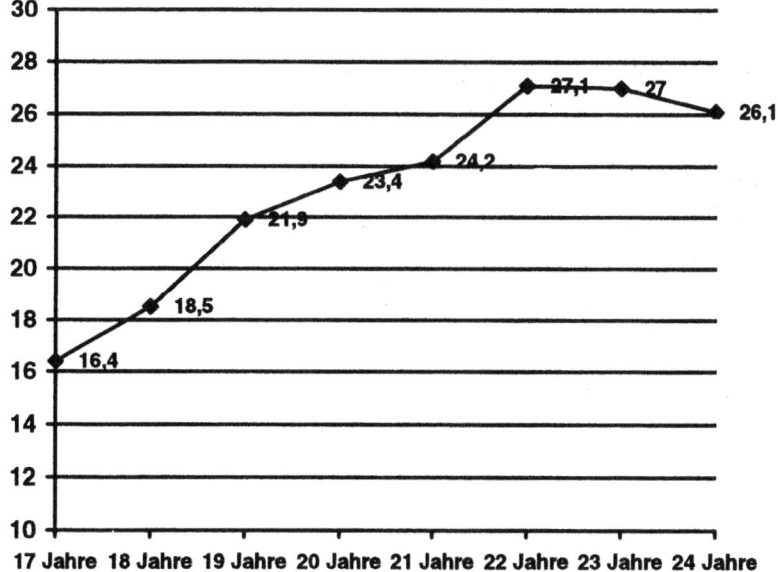

Er zeigt, daß wir einen sogenannten Plafondeffekt zu verzeichnen haben, daß also mit zunehmendem Alter die Entfaltung dieser Grundkompetenz bald an eine Obergrenze zu stoßen scheint. Danach bringt das weitere Altern keinen weiteren 'Weisheitsgewinn' mit sich. Etwa dort, wo die systematische Ausbildung endet, endet auch das Wachstum der Fähigkeit ökonomischen Wissens und Denkens – zu früh, wie wir beklagen müssen; das zarte Pflänzchen scheint zu einem schnellen Verholzen als schwächliches Bonsaigewächs verurteilt zu sein.

Nicht verschweigen darf ich auch einen zweiten, sicherlich erwarteten und zugleich befürchteten Befund. Mädchen und junge Frauen entwickeln durchweg eine deutlich schwächere Kompetenz im ökonomischen Wissen und Denken und zwar insgesamt um beachtliche ca. 8 %. Alle pädagogischen Bemühungen um die Nivellierung einer derartigen Geschlechtsrollenspezifität prallen offenbar ab an den in der familiären Frühsozialisation etablierten Erwartungsstrukturen, die mit der Geschlechtszugehörigkeit traditionell verknüpft sind.

Abb. 5: Geschlechtsspezifische Lösungsleistungen im WBT (v.H.)

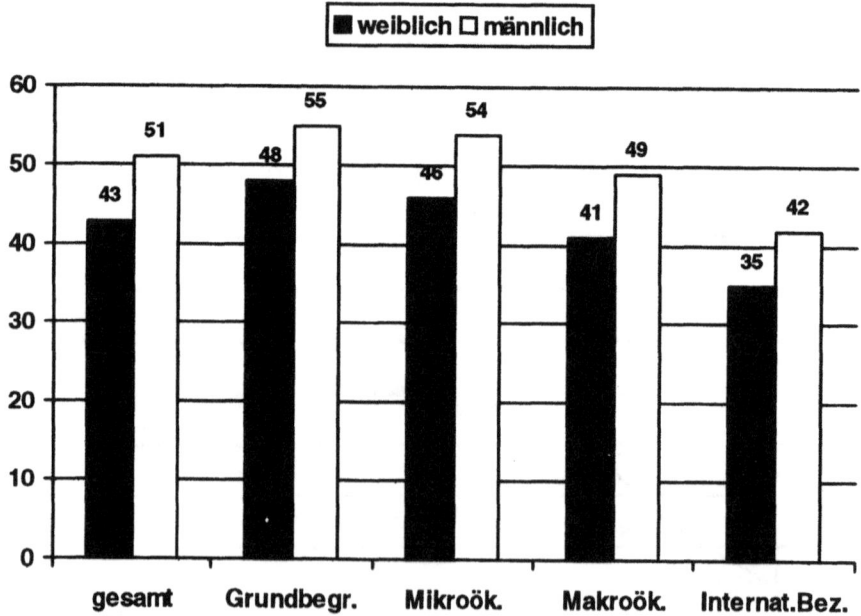

3. Ein dreidimensionales Konzept der ökonomischen Grundkompetenzen

3.1 „Ökonomiebezogene Einstellung" als Aktivierungsinstanz

Lassen Sie mich an dieser Stelle den Bericht zu dieser ersten ökonomischen Grundkompetenz abbrechen. Ich möchte nämlich noch auf zwei weitere einschlägige Kompetenzen hinweisen, die in den Erörterungen um diese erste meist untergehen – dies, obwohl sie so wichtig sind, wie die Dimensionen der Breite und Tiefe, wenn man über räumliche Phänomene spricht. Nur von der Länge zu reden, erweist sich dort als ebenso sinnlos, wie es hier sinnlos wäre, nur von der Fähigkeit im Bereich ökonomischen Wissens und Denkens zu sprechen. Die beiden Dimensionen der ökonomischen Gesamtkompetenz, die wir noch ins Auge fassen müssen, sind die Einstellung zur Ökonomie und die moralische Urteilsfähigkeit. Zu beiden gebe ich ein paar kurze systematische Hinweise, bevor ich Ihnen auch für sie die Ergebnisse aus unserer empirischen Studie berichte.

Zunächst zur Einstellungsfrage! Ihre Rolle kann man sich leicht vor Augen führen, wenn man nochmals an das denkt, was ich vorhin zum Verhältnis von Wissen und Denken gesagt habe. Wir hielten dort ja fest, daß das Wissen ohne den aktiven Zugriff des Denkens auf dessen Bestände steril, träge, ungenutzt bleibt. Genau das gleiche gilt nun für das Verhältnis von Einstellungen zu eben diesen beiden, zum Wissen und Denken. Wer eine negative Einstellung dazu hat, Sachverhalte und Problemlagen unter einem ökonomischen Aspekt zu betrachten, wird seine einschlägigen Wissens- und Denkkompetenzen ungenutzt lassen. Ohne die 'innere Vorstellung', eine ökonomische Betrachtung der Dinge sei hilfreich, nützlich, profitabel, aufschlußreich, wird sie gar nicht erst aktiviert, zumindest nicht freiwillig. Und damit verknüpft ist gleich noch zweierlei: Wer eine ökonomische Betrachtungsweise nicht aktiviert, übt zum einen die zu ihr gehörenden Fähigkeiten nicht ein und erwirbt bzw. vertieft sie zum anderen auch nicht. Das führt dazu, daß ihre gelegentliche Nutzung immer wahrscheinlicher mit Mißerfolgserfahrungen verbunden ist, die ihrerseits der Einstellung zur Aktivierung eines ökonomischen Aspekts weiter das Wasser abgraben.

3.2 'Moralische Urteilsfähigkeit' als Kontrollinstanz

Nun noch zur dritten Dimension dieses Komplexes, der moralischen Urteilsfähigkeit! Ich muß kaum weit ausholen, um zu plausibilisieren, daß ökonomiebezogene Moralität ein hoch zu veranschlagendes Desiderat für unsere Gegenwartswelt geworden ist. Die kleinen und großen Wirtschaftsskandale, von Alltagsdelikten des Steuerhinterziehens bis zur Geldwäsche und von der unnötigen Autonutzung bis zum skandalösen Handel mit BSE-verseuchten Tieren und Tierprodukten, sprechen wohl für sich. Insofern müssen wir wünschen, daß eine höhere Moralität der Wirtschaftssubjekte – und hier sind wir ja alle angesprochen – zu einem ökologisch und sozial besser verträglichen Wirtschaftsgebaren führt.

Einige Programme der Unternehmens- und der Wirtschaftsethik setzen an diesem Gedanken der Moralisierung des Individuums ebenso an wie die traditionellen didaktischen Konzepte der allgemein- und der berufsbildenden Schulen.[3] Nach ihnen muß es gelingen, daß jeder einzelne sich in seinem Urteilen und Handeln an moralischen Prinzipien orientiert, die um so wertvoller sind, je mehr unterschiedliche Perspektiven sie berücksichtigen und je besser begründete verallgemeinerbare Überlegungen in sie eingehen. Ausgehend von der in dieser Hinsicht höchsten Stufe, dem Kategorischen Imperativ Kants, unterscheidet man in der Psychologie fünf darunterliegende Stufen, die ein Individuum von unten nach oben erklimmen kann, aber nicht muß.[4] Es beginnt auf der Stufe 1 mit einem strikt egozentrischen Prinzip („Gut ist, was mir guttut.") und der Stufe 2 mit einem Strategieprinzip, das die Vorteilssuche als gerechtfertigt ansieht, allerdings unter der Restriktion der Einhaltung von Regeln und des fair play. Stufe 3 und 4 enthalten soziozentrische Prinzipien, zunächst als Orientierung auf die konkrete Gruppe, der man angehört, danach als Orientierung auf die Institution bzw. Gesellschaft, in der man agiert. Stufe 5 schließlich besteht – wie auch die Kantische Stufe 6 – in einem universalistisch orientierten Prinzip, das sich auf die Menschenrechte verpflichtet weiß, während die letzte Stufe gekennzeichnet ist durch die Verpflichtung auf eine – im strengen Sinne – allgemein akzeptierbare Handlungsmaxime.

Ich gehe auf Details dieser Moralkonzeption nicht näher ein, und ich diskutiere hier auch nicht die gravierenden Einwände, die seitens einiger Wirtschaftsethiker gegen sie vorgetragen werden.[5] Für die Darstellung der Ergebnisse unserer Untersuchung genügt es vollkommen, wenn Sie sozusagen im Hinterkopf behalten, daß die Höhe der von einer Person erreichten Stufe einen Indikator dafür abgibt, wie weit ihre Fähigkeit ausgebildet ist, verallgemeinerbare moralische Urteile zu fällen – noch unabhängig davon, ob diese dann im Handeln auch beachtet werden.

---

[3] Vgl. z. B. Steinmann, H./Löhr, A. (Hrsg.): Unternehmensethik. 2. Aufl. Stuttgart: Poeschel 1991. Beck, K.: 'Berufsmoral' und 'Betriebsmoral' – Didaktische Konzeptualisierungsprobleme einer berufsqualifizierenden Moralerziehung, in: Beck, K./Müller, W./Deißinger, Th./Zimmermann, M. (Hrsg.): Berufserziehung im Umbruch. Didaktische Herausforderungen und Ansätze zu ihrer Bewältigung. Weinheim: Deutscher Studien Verlag 1996, 125-142.

[4] Vgl. dazu Colby, A./Kohlberg, L.: The Measurement of Moral Judgment. Vol. I. Cambridge: Cambridge University Press 1987.

[5] Vgl. z. B. Homann, K./Pies, I.: Wirtschaftsethik in der Moderne, in: Ethik und Sozialwissenschaften, 5, 1994, 3-12.

3.3 Modellkonturen und Meßergebnisse

Führt man die besprochenen drei ökonomischen Grundkompetenzen, (1) Wissen und Denken, (2) Einstellungen und (3) moralische Urteilsfähigkeit als Dimensionen einer allgemeinen ökonomischen Gesamtkompetenz zusammen – ich spreche hier auch von *ökonomischer Bildung* –, so entsteht ein symbolischer Raum, innerhalb dessen sich einzelne Personen je nach dem Ausprägungsgrad der in ihnen entwickelten Kompetenzen lokalisieren lassen (vgl. Abb. 6).

Abb. 6: Dimensionen der ökonomischen Bildung

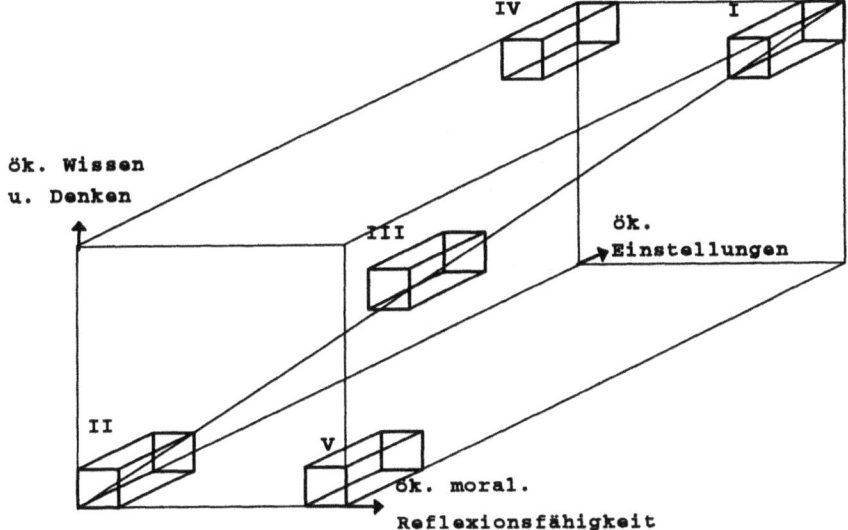

Man kann innerhalb dieses Raumes bestimmte Regionen idealtypisch identifizieren. So findet man beispielsweise am Ausgangspunkt der drei Dimensionen (II) eine Merkmalskombination, wie sie im wesentlichen bei kleinen Kindern vorzufinden sein dürfte. An ihrem gegenüberliegenden Endpunkt (I) liegt der kompetente Konsument und Staatsbürger, eine Region, die zumindest in guter Näherung durchaus erreichbar ist. Den weltabgewandten Heiligen, der zwar hochmoralisch, aber ansonsten ökonomisch völlig unbedarft ist, müßten wir vorne/rechts/unten ansiedeln (V), während der im Wissen und Denken Hochqualifizierte mit besten positiven Einstellungen Ausgestattete, jedoch moralisch nicht Entwickelte als Inbegriff des Wirtschaftskriminellen hinten/links/oben zu plazieren wäre (IV). Idealerweise sollte die individuelle biographische Entwicklung demnach entlang der gedachten Raumdiagonalen verlaufen (III).

Wo in diesem symbolischen Raum befindet sich unsere junge Generation? Um nicht allzu pauschal zu antworten, finden Sie in der folgenden Abbildung mehrere Teilgruppen, nämlich Schüler und Auszubildende in unterschiedlichen Settings (kaufmännische Lehrlinge (KBS), Wirtschafts-/Berufsfachschüler (BFS), Wirtschafts-/Fachgymnasiasten (FGY), Gymnasiasten (AGY) und Realschüler (ARS) (vgl. Abb. 7).

Blickt man auf die Binnendifferenzierung dieser Gruppen, so erkennt man, daß die Unterschiede zwischen ihnen zwar deutlich, aber nicht sehr gravierend sind. Sucht man sich jedoch einen Gesamteindruck zu verschaffen, dann kommt man nicht umhin, festzustellen, daß alle weit entfernt sind von der wünschenswerten Region oben/rechts/hinten. Und – noch einmal formal gesprochen – alle liegen deutlich unterhalb der Raumdiagonalen (auch die Wirtschafts-/Fachgymnasiasten, welche die besten Scores erreichen). Das ist deshalb besonders problematisch, weil sich außer den Abiturienten die meisten Beteiligten unmittelbar vor dem Abschluß ihrer Ausbildung befinden und eine weitere Verbesserung ihrer ökonomischen Grundkompetenzen sich nurmehr eher zufällig ereignen wird. Aber auch bei den Abiturienten ist nur dann eine Weiterentwicklung zu erwarten, wenn sie ein einschlägiges Studium aufnehmen. Ansonsten steht eher zu befürchten, daß sie eine Attitüde kultivieren, die sie in der Schule schon bei vielen Lehrern angetroffen haben und die auch das Curriculum der sogenannten allgemeinbildenden Schulen seit Wilhelm von Humboldt bis in die Gegenwart hinein geprägt hat, nämlich eine prätentiöse Ignoranz gegenüber den Niederungen der Wirtschaft. Mein amerikanischer Kollege W. B. Walstad bezog sich vor einiger Zeit im Wall Street Journal mit dem folgenden sarkastischen Kommentar auf Personen dieses Schlags: „Sie sind der festen Überzeugung, daß das Gesetz von Angebot und Nachfrage 1842 vom amerikanischen Kongreß beschlossen worden sei."[6]

---

[6] Walstad, William B.: Questioning Economic Literacy, in: The Wall Street Journal, January 12, 1989.

Abb. 7: „Ökonomische Bildung" bei unterschiedlichen Adressatengruppen

KBS: Auszubildende im kfm. Bereich (dual), N = 1.999
BFS: Berufsfachschüler (2-, 3-jährig), N = 479
FGY: Wirtschaftsgymnasiasten, N = 563
AGY: Gymnasiasten ("allg. bild."), N = 512
ARS: Realschüler ("allg. bild."), N = 466

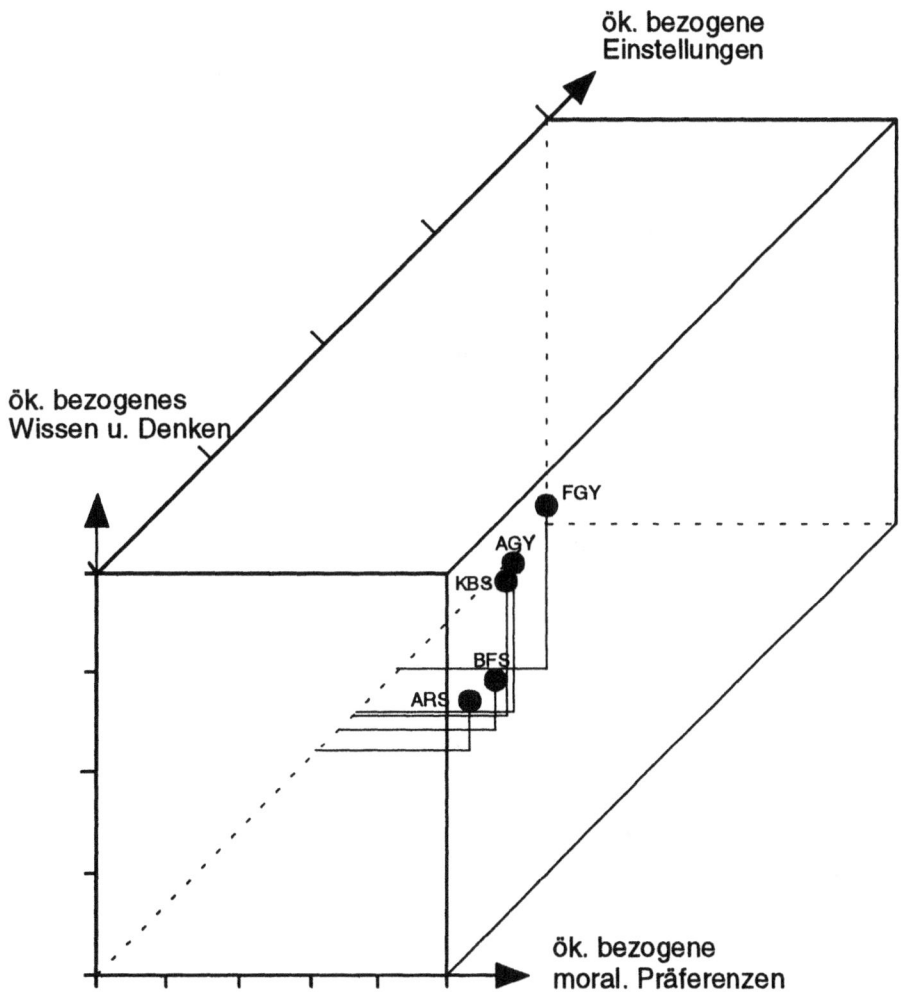

4. Der Bildungsbedarf im internationalen Kontext

Ich schließe meinen Text mit einem Hinweis auf Befunde, die zu der Dimension *ökonomisches Wissen und Denken* in anderen Ländern erhoben wurden. Zwar sind bei ihrer Rezeption eine ganze Reihe von Vergleichbarkeitsrestriktionen zu beachten. Aber sie geben wenigstens einen tentativen Einblick in die relative Lage der bundesdeutschen Jugend im internationalen Vergleich. Ich beziehe mich dabei auf eine noch unveröffentlichte Studie von Lüdecke und Sczesny aus dem vergangenen Jahr (vgl. Abb. 8).

Abb. 8: Lösungsleistungen im internationalen Vergleich (WBT; v.H.)

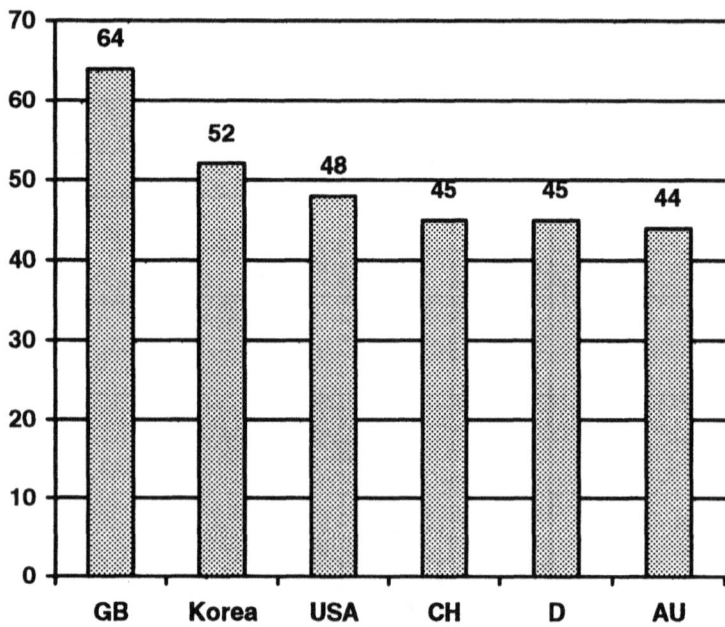

Man erkennt, daß die deutschen Jugendlichen und jungen Erwachsenen eher schlecht dastehen, und daß sie jedenfalls weit davon entfernt sind, zur Spitzengruppe zu zählen. Das ist ziemlich beunruhigend. Denn die internationalen Verflechtungen werden enger, die wirtschaftlichen Verhältnisse komplizierter und die in unserer sogenannten Wissenschaftsgesellschaft verfügbaren Informationen komplexer.

Eine inkonsistente Wissensbasis und wenig elaborierte Denkoperationen bei den Individuen einer Population bilden aber selbst dann, wenn eine positive Einstellung zu ökonomischen Analysen vorherrschen würde, in diesem Zusammenhang ein heikles Gemisch. Der einzelne wiegt sich nämlich womöglich in dem Glauben, die Dinge richtig zu durchschauen und überschätzt insoweit seine Kompetenz. Nichts ist jedoch für den eigenen Lebensvollzug und auch für die Gesellschaft als ganze gefährlicher als das unbegründete Bewußtsein, sich im Besitz des richtigen Konzepts zu befinden und dabei das Problem vielleicht noch gar nicht zu überschauen. Man muß in diesem Zusammenhang durchaus auch an die Entscheidungen im Kontext politischer Wahlen denken. Sie werden oftmals nicht zuletzt von der Auffassung motiviert, die eine oder die andere Partei biete das probate Konzept zur Bewältigung der aktuellen Wirtschaftsprobleme an. Wahlhandlungen, die auf der Basis eines subjektiv für tragfähig gehaltenen Halbwissens beruhen, betreffen ja die ganze Nation. Und im zusammenwachsenden Europa kann es uns auch nicht mehr gleichgültig sein, auf welchem kognitiven Niveau in unseren Nachbarländern solche Entscheidungen getroffen werden, von den weltumspannenden Problemlagen nicht zu reden.

Meines Erachtens wird in unserer Gesellschaft auch heute noch die Relevanz einer allgemeinen ökonomischen Grundbildung weit unterschätzt, und zwar sowohl im Blick auf ihren möglichen Beitrag zur eigenen Lebensführung (Stichwort: rationale Entscheidung) als auch mit Bezug auf das Verständnis für die größeren ökonomischen Zusammenhänge. Hier stecken wir, wie mir scheint, in einem verhängnisvollen circulus vitiosus: In unseren westlichen Demokratien hören wir nicht selten die Klage von Politikern, eine erforderliche Maßnahme, die zur Lösung eines gravierenden Problems führen könnte, ließe sich – wie man sagt – „politisch nicht durchsetzen". Die Bevölkerung bringe kein Verständnis für diese Maßnahme auf und man werde im Zweifel nur Wähler verlieren. Populistische Scheinlösungen erhalten dann Auftrieb und Zuspruch, machen aber das Problem in Wirklichkeit nur noch größer, was von unkundigen Bürgern nicht erkannt oder quasi schicksalhaft hingenommen wird. So kann eine Entwicklung in Gang gesetzt werden, die gewissermaßen nur 'nach unten' führt.

Man darf von der öffentlichen Erziehung nicht erwarten, daß sie den gekennzeichneten Mangel ohne weiteres beseitigen könnte. Aber der Beitrag zur Entwicklung ökonomischer Grundkompetenzen, den zu leisten sie imstande wäre, wird vielerorts und allzu oft noch als etwas angesehen, womit sich die reine Allgemeinbildung nicht beschmutzen dürfe. Diese Einschätzung der Lage konnte sich vielleicht ein Wilhelm von Humboldt leisten, der sich auf seinen Gütern einer sicheren ökonomischen Existenz erfreuen durfte. Seine beamteten Nachfahren in den Lehrplankommissionen der allgemeinbildenden Schulen werden sich womöglich erst dann zum Umdenken und Umlernen genötigt fühlen, wenn ihre Pensionszahlungen unsicher geworden sind. Ich bin nicht der Meinung, daß man das Eintreten der erst auf diese Weise stimulierten Lernprozesse abwarten sollte.

Literatur

Beck, K.: Dimensionen der ökonomischen Bildung. Meßinstrumente und Befunde. Nürnberg: Universität Erlangen-Nürnberg 1993 (Institutsdruck BWI).
Beck, K./Krumm, V.: Test zur wirtschaftskundlichen Bildung. Manual. Zweite Ausgabe. Auszugsweise ins Deutsche übertragen, ergänzt und kommentiert. Nürnberg/Salzburg 1990.
Beck, K.: 'Berufsmoral' und 'Betriebsmoral' – Didaktische Konzeptualisierungsprobleme einer berufsqualifizierenden Moralerziehung, in: Beck, K./Müller, W./Deißinger, Th./Zimmermann, M. (Hrsg.): Berufserziehung im Umbruch. Didaktische Herausforderungen und Ansätze zu ihrer Bewältigung. Weinheim: Deutscher Studien Verlag 1996, 125-142.
Colby, A./Kohlberg, L.: The Measurement of Moral Judgment. Vol. I. Cambridge: Cambridge University Press 1987.
Homann, K./Pies, I.: Wirtschaftsethik in der Moderne. In: Ethik und Sozialwissenschaften, 5, 1994, 3-12.
Soper, J. C./Walstad, W. B.: Test of Economic Literacy. 2nd Ed. Examiner's Manual. Joint Council of Economic Education, New York 1987.
Steinmann, H./Löhr, A. (Hrsg.): Unternehmensethik. 2. Aufl. Stuttgart: Poeschel 1991.
Walstad, William B.: Questioning Economic Literacy, in: The Wall Street Journal, January 12, 1989.

Günther Dohmen
Lerngesellschaft und Lernkultur

1. Die Wiederentdeckung des existentiellen Sinns des menschlichen Lernens

Wir leben in einer Zeit des Wandels und des Umbruchs, in der wir immer weiter lernen müssen, wenn wir mit den Veränderungen in unserer Umwelt zurechtkommen wollen.

Im Grunde ist diese Notwendigkeit des lebenslangen Lernens aber nichts Neues. Es ist nur die aktuelle Zuspitzung einer menschlichen Grundsituation. Lernen ist eine 'natürliche' Funktion jedes menschlichen Lebens. Es entwickelt sich aus dem Bemühen des Menschen, die Eindrücke, Informationen, Begegnungen, Erfahrungen, die aus seiner Umwelt ständig auf ihn zukommen, so zu verarbeiten, daß er mit ihnen zurechtkommt und sich in einer schwierigen Umwelt immer wieder zurechtfindet.

Lernen heißt, sich öffnen für die Umwelt, für die Mitmenschen, für die Zusammenhänge, in denen man lebt, um besonders das jeweils Neue darin zu verstehen, für sich zu deuten, zu interpretieren, einen Sinn darin zu finden – und um das eigene Verhalten darauf einzustellen.

Ohne das lebenslange Bemühen um Begreifen und Orientierung gewinnen in einer Flut von Eindrücken und Informationen, d. h. ohne ein immer wieder Sinn und Zusammenhang suchendes Lernen, können wir

– in einer vielfältigen mitmenschlichen, gesellschaftlichen und natürlichen Umwelt nicht als Personen mit eigener Identität, eigenem Denken und eigenem Gewissen überleben und
– nicht verständig mitwirken bei der Gestaltung des Gemeinwesens.

Zur notwendigen Weiterentwicklung dieses Lernens im Lebens- und Arbeitszusammenhang genügen unsere Bildungsinstitutionen nicht. Der existentielle Sinn menschlichen Lernens droht sogar in bürokratisierten Bildungssystemen mit ihren Curricula, Prüfungsordnungen, Verwaltungsvorschriften etc. aus dem Blick zu geraten und durch gesellschaftliche Instrumentalisierungen verfremdet zu werden.
Die Vorstellungen vom 'Lernen' sind bei vielen Menschen durch ihre Schulerfahrungen und vielfach auch durch den damit verbundenen Frust geprägt:
Die Vorstellung, ohne Rücksicht auf eigene Interessen vorgeschriebene Lernpensen absolvieren zu müssen und dabei womöglich auch noch kontrolliert und beurteilt zu werden, die Aussicht, mit Antworten auf Fragen überhäuft zu werden, die man gar nicht gestellt hat und auch selbst nie stellen würde, und die Befürch-

tung, vor Verstehensanforderungen zu versagen und sich vor anderen zu blamieren – dieses ganze Schulfrust- und Lernblockade-Syndrom hindert viele Menschen daran, sich als Erwachsene noch einmal freiwillig in so unbequeme und unangenehme Lernsituationen zu begeben.

Diese mentalen Blockaden gegen die Teilnahme an einem organisierten Gruppenlernen im Erwachsenenalter gibt es übrigens bei Männern noch häufiger als bei Frauen.

Dagegen hilft es auch wenig, wenn wir darauf hinweisen, daß die moderne Erwachsenenbildung ganz anders ist, freier, offener, partnerschaftlicher usw. Die meisten Zeitgenossen sind einfach froh, als Erwachsene endlich von allen pädagogischen Lernzumutungen befreit zu sein.

Auch wenn wir das 'lebenslange' Lernen umtaufen zum 'lebensbegleitenden' Lernen, bringt das kaum etwas. Denn es ist nicht so sehr das 'lebenslang', was abschreckt, sondern das 'Lernen'. Das heißt: Das Kernproblem ist die Vorstellung vieler Menschen vom Lernen als einer unangenehmen pädagogischen Auflage.

Ein anderer Grund, warum viele Erwachsene nicht in einen Weiterbildungskurs gehen, ist die generelle Scheu, sich überhaupt freiwillig von anderen etwas auferlegen und sich in kontinuierlichere zeitliche Verpflichtungen einbinden zu lassen. Eine wachsende Zahl unserer Zeitgenossen will das eigene Leben und das eigene Lernen so weit wie möglich selbst nach eigenen Vorstellungen, Bedürfnissen, Interessen steuern.

Konsequenz: Das überlebensnotwendige Lernen muß gerade für die Weiterbildungsunwilligen auch in freieren, mehr selbstgewählten, weniger unangenehm erscheinenden und direkter auf die eigenen Interessen und Bedürfnisse bezogenen Sinn- und Verwertungszusammenhängen erfahrbar und gefördert werden.

Das heißt vor allem Rückbesinnung auf den anthropologischen Sinn des Lernens und Entwicklung einer neuen Kultur des Lernens. Das quasi 'natürliche' situative Lernen für die geistige Selbstbehauptung und für eine verständige Partizipation ist so etwas wie das ursprüngliche Maß menschlichen Lernens, und ich denke, wir müssen uns gerade in einer kritischen Umbruchsphase wieder stärker zurückbesinnen auf diese Grundlage und sie als Ausgangspunkt nehmen für eine Neu-Justierung des Lernens, des Bildungswesens und der Lebens- und Arbeitswelt, die wir lernend begreifen und mitgestalten wollen.

Das ständig im Lebensvollzug herausgeforderte Selbstbehauptungslernen, das jeder Mensch, so gut er kann (allerdings oft unbewußt) praktiziert, ist im Grunde ja bereits eine existierende Form des 'lebenslangen Lernens aller', wie es die Bildungsminister der OECD-Länder 1996 als Hauptziel ihrer künftigen Bildungspolitik proklamiert haben.

Aber dieses situative Alltagslernen ist relativ anlaßbedingt-zufällig und sporadisch-unzusammenhängend. Es kann seine existentielle Funktion für die persönliche Selbstbehauptung und gesellschaftliche Partizipation des Menschen in einer komplexen, interdependenten Welt nicht zureichend erfüllen, wenn es nicht zu Einsichten in übergreifende Wirkungs- und Bedeutungszusammenhänge führt, in die der einzelne verflochten ist, die ihm aber oft in seinem begrenzten Erfahrungsbereich nicht zugänglich sind.

Das Selbstlernen im Lebens- und Arbeitszusammenhang, durch das wir alle uns recht und schlecht aus dem blinden Mitgenommenwerden und dem ohnmächtigen Hin- und Hergeworfenwerden durch Wirkungen und Veränderungen, die wir nicht verstehen und beeinflussen können, unser Leben lang immer wieder herauszuarbeiten versuchen, muß gestärkt, unterstützt, erweitert, ergänzt werden. Und dazu sind vielfältige Lernanregungen und Lerngelegenheiten nötig und wichtig, die das Lernen auch auf die größeren Zusammenhänge beziehen, die nicht unmittelbar in der Reichweite der individuellen Erfahrungs- und Verstehensmöglichkeiten liegen.

Aber die notwendige Förderung dieses 'vereinigten', ganzen, die menschliche Kompetenz zur Lebensbewältigung stärkenden Lernens muß heute mehr sein als Vermittlung fertigen, kodifizierten Wissens. Sie muß vor allem

- das konstruktive Verfügbarmachen, Umsetzen, Anwenden vorhandenen Wissens zur Lösung aktueller Aufgaben und Probleme und
- die kreative Entwicklung neuer Einsichten, Erkenntnisse und neuen Wissens anzuregen und zu unterstützen versuchen.

Je dramatischer die Veränderungen, die Umbrüche in unserer Umwelt werden, je weniger das vorhandene kodifizierte Wissen und unsere derzeitigen Kompetenzen zu ihrer angemessenen (nicht auf Kosten nachwachsender Generationen gehenden) Bewältigung ausreichen, desto wichtiger wird es, in der Auseinandersetzung mit neuen Herausforderungen, die uns in ihren Strudel zu ziehen versuchen, kreativ neue Erkenntnisse und neue Kompetenzen zu entwickeln.

Wir scheinen heute z. B. in eine Situation gekommen zu sein, in der die im Dienste des Wohlfahrtsfortschritts herbeigeführte Globalisierung des Wettbewerbs nicht mehr als Instrument im Dienste der Menschen wirkt, sondern in der immer mehr Menschen hilflos ihren Wirkungen ausgesetzt sind und zu Leidtragenden dieser Entwicklung werden. Es fehlen uns in diesem Zusammenhang vor allem die Einsichten und Problemlösungsfähigkeiten zum Abbau einer strukturellen Arbeitslosigkeit, die die Menschenwürde und den sozialen Zusammenhalt der Gesellschaft zu zerstören droht.

Damit ist aber gerade der existentielle Sinn des menschlichen Lernens angesprochen und herausgefordert: die Förderung der personalen Selbstbehauptung und der sozialen Partizipation, zu denen auch die Möglichkeit gehört, sich selbst durch eigene kompetente Arbeit seinen Lebensunterhalt zu verdienen und auch die wirtschaftlichen und gesellschaftlichen Verhältnisse selbst verständig und verantwortungsbewußt mit zu steuern.

2. Das Ergänzungsverhältnis von formalem und informellem Lernen

Ein Hauptziel menschlichen Lernens ist die Entwicklung, Erhaltung und ständige Erweiterung der Steuerungsfähigkeit des Menschen im Verhältnis zu dem, was um ihn und mit ihm geschieht.

Um das dafür notwendige, relevante, Sinn und Verstehen suchende Lernen wirksam voranzubringen, müssen *alle* Formen des menschlichen Lernens einbezogen werden, und zwar so, daß sie sich wechselseitig ergänzen und unterstützen.

Dem lebensabgehobeneren Vermitteln von fachsystematisch kodifiziertem Wissen fehlt oft der existentielle Bezug zu den situativen Lernherausforderungen im Lebens- und Überlebenskampf der Menschen in ihrer Lebens- und Arbeitswelt und das informelle Lernen im Lebens- und Arbeitszusammenhang ist in der Regel zu sehr anlaßbedingt-zufällig, auf den eigenen Erfahrungskreis beschränkt und unzusammenhängend.

Das heißt: Beides ist je für sich mangelhaft und führt nicht zu dem notwendigen Verstehen der Sinn- und Wirkungszusammenhänge, in denen die Menschen leben und sich behaupten müssen.

Das bruchstückhafte informelle Lernen in wechselnden Lebens- und Arbeitszusammenhängen bedarf der Ergänzung durch planmäßige Lernprozesse, die zur notwendigen Horizonterweiterung und zum Begreifen von Strukturen und Zusammenhängen führen.

Das heißt: Auch die Schulen und Bildungseinrichtungen müssen sich zurückbesinnen auf ihre Unterstützungs-, Weiterführungs- und Ergänzungsfunktion für das 'natürliche' lebensimplizite Lernen, das alle Menschen um ihrer Selbstbehauptung willen immer schon so gut sie konnten in ihrer Lebens- und Arbeitswelt praktiziert haben. Wegen dieser Ergänzungsfunktion wurden die Schulen ja ursprünglich einmal geschaffen, und darin liegt auch heute noch eine wesentliche Existenzberechtigung des gesellschaftlichen Bildungswesens.

Dazu muß aber das organisierte, institutionalisierte Lernen immer wieder auf die ursprünglichen vitalen Lerninteressen der Menschen zurückbezogen werden, sonst kann es nur noch durch äußere Druckmittel – Beurteilungs-, Bestrafungs- und Ausleseprozeduren – in Gang gehalten werden. Das untergräbt gerade die Motivation für ein freiwilliges lebenslanges Weiterlernen.

Konsequenz: Das planmäßige Lernen in Bildungsinstitutionen und das offene Selbstlernen im Lebensdruck müssen sich neu orientieren und neu aufeinander beziehen, damit das situative Lernen mehr Kohärenz, und damit das organisierte Lernen mehr Lebensrelevanz gewinnt.

3. Die unmittelbare Unterstützung des situativen Selbstlernens

Aber auch ein fruchtbares Ergänzungsverhältnis zwischen planmäßig organisiertem Lernen und situativem Selbstlernen reicht nicht aus.

Zur wirksamen Unterstützung des von allen Menschen mehr oder weniger erfolgreich praktizierten Alltagslernens brauchen wir auch ad-hoc-Informationen, Beratungen und Hilfen zu den jeweils aktuellen Lernansätzen im Lebens- und Berufsalltag der Menschen.

Das Schwierige ist dabei, daß diese Lernhilfen 'just in time' abrufbar sein müssen, d. h. wenn jemand in einer zum Lernen herausfordernden Lebens- und Arbeitssituation mit seinen Möglichkeiten nicht weiterkommt, muß er die Möglichkeit haben, unmittelbar, ohne lange Lehrgangsumwege, die nötigen Zusatzinformationen bzw. die professionelle Beratung zu erhalten, die ihm akut bei seinem Selbstlernen weiterhelfen können.

Zur praktischen Ermöglichung dieses Abrufens der passenden Hilfen bei akuten Lernschwierigkeiten richten sich die Hoffnungen natürlich auf die modernen elektronischen Informations- und Kommunikationstechnologien.

4. Die Kultivierung des „natürlichen" informellen Lernens

Wenn man die existentielle Funktion des menschlichen Lernens für die persönliche Selbstbehauptung und die soziale Partizipation als Bezugsmaß im Auge behält, und wenn man dieses 'natürliche' Lernen stärken, unterstützen und weiterentwickeln will, dann stellt sich damit im Grunde eine spezifische Kultivierungsaufgabe.

Ich denke, jetzt, in einer so dramatischen Umbruchsphase in vielen Lebensbereichen, ist eine breitere Entwicklung aller Formen menschlichen Lernens und aller Möglichkeiten ihrer Unterstützung im Rahmen einer neuen Lernkultur notwendig. Wir brauchen eine neue, anthropologisch begründete umfassende Lernkultur.

Dabei wird 'Kultivierung' allgemein als pflegende Weiterentwicklung von natürlichen Gegebenheiten und ihre behutsame Beziehung auf humane Sinnvorstellungen verstanden.

- So wie der Boden kultiviert wird, damit er für die Menschen Früchte trägt,
- wie der natürliche Sexualtrieb kultiviert wird zu persönlichen Liebesbeziehungen, oder
- wie der Erwerbstrieb kultiviert wird durch seine Beziehung auf übergreifende soziale Wirkungs-, Sinn- und Verantwortungszusammenhänge,

so kann auch der natürliche Lerntrieb des Menschen kultiviert werden.

Bei diesen Kultivierungsaufgaben geht es darum, die Antriebskraft, den 'elan vitale' in natürlichen Lebenstrieben und Überlebensenergien zu erhalten und zu humanisieren, d. h. die natürliche 'power' auf kulturelle Sinnhorizonte zu beziehen.

Dazu gibt es in unserem Zusammenhang, wenn ich recht sehe, vor allem drei organisatorische Ansätze:

Der eine Ansatz ist die planmäßige Organisation und Unterstützung von Lernprozessen, die auf übergreifende gesellschaftliche Ziele und Wertvorstellungen bezogen werden, die aber die vielfältigen informellen Lernansätze, Lerninteressen, Begabungsrichtungen etc. sensibel aufgreifen und weiterführen, d. h. sie nicht abwürgen und durch etwas Künstliches zu ersetzen versuchen.

Diese offene, sensible Entwicklungshilfe wird oft behindert durch das Regulierungskorsett bürokratisch verordneter Lehrpläne, Fächerkanons, Studien- und Prüfungsordnungen, das die natürliche Vielfalt individueller Lernformen und Lerninteressen in verbindlich vorgegebene fachsystematische Ordnungssysteme und schulisch-akademische Bewertungs- und Ausleseprozeduren zu zwängen versucht.

Der zweite Unterstützungsansatz für das informelle Lernen ist die direkte Hilfe durch eine besondere Entwicklung von Möglichkeiten des Abrufs von Zusatzinformationen, Lernpartnern, Experten, Beratern, Selbststudienmaterialien 'just in time'. Dafür müssen besonders konzentrierte, thematisch abgegrenzte und bedarfsgerecht auswählbare Lernmodule entwickelt, und es müssen die modernen elektronischen Informations- und Kommunikationsvermittlungsmöglichkeiten technisch und didaktisch noch wesentlich verbessert werden.

Es gibt aber noch einen dritten, umfassenderen Ansatz:

5. Die Entwicklung einer modernen Lerngesellschaft

5.1 Was ist eine „Lerngesellschaft"?

Die hier skizzierten Ansätze zu einer über die vertrauten Formen des organisierten Lernens hinausführenden Erweiterung unserer Vorstellungen vom menschlichen Lernen münden weitgehend in die Vorstellung von einer modernen Lerngesellschaft.

Mit dem Begriff 'Lerngesellschaft' ist (ebenso wie mit den Begriffen 'Informationsgesellschaft', 'Risikogesellschaft' oder 'Erlebnisgesellschaft') kein Anspruch einer Gesamtkennzeichnung der Gesellschaft verbunden. Es soll aber zum Ausdruck gebracht werden, daß aktuell einem bestimmten Faktor – wie dem Lernen – eine vergleichsweise besonders wichtige Funktion für die weitere gesellschaftliche Entwicklung zukommt.

Lerngesellschaft meint nicht eine durchpädagogisierte Gesellschaft, deren Hauptcharakteristikum die ständige Erziehung und pädagogische Führung der

Menschen in allen Lebensbereichen, Lebenslagen und Lebensaltern ist, sondern eine Gesellschaft, in der vorhandene Lernmöglichkeiten in verschiedenen Erfahrungsbereichen erschlossen bzw. neu entwickelt werden, und in der eine das Lernen aller Bürgerinnen und Bürger – besonders auch ihr Selbstlernen – anregende, unterstützende und anerkennende Gesamtatmosphäre und 'Lernkultur' entsteht.

Bei der Lerngesellschaft geht es darum, die Umwelt, aus der ja die wesentlichsten Anstöße und existentiellen Zwänge zum menschlichen Lernen kommen, zu einer lernfreundlichen Umwelt zu machen, die das verstehensuchende, sinndeutende Lernen der Menschen nicht nur anregt, sondern auch erleichtert und fördert.

Viele Lehrer klagen ja heute über die mangelnde Lernlust ihrer Schüler und darüber, daß eine lernunfreundliche Gesellschaft sie allein lasse. Die 'Lerngesellschaft' könnte dies ändern, indem sie das Lernen in der Gesamtgesellschaft populärer und attraktiver macht.

Dazu soll das Lernen gerade in seiner Verbindung mit verschiedenen Tätigkeits- und Erfahrungsfeldern in einer umfassenderen Lerngesellschaft aufgedeckt und gefördert werden.

Zur Realisierung einer solchen 'Lerngesellschaft' müssen deshalb

- interessante Lernmöglichkeiten in allen Lebensbereichen bewußt gemacht werden,
- Lerngelegenheiten in den verschiedensten Erfahrungs- und Tätigkeitszusammenhängen erschlossen werden und
- entsprechende Lernprozesse bei Bedarf direkt und wirksam unterstützt werden.

Das läuft auf die Entwicklung einer neuen gesellschaftlichen bzw. kommunalen Lernatmosphäre und Lernkultur hinaus, zu deren Umsetzung im einzelnen viel pädagogisch-didaktische und organisatorische Phantasie notwendig ist.

5.2 Praktische Realisierungsansätze in der Kommune

Das wichtigste Erprobungs- und Bewährungsfeld für die Entwicklung einer modernen Lerngesellschaft ist die Gemeinde. Es gibt dazu in einigen Kommunen schon interessante Ansätze :

Zur Verbindung des Lernens mit dem *Stadt- und Einkaufsbummel* gibt es z. B. sogenannte 'Lernläden', in denen man sich über Lernmöglichkeiten, Lernmaterialien, Lernhilfen orientieren, sie ansehen, ausprobieren, aber auch sich beraten lassen und adäquate Hardware und Software mit Kundenservice erwerben, leasen oder ausleihen kann.

Und es gibt 'Wissenschaftsläden', in denen wissenschaftliche Informationen und Weiterbildungsmöglichkeiten und -hilfen für jedermann vermittelt werden.

Ein anderer Ansatz sind die sogenannten 'Lerninseln', z. B. in Kaufhäusern, Bibliotheken, Buchhandlungen, Betrieben, Schulen etc. Das sind kleine Inseln für das Lernen, in denen man Bildungsberatung finden, sich unter fachkundiger Anleitung

z. B. mit verschiedenen PC-Programmen vertraut machen und in lockeren Gesprächsgruppen über verschiedene Lerninteressen, Lernbiographien, Lernprobleme diskutieren kann. Diese Lerninseln können auch zum Teil von Schülern, Studenten und Senioren ohne großen Aufwand betreut werden.

Es gibt auch in Städten sogenannte 'Bildungszonen' und 'Bildungsstraßen'. Da wird z. B. an interessanten Plätzen, Altstadtzentren, Gebäuden durch Informationstafeln, Informationsblätter, Ratgebertelefone etc. auf interessante Gebäude, Entwicklungen, geschichtliche Hintergründe und auf weitere Informationsmöglichkeiten hingewiesen.

Wichtig sind auch moderne 'Lernateliers'. Das sind thematisch ausgerichtete Lerninseln in modernen Bibliotheken und Mediotheken, die nicht nur Bücher und Medien sammeln und ausleihen, sondern Informationen problem-, aufgaben- und situationsbezogen aufbereiten und auf verschiedenen Medien präsentieren, um damit Zugänge zu dem jeweils in bestimmten Lern- und Nachfragezusammenhängen relevanten Wissen zu öffnen.

Besonders bekannt sind wohl die Lernmöglichkeiten in *Cafés und Restaurants* – von einfachen Informationen auf Kartonunterlagen für das Gedeck bis zu Ausstellungsvitrinen und PCs zur Internet-Nutzung. Da wird z. B. über die Geschichte und die wirtschaftlichen Hintergründe des Lokals, über Tee- und Kaffeeproduktion, Bierbrauen, naheliegende historische Gebäude, Brücken und Handelswege etc. informiert und jeweils auf weiterführende Lernmöglichkeiten hingewiesen.

Interessant sind auch die 'Lernparcours'. Das sind bestimmte Lernpfade in einer Gemeinde oder einem Stadtteil, auf denen die Anforderungen und Tätigkeiten im Alltag vorgestellt bzw. (z. B. an Wochenenden) erwandert werden, für deren kompetente Bewältigung bestimmte Lernprozesse notwendig sind. Im täglichen öffentlichen Nah- und Fernverkehr, in Produktions- und Versorgungsbetrieben, Ämtern, Werkstätten, Krankenhäusern, Berufsschulen, Restaurants und in ganz normalen Haushalten – natürlich auch in Internet-Cafés und an vielen PC-Plätzen und Infoständen, in Ausstellungsräumen mit praktischen Vorführungen und Übungen, in Gesprächsrunden und Forumsveranstaltungen – können jeweils implizite Lernprozesse bewußt gemacht werden.

Daß heißt, es wird bewußt gemacht, was man jeweils lernt und lernen muß, um in diesen verschiedenen Tätigkeits- und Erfahrungsbereichen in der Gemeinde einigermaßen zurechtzukommen.

Wichtige Ansätze zur Entwicklung einer besonderen Lernkultur bieten sich auch in Museen, Lernausstellungen, Theaterspielen, Lernfesten usw.

Besonders wichtig ist es natürlich, daß die vielfältigen *Lernmöglichkeiten an Arbeitsplätzen* erschlossen werden. Diese Arbeitsplätze können durch 'Qualitätszirkel', 'job rotation', 'job enrichment', 'learning by mutual coaching', periodische Wechsel von Führungspositionen etc. in besonderem Maße zu Lernorten mit erweiterten Lernmöglichkeiten im Arbeitszusammenhang entwickelt werden.

Die Leitvorstellung heißt hier *arbeitendes Lernen und lernendes Arbeiten*. Gemeinsam ist diesen Ansätzen, daß verschiedene Erfahrungsbereiche, Tätigkeiten und Zeiten durch interessante Lernmöglichkeiten angereichert werden. Dadurch kann sich dann im kommunalen Leben so etwas entwickeln wie die Freude am eigenen Erkunden und am gemeinsamen Lernen.

5.3 Praktische Realisierungsansätze unterwegs

Besonders beliebt sind Lernmöglichkeiten, die sich im Zusammenhang mit *Reisen, Fahrten, Wanderungen* ergeben:

In Bahnhofshallen und Warteräumen werden z. B. Videofilme über Verkehrsentwicklungen und -probleme oder über besondere Reisemöglichkeiten, lohnende Reiseziele etc. gezeigt, oder es werden an Haltestellen, Umsteigeplätzen etc. kleine Lernmärkte eingerichtet mit Informationsständen, freundlicher Beratung, PC-Plätzen, oft auch mit Imbiß- und Getränkeständen und Stehtischen zum miteinander reden – bis hin zur Einrichtung einer 'Frühstücks-Volkshochschule' im Hauptbahnhof.

Es gibt zum Teil auch schon besondere Bildungszüge mit Lernplätzen bzw. Internetabteilen, auch Möglichkeiten für Gruppenarbeit mit Kommunikations-Laptops und elektronischen Protokollaufzeichnungen.

Und Pendler, die regelmäßig gemeinsam die gleiche Strecke zur Arbeit fahren, können während dieser Fahrzeiten z. B. einen Englischkurs absolvieren. Der Trend könnte dahin weitergehen, daß man bald in bestimmten Zügen verschiedene Plätze auch nach thematischen Interessenschwerpunkten reservieren kann, um auf einer Reise im Abteil eventuell interessante Lernpartner zu finden.

Bekannt sind die vielen Studienreisen, bei denen das Reisen mit vielfältigen Möglichkeiten zum Studieren anderer Kulturen, Religionen, Traditionen, Sprachen, Bauweisen, Lebensformen usw. verknüpft ist.

Einige Reiseunternehmen bieten besondere 'Background Tours' an, bei denen z. B. Journalisten mitfahren, die aktuelle politische, wirtschaftliche, kulturelle oder auch kriminelle Hintergründe eines Landes, einer Stadt etc. recherchiert haben und dies interessierten Menschen unmittelbar vermitteln können.

Wichtige Lernanstöße für alle können aber auch bei normalen Bahn-, Bus-, Schiffs- und Flugreisen durch Ansagen oder Informationsblätter über die Landschaften, Städte, Länder, durch die oder zu denen man fährt, gegeben werden.

Besonders zukunftsträchtig sind wahrscheinlich die *Verbindungen von Freizeitvergnügen und Lernmöglichkeiten,* wie sie sich z. B. in Freizeitparks, Gesundheitsparks, Tierparks, Landschaftsparks, Spielparks, Ausstellungsparks etc. entwickeln. Hier kann man sich beliebig aufhalten, sich über interessante biologische, ökologische, kulturelle und politische Zusammenhänge informieren, auch z. B. Speisen und Getränke verschiedener Länder versuchen und dabei etwas über deren kulturelle Hintergründe erfahren, aber auch virtuelle Videoreisen zu verschiedenen Städten, Ländern, Museen usw. machen oder bestimmte Lerninszenierungen zum Bewußtmachen von Zusammenhängen zwischen den verschiedensten Alltagstätigkeiten und den dazu notwendigen Lernprozessen erleben.

5.4 Besondere Lernansätze für Arbeitslose

Eine kritische aktuelle Frage ist natürlich die nach der Berücksichtigung der Arbeitslosen, die einen wachsenden und besonders zu unterstützenden Teil der Menschen in unserer Gesellschaft ausmachen.

Bürger und Bürgerinnen ohne Erwerbstätigkeit sollen selbstverständlich wie Menschen anderer Gruppen an allen Lernprozessen zur Entwicklung ihres Welt- und Selbstverständnisses teilnehmen. Und sie sollten dabei voll integriert sein – ebenso wie bei Maßnahmen zur Erhaltung und Verbesserung beruflicher Qualifikationen. Auch das ist eine Frage der Lernkultur.

Aber es gibt auch spezifische Ansätze wie z. B. Arbeitsloseninitiativen, die versuchen, in Betrieben, Geschäften, Institutionen, Haushalten Gelegenheitsarbeitsmöglichkeiten (Urlaubs- und Krankheitsvertretungen, Stoß- und Aushilfsarbeiten, auch Hilfen im Haushalt, bei der Kinderbetreuung, Pflege, Gartenarbeit usw.) zu erschließen und diese nicht sehr beliebten und auch nicht als eigentliche Berufsarbeit zählenden befristeten Tätigkeiten durch Verknüpfung mit neuen Lernmöglichkeiten interessant zu machen. *Solche Arbeiten gibt es noch überall in unserer Gesellschaft genug.*

Durch die Übernahme solcher Gelegenheitsarbeiten können Arbeitslose nicht nur aus ihrer wachsenden Frustration herauskommen, sie werden auch immer wieder angeregt, etwas Neues kennenzulernen, ihre Berufserfahrung und besonders auch ihre soziale und kommunikative Kompetenz zu erweitern und neues Selbstvertrauen zu gewinnen.

Wichtig ist, daß gerade auch diese verschiedenen wechselnden Tätigkeiten und befristeten Gelegenheitsarbeiten durch die Verknüpfung mit Lernprozessen interessant werden können.

In regelmäßigen Treffen der 'Arbeitslosen' können dann diese Lernerfahrungen artikuliert und diskutiert werden. Bei diesem Austausch ihrer wechselnden Arbeits- und Lernerfahrungen stellen Betroffene immer wieder fest, daß es der entscheidende Wendepunkt für sie sei, wenn sie selbst aktiv werden, selbst Betätigungschancen auftreiben und entwickeln und dann jede Arbeit – auch wenn sie nicht ihrer Ausbildung bzw. ihrem Ausbildungsniveau entspricht – als willkommenen Anlaß annehmen können, durch neue praktische Erfahrungen und Begegnungen immer wieder etwas Neues zu lernen.

Natürlich ist das keine Lösung des Arbeitslosenproblems. Aber es ist ein Beitrag zur Entwicklung einer wichtigen Grundeinstellung und Grundhaltung, nämlich sich als Arbeitslose für ungewohnte Aufgaben und neues Lernen zu öffnen – statt passiv auf den passenden, ganz dem eigenen Qualifikationsprofil und Erwartungsbild entsprechenden Vollzeit-Dauerarbeitsplatz zu warten und sich ohnmächtig in einen verhängnisvollen Resignations- und Dequalifizierungsstrudel hineinziehen zu lassen.

6. Die neue Rolle der Bildungsinstitutionen

Was bedeutet diese enorme Ausweitung der Lernentwicklung und Lernförderung, die derart über den klassischen Bereich der organisierten Weiterbildung hinausführt, für die Bildungsinstitutionen?

Alle Bildungsinstitutionen werden sich auf die Fundierung, Unterstützung und Weiterführung des lebenslangen Lernens einstellen müssen, d. h. es werden im Zuge der Entwicklung einer umfassenderen Lernkultur in einer modernen Lerngesellschaft zu ihren bisherigen Funktionen der Anleitung sozialen Miteinanderlernens neue zusätzliche Aufgaben auf sie zukommen.

Besonders die Weiterbildungseinrichtungen müssen sich in einer solchen kulturellen Lernbewegung für die verschiedensten Formen des Lernens Erwachsener öffnen und sie mit zu entwickeln und zu unterstützen versuchen – und zwar nicht nur als Anknüpfungs- und Abholpunkte für die eigenen Lehrgänge, sondern auch als legitime eigene Formen menschlichen Lernens, für die in allen Lebens- und Tätigkeitsbereichen Lernanlässe, Lernmöglichkeiten und Hilfen zum Verstehen von Strukturen und Zusammenhängen erschlossen werden müssen.

Es ist bei der Entwicklung einer Lerngesellschaft und Lernkultur besonders wichtig, daß es nicht bei vielfältigen Lernanregungen bleibt, die von den 'Kunden' immer nur angetippt werden, bis man zur nächsten Information bzw. zum nächsten 'Hit' springt, sondern daß die jeweils erschlossenen Lernmöglichkeiten auch zu kontinuierlicheren Lernprozessen führen, in denen die angerissenen Fragen und Probleme konzentriert weiter verfolgt werden können, gegebenenfalls auch bis zu entsprechenden Anerkennungen und Berechtigungen, für die dann z. B. der persönliche 'Lernpaß' eine wichtige Dokumentationsgrundlage sein kann.

Ebenso wichtig wird es auch, daß der Zugang zu den vielfältigen Lernmöglichkeiten in einer sich entwickelnden Lerngesellschaft jedermann – auch den Bildungsbenachteiligten, technisch Unkundigen und Finanzschwachen – durch öffentliche Informations-, Medien- und Beratungsdienste ermöglicht bzw. erleichtert wird.

Die Bildungsinstitutionen werden also durch die Entwicklung eines umfassenderen lebenslangen Lernens in einer modernen Lerngesellschaft keineswegs ihre Bedeutung und ihre Funktionen verlieren, sie erhalten vielmehr zu ihren klassischen Aufgaben der Organisation des angeleiteten sozialen Miteinanderlernens neue zusätzliche Aufgaben im Rahmen einer Förderung des außerschulischen menschlichen Lernens.

Erst durch die unterstützende, weiterführende und integrierende Mitwirkung der Bildungsinstitutionen und Bildungsexperten können wohl die vielfältigen informellen, selbstgesteuerten und selbstorganisierten Lernansätze zu den notwendigen zusammenhängenden Lern-Netzwerken für das 'LLL aller' zusammenwachsen.

Auf der anderen Seite können aber die traditionellen institutionellen Lernorte durch ihre Öffnung für das Lernen 'draußen' und durch ihr Engagement für die Entwicklung einer umfassenden Lernkultur auch selbst einen wesentlich erweiterten Verständnishorizont und Aktionsradius bekommen, der sie in neue Lernherausforderungsdimensionen, Erfahrungsfelder und Tätigkeitsbereiche führt – und ihr Überleben und ihre zeitgemäße Weiterentwicklung sichert.

Dazu müssen die klassischen pädagogischen Kompetenzen ihrer Mitarbeiterinnen und Mitarbeiter für Lehre und Unterricht ergänzt werden durch Lernberatungs- und Lernmanagement-Kompetenzen, besonders auch für die flexible und kostengünstige Organisation von ad-hoc-Lernangeboten und Lernhilfen in allen Lebensbereichen.

Die Bildungsinstitutionen werden aber auch für ihre normale Aufgabe etwas profitieren von der Entwicklung einer umfassenderen Lerngesellschaft. Nicht nur die Lehrer an Pflichtschulen klagen ja darüber, sie würden von der Gesellschaft alleingelassen und hätten es schwer, mit Jugendlichen, die keinerlei 'Lernlust' hätten, weil sie außerhalb der Schule zu allem anderen angeregt würden, nur nicht zum Lernen. Auch die Motivation der Erwachsenen zum freiwilligen Weiterlernen wird zur Zeit von der Zerstreuungs-Gesellschaft nicht gerade gefördert.

Die breitere Entwicklung des informellen Lernens außerhalb der Bildungsinstitutionen und die Förderung einer lernanregenden gesellschaftlichen Umwelt können hier eine wesentliche Unterstützung der Arbeit in den Bildungs- und Weiterbildungsinstitutionen bringen. Denn es geht ja vor allem darum, eine Gesamtatmosphäre zu schaffen, die das Lernen in all seinen Formen fördert.

Beim Aufbau moderner Lernnetzwerke, Lernzentren, Lernparks, Lerngesellschaften können sich in Zukunft weite Felder für das Engagement und die Kreativität von Pädagogen, Bildungspolitikern und für Menschen aus allen Berufsbereichen und Erfahrungsfeldern öffnen.

Dabei kann es auch neue Arbeitsplätze geben im Bereich des Vermittelns von Know-how, von Experten, Lernpartnerschaften, Lern- und Beratungshilfen, aber auch für Mentoren, Tutoren, Moderatoren, Organisatoren, Coaches, Software-Didaktiker, Hardware-Ingenieure, Lernanimateure, Lernspielentwickler, Lernmanager, Lernmarketing-Experten, lernpsychologische Berater, Lernumwelt-Designer usw.

Die gemeinsame Schlüsselkompetenz für diese neue Berufsgruppe ist das Verstehen existentieller menschlicher Lernprozesse und die kreative Entwicklung vielfältiger Möglichkeiten zu ihrer Unterstützung und Kultivierung.

7. Die Veränderung allgemeiner Einstellungen zum Leben und zum Lernen

Die verschiedenen Einzelinitiativen zur Stärkung und Kultivierung des persönlichen und sozialen Selbstbehauptungslernens sind wesentliche Ansätze zur Überwindung des bedrohlichen Zustands der Ohnmacht und des hilflosen Ausgeliefertseins an Entwicklungen, die man nicht mehr steuern kann.

In der derzeitigen schwierigen Umbruchphase auf fast allen Lebensgebieten brauchen wir aber eine diese Einzelansätze zusammenfügende und tragende Gesamtbewegung, die zu neuen Einstellungen der Menschen zum Lernen und zum Leben führt.

Die Entwicklung einer alle Lebensbereiche durchdringenden neuen Lernkultur könnte vor allem zu einer offeneren, agileren, konstruktiveren und verantwortungsbewußteren Lebenseinstellung der betroffenen Menschen führen.

Erfolgreiches Lernen kann als etwas Befreiendes und Belebendes erfahren werden, das neue Perspektiven eröffnet.

Das Streben nach immer mehr materiellem Wohlstand, ökonomischem Wachstum etc. kann ausgependelt werden durch das Streben nach einem Wachstum der eigenen Fähigkeiten, der eigenen Einsichten und Erkenntnisse und der persönlichen und sozialen Steuerungskompetenz.

Die geistige Bereicherung kann mehr Gewicht bekommen gegenüber der finanziellen Bereicherung. Und das erfolgreiche Lösen eines Verstehensproblems kann genauso das Selbstbewußtsein stärken wie ein wirtschaftlicher Erfolg. Unter Umständen kann auch das Erwerben einer neuen Kompetenz genauso befriedigen wie der Erwerb eines neuen Autos.

In einer neuen Lerngesellschaft und Lernkultur kann sich auch ein neues Selbstvertrauen und eine neue Sicherheit entwickeln, die aus der Erfahrung kommen, daß man gemeinsam eine humane Gesellschaft entwickeln kann, in der es viel Rückenwind, Anregung und Unterstützung gibt für das eigene Bemühen, die Zusammenhänge, in denen man lebt und arbeitet, zu verstehen, sich in ihnen als Person zu behaupten und kompetent mitzuwirken bei der Gestaltung eines friedlichen, partnerschaftlichen Zusammenlebens.

Wichtige Kennzeichen einer solchen Lerngesellschaft und Lernkultur könnten dann etwa sein, daß sie

- in den Menschen immer wieder die Freude am eigenen Fragen, Suchen, Erkunden, Lernen wecken;
- möglichst viele Bürgerinnen und Bürger zur konstruktiven Auseinandersetzung mit aktuellen Problemen anregt und befähigt;
- auf interessante Lernmöglichkeiten in allen Lebensbereichen aufmerksam macht;
- die modernen Informations- und Kommunikationstechnologien für das kreative Lernen erschließt;
- die notwendigen Expertenhilfen abrufbar bereitstellt;
- die vielfältigen informellen und organisierten Lerngelegenheiten in überschaubare, für jeden offene Lernnetzwerke integriert;
- einen Geist der Lernpartnerschaft beim Einbringen von Know-How, Kompetenz, Engagement und Lebensmut in die gemeinsame lernende Problembewältigung entwickelt und
- den nötigen Freiraum gibt für ein kreatives, innovatives Lernen, das über das kodifizierte Wissen hinaus auch ganz neue Sichtweisen und Problemlösungen entwickeln kann.

Diese neue kulturelle Lernbewegung setzt auf die wichtigste Ressource, die wir für die Selbstbehauptung in einer kritischen Umbruchsphase haben: die Menschen und ihre Kompetenzen, ihre kreative Lebenskraft und ihren sozialen Überlebenswillen.

Wir brauchen einen solchen Lernaufbruch – einfach weil es mehr und mehr zu einer Überlebensfrage für uns wird, ob sich auch die bisher (nach einer Schätzung der Faure-Kommission) zu 50 % brachliegenden Kompetenzen der Menschen durch ein vitaleres, umfassenderes und zugleich konzentrierteres und erfolgreicheres Lernen in einer lernfreundlicheren Umwelt in breiterem Maße entwickeln werden.

Wir brauchen in unserer kritischen Gesamtsituation eine Mobilisierung möglichst aller Kompetenzen aller Menschen, um mit den zur Zeit fast unlösbar erscheinenden Problemen und Herausforderungen so fertig zu werden, daß wir nicht den nachwachsenden Generationen einen immer höher werdenden Problem- und Schuldenberg hinterlassen.

Vielleicht ist der Aufbau einer neuen, diese breitere Kompetenzentwicklung fördernden, umfassenden Lernkultur sogar jetzt ein notwendiger Evolutionsschritt in der Entwicklungsgeschichte der Menschheit.

Gotthardt Frühsorge

Weiterbildung und kulturelle Bildung

Auf einem Symposium über Fragen der Ausbildung und ihrer heutigen Probleme in Deutschland darf das Thema der Weiterbildung nicht fehlen. Ausbildung und Weiterbildung sind in unserer beruflichen Erfahrung, aber auch und vor allem in unserer Lebenserfahrung, aufeinander bezogene Komponenten, integrale Bestandteile jedenfalls eines Systems der beruflichen Bildung überhaupt. Aber auch darüber hinaus, also außerhalb der Maßnahmen der beruflichen Ausbildung, spielt die Weiterbildung eine immer größere Rolle.

Innerhalb dieses Gesamtzusammenhangs des bildungspolitischen Auftrages der Gesellschaft zur Weiterbildung möchte ich nur auf einen schmalen thematischen Sektor zu Fragen der Weiterbildung eingehen. Ich spreche im folgenden über Weiterbildung als kulturelle Bildung. Man könnte allerdings das Thema auch so formulieren: Kulturelle Bildung ist heute weitgehend Weiterbildung. In dieser Formulierung liegt das bildungspolitische Ärgernis, das ich als das Stimulanz meines Interesses an diesem Thema formulieren möchte. Ärgernis offensichtlich deshalb, da erfahrungsgemäß im aktuellen Diskurs zu Bildungsfragen in unserer Gesellschaft sofort das Stichwort Bildungskrise folgt. Gemeint ist die Erfahrung, daß das Verständnis von Bildung heute weitgehend auf die Rolle der jeweiligen Ausbildungen für Fachspezialisten reduziert ist. Folge der Reduktion dieses Begriffsverständnisses ist der Verlust der kulturellen Substanz der Bildung.

Ich möchte nun im folgenden zur Entwicklung dieses Themas in vier Schritten vorgehen:

1. Einige Beobachtungen zum Thema Weiterbildung innerhalb und außerhalb berufsbegleitender Maßnahmen;
2. Weiterbildung als 'ganzheitliches Lernen'. Hier liegt vor allem der historische Ansatz für die These, daß kulturelle Bildung heute weitgehend als Weiterbildung betrieben wird;
3. Einige Bemerkungen und historische Aspekte zum Kulturbegriff in der deutschen Tradition vom 18. Jahrhundert bis heute;
4. Abschließend: Weiterbildung als kulturelle Bildung im institutionalisierten Rahmen einer Bildungseinrichtung. Meine Erfahrungen und Perspektiven der Arbeit in der Bundesakademie für kulturelle Bildung Wolfenbüttel.

1. Beobachtungen zum Thema Weiterbildung

„Weiterbildung hat Konjunktur". Diese Feststellung hat schon vor einer Reihe von Jahren einer der besten Kenner der beruflichen Weiterbildung, Peter Meyer-Dohm, getroffen. Er hat in einer Reihe von Veröffentlichungen vor allem die sozioökonomischen und bildungspolitischen Zusammenhänge der Weiterbildung als lebenslanges Lernen dargestellt. Wichtigste – inzwischen allgemein verbreitete und anerkannte Erkenntnis in der industriellen Produktion – ist die Tatsache, daß das sogenannte 'Humankapita', der Mensch mit seinem Wissen und Können, als ein wichtiger Produktionsfaktor eingeordnet wird. Demzufolge muß dieses Humankapital ständig weiterentwickelt werden. Die Ausbildung insbesondere in den Führungspositionen der Industrie muß auf institutionalisierte Weise durch Weiterbildung, also durch das lebenslange Lernen zunächst im beruflichen Sektor fortgeführt werden. Gründe für diese Notwendigkeit sind die Folgenden: Wissensexplosion, Beschleunigung des industriellen und ökonomischen Wandels und die modernen Strukturen der Konsumgesellschaft.

Ich möchte hier im Blick auf meine spezielle Thematik der kulturellen Bildung nur auf den Faktor der 'Wissensexplosion' eingehen. Festzustellen ist, daß das Wissen in den Industrieländern eine Verdoppelung der Informationen jeweils in einer Spanne von 3 bis 4 Jahren erfährt. Wichtigster Faktor der Wissensexpansion ist die Tatsache, daß 90 % aller seit Bestehen der Erde geborenen Techniker und Wissenschaftler heute leben. Wiederum 90 % von ihnen arbeiten in den Industrieländern. Dies als Basis für eine weitere Information zur Begründung der Wissensexplosion: alle 6 Minuten erscheint in der Bundesrepublik ein neues Buch und alle 2 Sekunden erscheint auf der gesamten Welt eine wissenschaftliche Arbeit.[1] Man könnte nun leicht solche Zahlen der Beschleunigung der medialen Vermittlung aller Formen des Wissens aufführen. Ich denke, sie machen hinreichend die Notwendigkeit deutlich, daß grundständige Ausbildungen aller Sachgebiete heute – wie selbstverständlich – mit berufsbegleitender Weiterbildung gekoppelt werden müssen. Die sozioökonomischen Zwänge führen zu dieser Entwicklung.

2. Weiterbildung als 'ganzheitliches Lernen'

Aber es sind eben nicht nur sozioökonomische Faktoren. Die Praktiker und sicherlich auch die Theoretiker der berufsbegleitenden Weiterbildung haben schon lange erkannt, daß neben der Beschleunigung der Erneuerung des Fachwissens eine neue Qualität des Wissens und ihrer Vermittlung hinzukommen muß. Dies gilt insbesondere für alle Modelle der Ausbildung von Führungspositionen, natürlich nicht nur in der Wirtschaft, sondern auch in der Verwaltung und in allen anderen Leitungs-

---

[1] Peter Meyer-Dohm: Geistige Grundlagen der Weiterbildung heute, in: Pullig, Carl-Klaus/Schäkel, Uwe [Hrsg.]: Weiterbildung im Wandel. Hamburg 1987, S. 45.

stellen des kulturellen Lebens. Ich werde nicht im einzelnen darauf eingehen können und wollen. Stichwortartig sei nur auf die berühmten Schlüsselqualifikationen jenes Humankapitals verwiesen, das bestimmte Qualifikationen im menschlichen Verhalten aktiviert, die heute ständig in den Ausschreibungen für Managerkurse und Trainingsprogramme dieser Art auftauchen.

Im Zusammenhang der Fragen zur kulturellen Bildung interessiert dieser Tatbestand nur insofern, als in diesen Programmen ausgesprochen oder nicht ausgesprochen die Konzeption der ästhetischen Bildung des Menschen als Voraussetzung jeder Methodik des ganzheitlichen Lernens vorausgesetzt wird. Diese Konzeption aber geht letztendlich auf die anthropologische Revolution des 18. Jahrhunderts zurück. Dazu einige Stichworte, die uns im Zusammenhang der Frage nach der Notwendigkeit der Weiterbildung als kulturelle Bildung weiterführen werden.

Im Prozeß der Säkularisation des gesellschaftlichen Lebens, der endgültigen Befreiung auch der Künste von der materiellen Beauftragung und geistigen Sinngebung durch die christliche Botschaft, der endgültig in der zweiten Hälfte des 18. Jahrhunderts sich in Deutschland durchsetzt, wird ein mächtiges Phänomen der Kompensation für den Verlust der christlichen Sinngebung geboren: der Begriff des Enthusiasmus. Dieser Begriff als Epochenbegriff ist der radikalste Ausdruck der Subjektivität. Gemeint ist ein absolutes Ich-Gefühl als Produktivkraft, als Voraussetzung jeder ästhetischen Erfahrung des Subjekts in der Welt. Der Begriff des Enthusiasmus in diesem Verständnis deckt historisch eine Fülle von geistigen Inhalten und Bewegungskräften, die ein neues Verständnis vom Menschen, seiner gesellschaftlichen Rolle und damit ursächlich verbunden seiner genuinen Bildungsmöglichkeit einschlossen.

Enthusiasmus ist die anthropologische Wurzel von Schlüsselbegriffen der zweiten Hälfte des 18. Jahrhunderts, die unmittelbar in die Konstitution der Moderne geführt haben: die philosophische Begründung von Freiheit sowohl als politischer wie als ästhetischer Begriff. Diese Doppelkonnotation korrespondierte mit dem ebenfalls in der Zeit geborenen produktiven Verständnis von 'Natur' als der neugewonnenen ästhetischen Leitkategorie, die bekanntlich alle Kunstbereiche ergriff.

Die Ausbildung von 'Natur' und 'Freiheit' haben als programmatische Begriffe zur Ausbildung dessen geführt, was wir bis heute unter 'ästhetischer Bildung' verstehen, von der wir bis heute – trotz aller Umbrüche – immer noch zehren. Zur Substanz der so verstandenen ästhetischen Bildung gehört die Selbstaussage des Subjekts. Die Epoche des ausgehenden 18. und beginnenden 19. Jahrhunderts hat – auch das ist bekannt – zur Entwicklung vorher nie gekannter Formen der Vermittlung dieser Selbstaussage geführt. Ich erinnere stichwortartig an die Begründung des modernen europäischen Romans, an die Kunstperiode als Religionsersatz und vor allem an die Theatromanie der Zeit als die vollkommenste Form synästhetischer Selbstaussage des Subjekts. In jener Epoche, in der Lebendigkeit des Ausdrucks in Sprache und Bildender Kunst zum alles übergreifenden Stilideal aufrückte, gewann der menschliche Körper als Ausdrucksträger des Gedankens höchsten künstlerischen Rang. Sprache, Mimik und Gebärde erhielten gleiche

Geltung als Ausdrucksträger des Geistes und der Seele. Von hier aus rührt die große Faszination der Epoche an der theatralischen Kunst. Sie repräsentierte das Syndrom einer völlig neuen Möglichkeit menschlichen Selbstverständnisses und intellektuell-sinnlichen Ausdrucks im gesellschaftlichen Leben. Hier liegt meines Erachtens die wichtigste Triebkraft für das, was wir bis heute 'kulturelle Bildung' nennen. Hier liegen auch die Antriebe für die spezifischen Umsetzungsformen kultureller Bildung gerade als Formen der Weiterbildung. Auch wenn die hier stichwortartig genannten synästhetischen Elemente nicht mehr oder nur bedingt in theatralischen Formen erscheinen, wirken sie in allen anderen Vermittlungsformen künstlerischer Praxis gerade in der kulturellen Bildung weiter. Ich werde das am Beispiel der Praxis, wie sie heute z. B. in einer Einrichtung wie der Bundesakademie Wolfenbüttel betrieben werden, darzustellen versuchen. Bevor ich das aber abschließend tue, komme ich zu meinem dritten Punkt, auf den ich nicht nur in historischer Perspektive notwendig eingehen muß, um die Notwendigkeit der kulturellen Bildung in ihrer Form als Weiterbildung zu begründen. Ich möchte kurz auf die Genese unseres Kultur-Verständnisses anhand einiger Hinweise zur Begriffsgeschichte und zur Praxis kultureller Arbeit eingehen.

Bekanntlich ist das lateinische Wort colere als Partizip-Perfekt 'cultus' die semantische Wurzel des Kulturbegriffs. Die Humanisten sprechen gern von der 'cultura animi' und meinen damit die Pflege der menschlichen Tugenden. Wichtig und interessant für unseren Zusammenhang ist nun, daß dieses Verständnis von Kultur genau in jener Epoche programmatisch verändert wird, von der ich im Zusammenhang des Enthusiasmus sprach: also in der zweiten Hälfte des 18. Jahrhunderts. Kultur wird jetzt zum gesellschaftspolitischen Kampfbegriff. Er wird zum Begriff aktiver Tätigkeit des Menschen im Sinne der Ideale der Aufklärung. Kultur wird synonym mit einem Bildungsverständnis entwickelt, das meint, daß Bildung nicht mehr eine vielfach tradierte Gelehrtenbildung ist und sein darf, sondern einen tendenziell unbegrenzten Prozeß der Selbsterfahrung des Menschen bedeutet. Bildung schließt die Forderung einer ständigen Verbesserung aller menschlichen Fähigkeiten und Tätigkeiten, vornehmlich zum Nutzen der Verbesserung der menschlichen Gesellschaft, ein. Bildung als solche hat Prozeßcharakter und ist tendenziell offen und unbegrenzt. Bildung also ist per se Weiterbildung.

3. Der Kulturbegriff in der deutschen Tradition

Diese Wurzel des Kulturbegriffs bleibt auch im Zeitalter der Politisierung des Herderschen Kulturbegriffs lebendig, der – jetzt sehr vereinfachend und generalisierend gesprochen – das Verständnis des Begriffes einerseits einengte, andererseits vertiefte, wenn er vornehmlich in seinen 'Ideen zur Philosophie der Geschichte der Menschheit' (1784/91) das Konzept der Nationalkulturen entwickelte. Kultur hat hier im Sinne der Unterscheidbarkeit der jeweiligen Nationalkultur eines Volkes von den Kulturen anderer Völker ausschließenden Charakter.

Das 19. Jahrhundert hat ganz entschieden im Zeichen gerade der Humboldtschen Universitätsreform das Konzept der Herderschen Nationalkultur mit dem modernen Bildungsbegriff im Sinne der institutionalisierten Bildung durch die schon nationalisierten Bildungsträger gekoppelt. Das Ideal der möglichst umfassenden und vollkommenen Ausbildung aller geistigen und seelischen Fähigkeiten des Menschen wird die Voraussetzung für die Praxis der Kultur als Nationalkultur. Wir alle wissen, daß dieses Konzept in der Praxis der Ausbildung der 'Bildung' zum Glanz jener Institutionen gerade des deutschen Bildungssystems geführt hat, die wir kennen und von denen wir in aufsteigender oder absteigender Linie alle irgendwie partizipiert haben. Darauf muß ich hier nicht im einzelnen eingehen. Diese Geschichte ist die historische Voraussetzung für ein bestimmtes, traditionelles Verständnis 'kultureller Bildung'. Dieses ist untrennbar verbunden mit der Aufrichtung bestimmter Institutionen, die ja sogar in symbolischer Form ihren Ausdruck bis in die sinngebenden Architekturformen gefunden hat.

Das 19. Jahrhundert hat grandiose Beispiele von Funktionsbauten als symbolische Bauten der kulturellen Bildung der Gesellschaft geschaffen: das jeweilige Stadttheater als Abzweig des Prototyps des Nationaltheaters, das Kunst- bzw. Naturhistorische Museum mit teilweise hoch innovativen Bauten (München etc.) und natürlich die großen Bibliotheksbauten. Diese Trias wurde zur steingewordenen Sinnfälligkeit des Bildungsauftrags der bürgerlichen Gesellschaft innerhalb ihres Anspruchs in der Partizipation an der jeweiligen National- und darüber hinaus an der Weltkultur.

Das Ideal des Bildungsbürgers des 19. Jahrhunderts als Träger einer alle Kräfte des Volkes bündelnden einheitlichen Nationalkultur, die sich als das Eigene gegenüber dem Fremden anderer Nationalkulturen definiert, ist als Bildungsziel der Gesellschaft heute tot.

Das Konzept einer ethnisch definierten Nationalkultur im Sinne Herders als Ausdruck des Eigenen gegenüber dem national Fremden ist mindestens aus zwei Gründen in unserer Gesellschaft weder durchsetzbar noch gesellschaftspolitisch wünschenswert. Einmal zeigt die wachsende Internationalisierung aller unserer Lebensbereiche, daß die Umrisse nationaler Besonderheiten in allen Künsten als Substanz jeder Kultur immer schwächer werden. Wir sind – wie man gesagt hat – kulturelle Mischlinge geworden.

Zum anderen sorgen allein schon die rasanten Fortschritte der Vernetzung unserer Informationsmöglichkeiten dafür, daß die Distanz zwischen dem subjektiv erfahrenen Eigenen und dem Fremden immer geringer wird. Im alten Konzept der Nationalkulturen konnte die wortwörtliche Erfahrung des Fremden als Überwindung räumlicher oder seelischer Distanzen zu einer auch künstlerisch produktiven Leistung werden. Ein Blick ins Internet beweist uns, daß wir mit den modernen Kommunikationsmitteln auch in Sachen Kultur unmittelbar – ohne fremde Vermittlungsleistung – an allen Informationsquellen in der Welt teilhaben können. Diese Erfahrung der sich ständig beschleunigenden Vernetzung der Kommunikationswege hat natürlich auch neue Kulturkonzepte hervorgebracht, von denen ich zwei stichwortartig nennen möchte: der eine Begriff heißt Multikulturalität und der andere als neuestes Stichwort der Kulturdebatte heißt Transkulturalität. Mit dem Hinweis auf diese beiden wesentlichen Stichwörter der gegenwärtigen Kulturdebatte, die auch als Kampfbegriffe im kulturpolitischen Raum genutzt werden, bin ich auf dem Weg zu meinem vierten und letzten Teil, der Diskussion um die institutionalisierte kulturelle Bildung als Form der Weiterbildung.

Zunächst noch ein Wort zur Multikulturalität. Es geht hierbei um ein Konzept von Kulturverständnis, das grundsätzlich von einem gewissermaßen universalistisch verstandenen Kulturbegriff ausgeht. Das meint, daß Kultur der Begriff aller Äußerungen des Menschen in der Totalität seines Denkens, Handelns und sozialen Lebens innerhalb seines ihn umgebenden Lebensraumes bestimmt. Kultur hat in diesem Verständnis wesentlich Abbildungscharakter sozialer Zusammenhänge. Ich will mir ersparen, alle möglichen Konnotationen dieses Kulturbegriffs aufzuführen. Sie sind gewissermaßen endlos, da dieser Kulturbegriff einen tatsächlich inflationären Gebrauch ausgelöst hat. Er kulminiert in dem inzwischen schon historisch gewordenen Begriff der Soziokultur als Ausdruck bestimmter bildungspolitischer Programme und politischer Orientierungen. Bevor ich darauf kurz eingehe, noch ein Wort zum Begriffsverständnis von Transkulturalität, ein neuerdings in die Ästhetikdebatte eingeführter Begriff. Dieses Konzept steht ganz im Zeichen der Immigrationsbewegung, die bekanntlich unsere Gesellschaft erheblich tangiert. Forderung der Transkulturalität ist die Abbildung natürlich auch der sozialen Lebensformen, allerdings nun unter dem Gesichtspunkt ihrer wechselseitigen Verflechtung und Durchdringung.

Nun noch ein Wort zur vielbesprochenen 'Soziokultur'. Ganz ohne Zweifel setzt sie einen engagierten Kulturbegriff voraus. Die Diskussion der frühen 70er Jahre, die ja in vielen Bundesländern zu teilweise sehr groß ausgebauten soziokulturellen Einrichtungen geführt hat, geht grundsätzlich von der Alltagsorientierung dieses Kulturverständnisses aus. Voraussetzung ist der Anspruch auf Demokratisierung der sogenannten 'Hochkultur'. Eindeutig ist ihr emanzipatorischer Anspruch, insofern die vermeintliche kulturelle Hegemonie des Bürgertums durchbrochen werden soll. Nach Meinung der Kritiker der Soziokultur, deren Zahl wächst, handelt es sich in der Praxis der Soziokultur weniger um die Emanzipation der bisher an der kulturellen Praxis nicht oder nur wenig beteiligten sozialen Schichten mittels der Weckung neuer Kreativitäten und ihrer Ausarbeitung eigener Kunst- und Kulturformen, sondern mehr um ein Instrument der sozialen Befriedung, also um ein Konzept der Sozialpädagogisierung der gesamten Kultur. In der Sicht dieser Kritiker, die in vielen Fällen und Methoden der Soziokultur durchaus berechtigt ist, ist Kulturpolitik praktisch zu einer Form von Sozialpolitik verkommen.

Die Vertreter einer engagierten Soziokultur beharren heute auf vier Prinzipien dieser kulturellen Orientierung:

1. Durchsetzung des Prinzips der Alltagsorientierung, was mehr bedeuten soll, als nur die vorfindliche Alltäglichkeit zu ästhetisieren;

2. Das Prinzip der Befähigung zu eigener künstlerischer Tätigkeit;
3. Das Prinzip der Selbstorganisation und Selbstverantwortung in den jeweiligen soziokulturellen Einrichtungen;
4. Das Prinzip der Ganzheitlichkeit im Einsatz der ästhetischen Kräfte des Menschen.

Ich möchte ganz deutlich zu den angeführten kritischen und produktiven Gesichtspunkten der Soziokultur Stellung nehmen. Wenn Soziokultur verstanden wird als eine mehr oder weniger ästhetisierte Form von Sozialpädagogik oder gar Sozialtherapie, dann ist sie überflüssig und ihre Förderung völlig verfehlt. Wenn aber Soziokultur als ein Überbegriff für die zuletzt genannten vier Kriterien der Einbeziehung des Menschen in den produktiven Prozeß im Umgang mit Kunst bedeutet, dann ist sie sinnvoll und förderungswürdig. Und nur in diesem Verständnis sehe ich die Soziokultur als einen wesentlichen Bestandteil auch der kulturellen Bildung in der institutionalisierten Form der Weiterbildung.

Es geht also um das inhaltliche Verhältnis zwischen kultureller Bildung und Kunst.

4. Institutionalisierte kulturelle Weiterbildung

Nach dem Ende des traditionellen Bildungsverständnisses und seiner Institutionalisierungen im Ausgang des bürgerlichen Zeitalters, vom dem ich kurz gesprochen habe, und nach der Auflösung des gleichfalls traditionellen Kulturbegriffs als Nationalkultur hat kulturelle Bildung tatsächlich eine zukunftsweisende Bedeutung, das Bild des Menschen in der heutigen Gesellschaft produktiv mitzubestimmen. Der Schlüssel dazu liegt im Umgang des Menschen mit der Kunst, ihrer Vermittlung. Der geistige Impuls dazu kommt aus der ästhetischen Revolution des späten 18. Jahrhunderts. Für mich sind die Leitbegriffe dieser Vermittlung zwischen Mensch und Kunst als gesellschaftspolitische Aufgabe das skizzierte Verständnis von Enthusiasmus als Ausdruck der sinnlich-geistigen Ganzheitlichkeit des Menschen im Umgang mit der Kunst und der seit dem 18. Jahrhundert moderne Begriff der Bildung als einer permanenten Weiterbildung des Subjekts aus dem alleinigen Antrieb seiner Selbsterkenntnis. Der Mensch setzt sich selbst zum Gegenstand und Zweck seiner Bildung. Dies vorausgesetzt, können wir stichwortartig ein paar Kriterien kultureller Bildung als Weiterbildung innerhalb der institutionalisierten Praxis nennen.

Dazu noch einmal und letztmalig eine historische Notiz: Seit dem 18. Jahrhundert wiederum unterscheiden wir auch systematisch in der Ästhetik zwischen Produktions- und Wirkungsästhetik. Bekanntlich haben sich die Grenzen zwischen diesen klassischen Systemen im Verlauf der historischen Entwicklung aufgelöst. Hintergrund dieser Entwicklung sind gesellschaftsgeschichtliche Veränderungen, die dafür gesorgt haben, daß immer mehr Menschen in den früher eng begrenzten Regelkreis der ästhetischen Produktion einerseits und ihrer Rezeption andererseits eingelassen sind. Diese quantitative Erweiterung der jeweiligen Regelkreise bedeutet aber nicht eine qualitative Verschlechterung sowohl der Produktion wie der Rezeption des jeweiligen Kunstwerkes. Diese Einsicht ist die Chance gewesen für alle inzwischen eingetretenen historisch nachweisbaren Formen der Vermittlung des Kunstwerkes. Vermittlung in diesem Verständnis bedeutet eben mehr als herkömmliche Rezeption, die in überlieferten Formen und Bildungseinrichtungen verlaufen ist. Kategorie der produktiven Vermittlung, als Substanz der institutionalisierten kulturellen Bildung, meint die Erfahrung, daß die Vermittlung selbst ein produktiver Vorgang ist, der den jeweiligen Gegenstand, den er vermittelt, selbst ständig verändert. Das ist – wie ich natürlich weiß – ein großes Wort, das einer systematischen Aufklärung bedarf. Die allerdings kann ich hier nicht liefern. Ich kann – und damit komme ich abschließend auf die Bildungsinstitution zu sprechen, die ich als Leiter der Einrichtung hier vertrete – nur von der Praxis, von der Erfahrung mit Menschen sprechen, die diese Form der Objekt und Subjekt verändernden Vermittlung erfahren haben und – nach der Satzung unserer Einrichtung – als Multiplikatoren weitergeben. Die Menschen, die als Teilnehmerinnen und Teilnehmer in die Kurse unserer fünf Fachbereiche in der Bundesakademie für kulturelle Bildung in Wolfenbüttel kommen, erfahren – als ideales Ziel unserer Weiterbildung – an sich selbst eine neue Qualität ihrer Daseinsmöglichkeit, die grundsätzlich in sich selbst schon produktiv ist. Es geht dabei um die Erfahrung neu zu entdeckender Möglichkeiten der ästhetischen Wahrnehmung, im besten Fall der Umsetzung dieser Wahrnehmung in eigene künstlerische Produktivität, aber auch um neue Möglichkeiten, über diese Rezeptionsmöglichkeiten des Kunstwerks zu sprechen, also sie selbst weiter zu vermitteln.

Jörg-Dieter Gauger

Eliten: Fordern und Fördern

These 1

Eliten und Elitenwechsel sind unvermeidbare historische Konstanten. Auch wenn man den Begriff aus historischen (NS) oder ideologischen (anthropologisches Gleichheitspostulat '68) Gründen vermeiden will: Eliten sind wertneutrales Faktum, daher ist die aktuelle Diskussion die Wiederentdeckung der 'Normalität'.

„Die Weltgeschichte ist ein Friedhof von Aristokratien", dieser plakative und oft zitierte Satz aus dem *Trattato di sociologia generale* des italienischen Elitetheoretikers Vilfredo Pareto von 1916 kennzeichnet zwei fundamentale soziologische Konstanten:

Eliten sind Elemente *jeder* historischen sozialen Formation: Auch dort, wo „die klassenlose Gesellschaft" als geschichtsphilosophisches oder geschichtstheologisches Ziel propagiert wird, 'herrschen' in der – nie endenden – 'Übergangsphase' 'Eliten', deren Wille als identische Abbildung des allgemeinen ausgegeben wird; das Argument hingegen, unsere deutschen Eliten hätten 1918 und 1933 versagt bzw. Elite'züchtung' sei ein besonderes Anliegen der NS-Pädagogik gewesen, daher seien Eliten (= elitär) – als Begriff wie vom Sinn her – 'undemokratisch' und tabu, ist ebenso töricht wie beliebte Vorbehalte gegen die humanistische Bildung, weil sie Hitler nicht verhindert habe.

Die jeweiligen Eliten sind dauerndem Wechsel unterworfen: aufsteigen, sich temporär behaupten und schließlich verdrängt werden, für Pareto bekanntlich der Motor der Geschichte.

Es ist hier nicht der Ort, die diversen Ansätze zu erörtern, mit denen man sich dem Elite-Phänomen nähern kann: ideologiekritisch mit Karl Marx, moralphilosophisch mit John Rawls, geschichtsphilosophisch mit Pareto und Moscati, politologisch – über das Delegationsprinzip – mit Raymond Aaron usf. Und schließlich ist es müßig, auf all die Ungerechtigkeiten aufmerksam zu machen, die der Begriff assoziieren läßt. Natürlich ist es nur menschlich zu fragen: „Warum gehört dieser jener dazu und nicht etwa ich?" Ist das wirklich nach 'gerecht', nach 'besser' und 'schlechter' entschieden? Da mag man sich höchstens damit trösten, daß es in der (gefallenen) Welt nun einmal nie völlig gerecht zugeht, zu mehr taugen solche Sinnfragen nicht.

Konstatieren wir eingangs nur, daß es seit Ende der 80er Jahre, aber besonders auffällig seit etwa zwei Jahren in Deutschland wieder salonfähig ist, von 'Eliten' reden zu dürfen: Der Plural markiert dabei, daß wir in einer Demokratie, die nun einmal auf Pluralität und Konkurrenz basiert, von 'konkurrierenden' Eliten auszugehen haben. Eine Presserecherche unter dem Stichwort 'Eliten' ergab von Ende 1995 an und über das Jahr 1996 eine Vielzahl großer Artikel unter den Überschriften – ich nenne hier nur exempli gratia: „Wider den Eskapismus/Für die Verantwortungseliten", eine fünfteilige Serie in der *Frankfurter Rundschau* über „Die neuen Eliten" oder unter Aufmachern wie „Wenn Eliten träumen"; „Mit starken Eliten eine sichere Zukunft"; „Wer zur Elite gehören will, muß auch zum Dienen und zum Verzicht bereit sein". Sogar die *BILD-Zeitung* beteiligt sich: „Haben wir keinen Mut, uns zur Elite zu bekennen?" Und ebenso die agierenden Eliten, die sich neuerdings gerne mit sich selbst zu befassen scheinen: „FDP-Chef will Elitenförderung: Talente müssen an die Spitze". Oder Altbundespräsident Richard von Weizsäcker („Die Kraft zu Reformen muß letzten Endes aus den Eliten selbst kommen"), Bundeskanzler Helmut Kohl („Wir brauchen in Deutschland mehr denn je ein klares Ja zu Eliten") und Bundespräsident Roman Herzog mit seiner *Berliner Rede* vom April 1997, die speziell „unsere Eliten" aufs Korn nimmt. Schließlich widmet die April-Nummer 1997 der Zeitschrift des Deutschen Hochschulverbandes *Forschung und Lehre* dem Thema ein eigenes Heft. Ergänzend dazu ist eine Fülle von Beiträgen zu registrieren über praktische 'Elitenförderung' in der Wissenschaft, im Studium, in der beruflichen Bildung und neuerdings auch in der Schule. Wenn man in einem Begabtenförderungswerk arbeitet, bekommt man wöchentlich Materialanfragen für journalistische Beiträge dieser Art.

Daß man wieder darüber redet und auch offen reden kann, ohne sich gleich in eine politisch-reaktionäre Ecke stellen lassen zu müssen, ist sicher ein Fortschritt gegenüber der Atmosphäre der 68er Jahre, wobei mit dem Stichwort '68' hier eine komplexe, zunächst evolutionär einsetzende, dann revolutionär verstärkte geistesgeschichtliche 'Wende' markiert werden soll, die vor allem eins und auch *nur* für Deutschland gültig erfand: das anthropologische Gleichheitspostulat, demzufolge alle 'gleich' seien nicht vor dem Gesetz allein, sondern auch in ihren Fähigkeiten, Neigungen, Begabungen. Dem sekundierte der Deutsche Bildungsrat mit Heinrich Roth (1969) durch die Einführung des sogenannten dynamischen Begabungsbegriffs in die erziehungswissenschaftliche Diskussion: Alle seien im Grund gleichmäßig zu 'begaben', das war der pädagogische Allmachtstraum. Allerdings würden die meisten durch soziale Repression, autoritäre Familienstrukturen und Lehrer und auf gesellschaftliche Differenzierung hin strukturierte Schulen daran gehindert, ihre Anlagen auch zu entfalten: Chancengleichheit hieß die erlösende Zauberformel, die nicht nur suggerierte, man könne kompensatorisch Geburt und Herkunft pädagogisch überspringen, sondern auch die Verteilung der Lebenschancen, das Resultat also, regulieren.

Dieses neue Reden über 'Eliten' ist aber zugleich Ausdruck einer tiefgehenden Unsicherheit und Unzufriedenheit: Unsicherheit sowohl begrifflicher wie auch 'inhaltlicher' Art, Unzufriedenheit mit den 'Leistungen' derer, die man gemeinhin zurechnet und denen man Defizite oder gar Versagen unterstellt. Dabei wäre zunächst zu klären, was man eigentlich meint, wenn man von 'Elite/Eliten' spricht, denn schon hier scheint eine babylonische Begriffsverwirrung zu herrschen.

These 2

Man muß sich darüber verständigen, was man mit 'Elite/Eliten' meint. Die heute übliche Überdehnung des Begriffs ist heuristisch ebenso wertlos wie der Versuch, sie von vornherein und allein unter normativen Kriterien zu definieren. Sinnvoll ist zunächst nur die soziologisch-deskriptive Verwendung des Begriffs, die die Begrenzung und die verschiedenen Ebenen von 'Elite' deutlich macht.

'Elite' – zurückgehend auf das lateinische 'eligere' bzw. das französische 'élire' und seit dem 17. Jhd. gebräuchlich –, meint *Auswahl der Besten*, wobei natürlich sofort die Frage zu stellen wäre, wie sich diese 'Auswahl' vollzieht oder vollziehen soll. Zunächst aber kennzeichnet der Begriff die wertneutrale deskriptiv-soziologische Konstante, daß es in allen Gesellschaftsformationen, gleich wie legitimiert, ob theokratisch, gentilizisch oder eben durch besondere Qualifikationen, Personen gibt, die „Schlüsselfunktionen in einer gesamtgesellschaftlich bedeutsamen Herrschaftsstruktur" einnehmen: dazu rechnet man sich öffentlich nicht selbst zu, auch wenn man sehr wohl um die Zugehörigkeit weiß. Man wird zugerechnet. Daher hat es wenig Sinn, nur normativ an das Thema heranzugehen, weil die soziale Dimension fehlt und ein nur noch auf 'innere Werte' bezogener Elitebegriff randlos, objektiv nicht mehr zurechenbar und damit unbrauchbar wäre; umgekehrt führt es auch nicht weiter, den Begriff allzuweit zu dehnen und jeden Hochschulabsolventen oder gar tüchtigen Handwerker dazuzurechnen ('Handwerkerelite'), so sehr das schmeicheln mag. Denn der Elite-Begriff macht nur dann heuristischen Sinn, wenn er auch eine numerisch überschaubare Quantität erfaßt.

Ortega y Gasset hat den hier zugrundeliegenden Tatbestand auf die einfache Formel gebracht: „Die Gesellschaft ist immer eine dynamische Einheit zweier Faktoren, der Eliten und der Massen. Die Eliten sind Individuen oder Individuengruppen von spezieller Qualifikation; die Masse ist die Gesamtheit der nicht besonders Qualifizierten", und stellt damit nur fest, daß es eben Personen gibt, die diese Positionen nicht einnehmen. Wenn daher Friedrich Fürstenberg vornehmer von „Führungsgruppen" spricht, muß es ja wohl solche geben, die 'geführt' werden. Das mag man kritisieren und mit negativen, klassenkämpferischen, Dichotomie andeutenden Vorzeichen versehen, wie Bernt Engelmann und Günter Wallraff dies mit ihrer Kolportage *Ihr da oben – wir da unten* beabsichtigt haben. Aber an der grundsätzlichen Anerkennung der Tatsache wird man eben nicht vorbeikommen, mag man sich auch noch so sehr bemühen, gesellschaftliche Differenzierung verbal zu mildern. Diese Differenzierung hat zwei wesentliche Gründe: den ersten hat schon Pareto wie folgt bestimmt: „Ob es gewissen Theoretikern gefallen mag oder nicht, es steht fest, daß die menschliche Gesellschaft nicht homogen ist, daß die Menschen physisch, moralisch, geistig verschieden sind; hier wollen wir die realen Phänomene untersuchen, also müssen wir dieser Tatsache Rechnung tragen." Neben dieser individuellen Heterogenität ergibt sich ein zweiter, funktionaler Grund: In jeder Gesellschaft und zunehmend mit ihrer inneren, arbeitsteiligen Differenzierung müssen vielfältige Aufgaben gelöst werden, im staatlich-politischen, wirtschaftlichen, im militärischen, wissenschaftlichen, schöpferisch-künstlerischen Bereich. Um diesen Anforderungen gerecht zu werden, bedarf es einer arbeitsteiligen Differenzierung der Gesellschaft in Form von unterschiedlichen Funktionen und Rollen. Jede Differenzierung nach Aufgaben führt automatisch zu einem Gefälle an Wissen, Fertigkeiten, Fähigkeiten, Erfahrungen oder auch anderen Qualitäten und entsprechend der Wertordnung einer Gesellschaft zu einer hierarchischen Stufung. In diesem Kontext hat der Elite-Begriff seinen funktionalen, daher wertneutralen Sinn. Denn von besonderer Bedeutung sind aufgrund ihrer Qualifikation und ihres Leistungsbeitrages eben jene Eliten, also Personen oder Gruppen, die die höchsten Stellungen in einer Gesellschaft bzw. einem Teilbereich einnehmen und entscheidenden Einfluß in ihrem Handlungsfeld, aber auch darüber hinaus, ausüben.

Diese Positionierung geschieht entweder formell aufgrund von Positionsmacht (Herrschaft) in Institutionen und Organisationen, also aufgrund 'funktionaler Autorität' in Politik, Wirtschaft, Medien usf. oder mehr informell, ohne ein definiertes Unter- und Überordnungsverhältnis ('personale Autorität'), durch die sogenannten Personal- und Geisteseliten: herausragende Wissenschaftler, Philosophen, Theologen, Künstler usf.; in diesem Zusammenhang spielt auch der Intellektuelle seine entsprechende Rolle. Dabei kommt aktuell den wirtschaftlichen, politischen, wissenschaftlichen und wertsetzenden Eliten eine besondere Rolle zu.

Im Unterschied zu früher existierenden Formen von Elite (hier ist der Singular noch angebracht, wenn man an die Rolle von Priestertum, Adel usf. zurückdenkt) sind Eliten in der Demokratie, um die es uns ja geht, prinzipiell 'offene' Eliten. Positionen werden, so der demokratietheoretische Idealtypus, nicht zugeschrieben, sondern aufgrund persönlicher Leistung erworben: Elite umschreibt daher hier eine auf Sachkompetenz beruhende Leistungsrolle, die üblicherweise auf Bildung/ Ausbildung und persönlichen Qualitäten beruht. Daher kommt dem Bildungswesen hier eine zentrale Rolle zu, was sich schon daran ablesen läßt, daß der Aufstieg in politische und wirtschaftliche Führungspositionen üblicherweise an akademische Abschlüsse gekoppelt ist: Hilmar Kopper, der über eine Banklehre an die Spitze der Deutschen Bank aufstieg, ist nicht die Regel.

Diese Leistungsrolle ist mit folgenden Funktionen zu verbinden:
– die mit funktionaler Autorität verbundene Stiftung von Ordnung mit entsprechenden Durchsetzungschancen, Weisungs- und Kontrollrechten, um Ziele

zu realisieren, Aktivitäten zu steuern und für die Einhaltung von Normen zu sorgen;
- Repräsentation im Sinne Theodor Geigers, also die Darstellung einer Gruppe oder auch Großgruppe in ihren Normen und Zielen, die eine Gemeinschaft zur handlungsfähigen Sozialeinheit macht trotz aller Konflikte und unterschiedlicher Interessen. Eliten fördern so die soziale Identität von Menschen, in dem sich diese über Führungspersonen als Mitglieder von Sozialeinheiten begreifen und Zusammengehörigkeitsgefühle entwickeln, die sie 'krisenfest' machen. Gerade Großgruppen, wie der Staat, Parteien, Verbände, Kirchen usw., bedürfen solcher Identitätserlebnisse, weil sie für den einzelnen kaum konkret erfahrbar sind. Die Gesellschaft hat sich ausdifferenziert in hochkomplexe Gebilde, mit verschiedenen Institutionen, Werten und Normen, so daß Repräsentation dringend notwendig ist, um soziale Einheit in der Pluralität faßbar zu machen. Dabei bedürfen ihre Gestaltungsprinzipien der inneren Anerkennung ihrer Mitglieder, des von Pareto beschriebenen 'Konsensus'. Umgekehrt haben Eliten die Rolle, sich für diese – demokratischen – Ordnungsprinzipien und ihre Legitimierung einzusetzen und finden selbst wiederum nur dann Anerkennung, wenn sie sich bewähren, ihre Pflichten erfüllen und gute Leistungen erbringen. Was man heute nicht mehr von ihnen erwarten darf, sind gesamtgesellschaftlich prägende Stilbildung in ästhetischen und Geschmacksfragen und ritualisierte Lebenskultur; dieses feudale Erbe hat in der Demokratie keine Funktion mehr, so sehr man gerade im Kulturellen sein Fehlen manchmal bedauern mag.

Dieser knappe soziologische Exkurs, den man natürlich weiter vertiefen und differenzieren kann, sollte dreierlei deutlich machen:

1. Eliten sind unbestreitbares soziales Faktum;
2. Eliten sind unausrottbar; es käme daher darauf an, auf ihre Rekrutierung Einfluß zu nehmen, soweit dies möglich ist;
3. Eliten müssen die zugeschriebenen Funktionen erfüllen. Damit kommt der 'normative' Elitebegriff ins Spiel.

These 3

Kritik an den agierenden Eliten, die von ihnen auch selbst eingeräumt bzw. vertreten wird, beruht primär auf einer teils selbstverursachten, teils von außen induzierten 'Glaubwürdigkeits'- und Akzeptanzkrise, die durch Medien, durch das an dem ökonomischen Wachstum der Vergangenheit und den damit verbundenen Verteilungsmechanismen orientierte gesamtgesellschaftliche Klima und durch Regelwerke verstärkt werden, die zur Selbstblockade einladen.

Während Punkt 1 heute auch öffentlich wieder unbestritten sein dürfte, bei Punkt 2 die Konsequenzen schwerfallen, ist bei Punkt 3 jene bereits angedeutete Unsicherheit und Unzufriedenheit zu registrieren. Daß ein Buch wie 'Nieten in Nadelstreifen' von Günter Ogger zum Bestseller werden konnte, belegt nur, was viele Umfragen zeigen: daß die innere Anerkennung durch die 'Geführten', die zur Erfüllung der ordnungsstiftenden, soziale Identität begründenden und schließlich Gemeinschaft repräsentierenden Funktion von Eliten notwendig bleibt, im Schwinden begriffen zu sein scheint. Natürlich ist Politikerkritik, Managerkritik, Professorenkritik, Kritik an Kirchenführern legitimer Ausdruck demokratischer Kritik, und selbstredend gehört es auch zum Wesen der Demokratie, beißende Kritik üben zu dürfen, zumal Kritik von den agierenden Eliten selbst formuliert wird: 'Verbonzung' in der Politik (Helmut Kohl), 'Abgeschlossenheit' für die Wirtschaft (Helmut Schmidt), 'Negativismus' für die Intellektuellen (E. Noelle-Neumann).

Aber das Bemerkenswerte ist eben nicht diese Kritik an den agierenden Eliten, die es zu allen Zeiten mehr oder minder offen gegeben hat und die in Deutschland ihre besondere Pointe wieder einmal dadurch gewinnt, daß sie hinter die Aufklärung zurückfallend auch noch die Erfüllung privat-moralischer Ansprüche erwartet. Als besorgniserregender empfinde ich die im Alltag zu beobachtende stillschweigende Abkehr, die Gleichgültigkeit, die Resignation, das vorgängige 'Nicht-mehr-Zutrauen' wachsender Kreise der Bevölkerung in die agierenden Eliten unserer Tage. Man traut ihnen nicht (aktuell liegen Politiker auf dem letzten Platz der Glaubwürdigkeitsskala!), und man traut ihnen offenbar nicht mehr zu, die Probleme unserer Zeit wirklich lösen zu können. Man erwartet umgekehrt auch nicht mehr – und das halte ich für ebenso gravierend – von ihnen ernsthaft 'geistige Führung'. Das mag dort an selbstauferlegter Abstinenz liegen – ich erinnere nur an die Diskussion zwischen dem damaligen Bundeskanzler Helmut Schmidt und dem damaligen Oppositionsführer Helmut Kohl über geistige Führung als Aufgabe der Politik. Aber es ist ja gar keine Frage, daß Wirtschafts- oder politische Eliten normative Setzungen vornehmen: Der offen diskutierte Abschied von der sozialen Konsensgesellschaft des 'Bonner Modells Deutschland' zugunsten neoliberaler Marktmodelle ist Ausdruck einer tiefgreifenden Neubestimmung der Wertpräferenzen durch Wirtschaftseliten. Dieser öffentlichen Abstinenz 'von oben' korrespondiert die Abkehr 'von unten' als Resultat dieser wachsenden 'Glaubwürdigkeitskrise' – wie man sie genannt hat –, und diese Glaubwürdigkeitskrise schlägt sich nicht nur in Mißtrauen und innerer Distanzierung – die ständig abnehmende Wahlbeteiligung müßte eigentlich alarmieren –, sie schlägt sich neuerdings auch auf der Straße nieder, in Protestaktionen von Gorleben bis Frankfurt.

Vice versa stehen die agierenden Eliten wie kaum zuvor im Kreuzfeuer der veröffentlichten Meinung. Die Schlagzeilen der Boulevardpresse tun das ihre, um die Glaubwürdigkeitskrise zu steigern, indem sie Ressentiments, insbesondere Sozialneid, durch Verallgemeinerung verstärken: Dienstreisen, Diäten, Altersversorgung, Privilegien diverser Art, Seilschaften, wundersame Stellenvermehrung nach Parteibuch usw.; oder nicht so konkret, dafür kulturpessimistisch-abstrakt: Besitzstandswahrung, Egoismus, Profitgier, soziale Kälte. Das sind die Schlagworte, die gerade in unseren Tagen den Eindruck schaffen, es werde Wasser gepredigt und Wein getrunken. Schließlich sind es selbstblockierende Regelwerke, die Innovation hemmen: Hyperregulierung, Verrechtlichung, Usurpation gesamtstaatlicher Institutionen zur blanken Interessendurchsetzung und für partikuläre Machtspiele: die aktuelle Misere der Steuerreform ist das anschauliche Beispiel.

Diese Glaubwürdigkeitskrise, die sich auf fast alle Bereiche der Gesellschaft ausdehnen läßt, begründet letztlich den Ruf nach besseren, nach anderen, nach 'neuen' Eliten, was ja nicht heißen kann und auch unrealistisch wäre: ersetzen, also Personenaustausch auf breiter Front, wohl aber die Anforderung, neu und anders zu denken und zu handeln als bislang, also einen Lernprozeß zu vollziehen.

Diese grundsätzliche Forderung wirft unmittelbar die Frage auf, was wir von diesen Eliten wirklich erwarten sollen und müssen – also den normativen Elitebegriff –, und führt schließlich in einem zweiten Schritt zu der Frage, wie wir sie anders und besser rekrutieren könnten, als das bisher der Fall zu sein scheint.

These 4

Die normative Dimension des Elitebegriffs wird zunächst hinreichend durch den grundsätzlich an jeden Bürger zu richtenden persönlichen und staatsbürgerlichen Tugendkatalog konkretisiert. Das besondere Kennzeichen von Eliten muß gerade heute ihre Fähigkeit sein, die Gesamtgesellschaft oder zentrale Teilbereiche betreffende Entscheidungen unter langfristigen Perspektiven und mit Gemeinwohlbezug zu reflektieren und zu vermitteln. Das setzt zugleich die Fähigkeit voraus, den Trend zur Hypermoralisierung sozialen Handelns, zur Überdehnung des Politischen und zur partikularen Usurpation von 'Gemeinwohl' zu überwinden. Die zentrale Frage ist: Wie schaffen wir es, über Bildungsmaßnahmen als der einzigen Form systematischen Zugriffs, diese Fähigkeiten zu fördern und umgekehrt die Akzeptanz der Mehrheit für besondere Formen der 'Elitenförderung' zu schaffen?

Es ist einfach, das Ideal zu beschreiben. Denn es handelt sich um den üblichen staatsbürgerlichen Tugendkatalog, den man jedem Bürger, wenn auch in abgestuftem Grade, abverlangen kann. Man bräuchte daher nur alle menschlich positiven Konnotationen zusammenzustellen wie z. B. Führungsqualitäten, Verantwortungsbereitschaft, persönliche Integrität, überragende fachliche Qualifikation, die Bereitschaft zu interdisziplinärem Denken, die Fähigkeit zum Umgang mit Menschen, schließlich das, was man Persönlichkeit nennt, Sekundärtugenden, kommunikative Kompetenz, nicht im Sinne des sophistischen τον ηττω λογον κρειττω ποιειν[1], sondern eher des Catonischen: rem tene, verba sequuntur[2], um das Ideal näher mit positiven Assoziationen zu besetzen.

Man kann zur Vervollständigung des Bildes weiter auf jene Kritikmuster zurückgreifen, die an den derzeit agierenden Eliten geübt werden und die man der eingangs erwähnten Presse entnehmen kann; sie variieren nur verbal, lassen sich daher auf folgende Punkte reduzieren:

- die Forderung nach stärkerer Beteiligung der wissenschaftlichen Eliten an politischen Entscheidungsprozessen; das schließt das 'Sich-zur-Verfügung-stellen' für die Wahrnehmung politischer Funktionen und damit die Übernahme politischer Verantwortung ein, die über den unverbindlichen, verantwortungsfreien Diskurs hinausgehen, meint also die *Verantwortungselite* Peter Wapnewskis;
- die Forderung an die Personal- und Geisteseliten, sich durch Repräsentation ihrer Institution und ihrer Sache in der Öffentlichkeit vernehmbar zu machen und mit ihrer jeweilgen Disziplin zugleich das Eintreten für das gemeinsame Leben zu dokumentieren – das heißt konkret: zur Elite zu gehören, schließt den Dienst an der *res publica* ein;
- die Forderung, Eliten sollen Überzeugungen verkörpern – als Vorbilder – und sich nicht der jeweiligen 'political correctness' unterwerfen;
- die Forderung, Eliten sollen sich durch Exzellenz auszeichnen; das impliziert die Bewertung, der herrschende Trend sei Mittelmaß und Mittelmäßigkeit (allerdings ist – in Parenthese – die μεσοτης[3] schon aristotelische Tugend, und Enzensbergers Essay *Mittelmaß und Wahn* hat sicher Richtiges getroffen; es ist schon alarmierend, daß traditionell bewahrend-konservativer, nicht zum Exzeß neigender, vielmehr Stabilität und Kontinuität verkörpernder bürgerlicher Mittelstand immer weiter auszudünnen beginnt; dieser Trend wird sicher politische Folgen haben);
- die Forderung, verstärkt in jüngster Zeit, nach *sozialer Verantwortung*, gerichtet insbesondere an die Wirtschaftseliten.

Wenn man diese normativen Zuschreibungen, die man ebenfalls noch verfeinern und vertiefen könnte (warum ist eigentlich Patriotismus in Deutschland so verpönt?), und die zugleich die Kritik an den existierenden Eliten spiegeln, zusammensieht, dann wird grundsätzlich zweierlei deutlich:

- Gefordert ist neben herausragenden persönlichen Talenten und fachlichen Qualifikationen die Bindung an und die Orientierung am *Gemeinwohl*. 'Gemeinwohl' ist allerdings ein schillernder Begriff, der häufig durch moralisch aufgeladene Partikularinteressen besetzt wird. Die kürzlich in der Süddeutschen Zeitung gestellte Frage: „Darf ein Christ ein Stahlwerk schließen?" ist natürlich auch mit „Ja" zu beantworten, je nach Entscheidungszwang und Güterabwägung. Daher kann man sich beim Stichwort 'Gemeinwohl' moralphilosophisch letztlich doch

---

[1] Die schlechtere Sache zur siegreichen machen.
[2] Halte dich an die Sache, die Worte folgen dann schon!
[3] Die Tugend, die Mitte zwischen den Extremen zu bewahren.

nur darauf einigen, daß es um die Rahmen- und die ihr zugrundeliegende Wertordnung geht: um Freiheit, Gerechtigkeit, Solidarität, Toleranz und Maß. Vermißt werden also nicht die fachlichen Qualifikationen, vermißt wird die repräsentative und soziale Identität stiftende Funktion von Eliten. Repräsentation und soziale Identität werden aber wesentlich durch die Fähigkeit gestiftet, politisches, soziales und ökonomisches Handeln nicht als nur kurzfristig und nur interessengebunden erscheinen, sondern sie als Ergebnis langfristig angelegter ordnungspolitischer Reflexion auf der Ebene wertorientierter Leitbilder *verstehen* zu lassen und so auch zu *vermitteln*, also das zu leisten, zu repräsentieren und 'überzubringen', was Eric Voegelin die „ordnungspolitische Grundsatzreflexion" genannt hat. Nur dann trifft sie auf die notwendige Akzeptanz und Glaubwürdigkeit. Roman Herzog hat diesen Sachverhalt unlängst wie folgt formuliert: „In Zeiten existentieller Herausforderungen wird nur der gewinnen, der wirklich zu führen bereit ist, dem es um Überzeugung geht und nicht um politische, wirtschaftliche oder mediale Macht." Und Rüdiger Altmann sekundiert: „Wer kann heute noch ordnungspolitische Zusammenhänge vermitteln? Die Leute, die es können müßten, tun es nicht, auch ihnen fehlt das Gesamtbild von Wirtschaft und Gesellschaft."

– Über fachliche Fähigkeiten hinaus werden zugleich besondere moralischvorbildhafte Qualitäten erwartet, die zur Persönlichkeitsbildung im weitesten Sinne zu rechnen sind und die wiederum Rückwirkung haben auf den zuletzt angesprochenen Punkt. Dabei wäre freilich noch einmal zu warnen vor der bereits angedeuteten Überdehnung der Ansprüche durch Hypermoralisierung: in das Herz kann man mit Kant bekanntlich nicht schauen.

These 5

Eliten kann man in der Demokratie nicht 'programmieren', insbesondere nicht politische oder wirtschaftliche Eliten. Man kann aber durch Begabten-/Hochbegabtenförderung zumindest ein breiteres Reservoir insbesondere im intellektuellen Bereich schaffen und so 'präsumptive Elitenförderung' betreiben, die dann aber zugleich die eben skizzierten Qualitäten in ein Bildungskonzept einzubringen hat.

Wenn wir vor diesem normativen Horizont die zweite Frage näher betrachten, ob und wie man nämlich all dies durch besondere Formen der Förderung, die zugleich das geforderte Qualitätsprofil sichern soll, erreichen könne, dann muß man zwei Ebenen auseinanderhalten, um Mißverständnissen vorzubeugen.

Man kann durch besondere Formen von Förderung sicherlich dazu beitragen, daß die so Geförderten schließlich qualifiziert sind, zu Eliten zu gehören. Aber die reale Zugehörigkeit bestimmt sich infolge des alten soziologischen Theorems, daß die Zahl der Führungspositionen nicht beliebig vermehrbar ist (Talcott Parsons), realiter natürlich auch nach Zufall, nach Herkunft und auch nach Fähigkeiten, die nicht unmittelbar etwas mit fachlicher Qualifikation bzw. *nur* intellektueller Begabung zu tun haben müssen, wie Zähigkeit, Arbeitswille, Einsatzbereitschaft usf. Trotz aller Vorschläge zugunsten besserer Formen der Rekrutierung von Führungspersonal in den Parteien etwa, Eliten kann man nicht programmieren, man griffe denn auf die Platonische Erziehungsgemeinschaft oder das 'Konnexionswesen' kaiserzeitlicher Korporationen zurück. Man kann höchstens und immer im Wissen darum, daß es in der Welt eben nie gerecht zugeht, Voraussetzungen schaffen, die die Auswahl der Besten fördern, und das bezieht sich vor allem auf das Ausschöpfen der intellektuellen Potentiale. Damit muß sich vice versa – sonst wäre eine spezifische gesamtgesellschaftliche Investition nicht vertretbar – nicht nur ein individueller, sondern auch ein gesamtgesellschaftlicher Nutzen verbinden, der besondere Förderung an besondere Pflichten, besondere Verantwortung, besondere Bereitschaft zu Dienst und Opfer bindet. Nur dann ist der sicher zu erwartende Neidkomplex der nicht so geförderten, aber zahlenden Mehrheit durch Anerkennung aufzufangen. Auch Befähigungen sind Eigentum, das verpflichtet. Das kann man nicht programmieren, man kann es aber immer wieder öffentlich einfordern, und man kann durch Begleitmaßnahmen und durch das politisch-gesellschaftliche Klima, das sanktioniert und honoriert, Sensibilität und Empfinden dafür schärfen.

These 6

Das deutsche Schul- und Hochschulsystem ist darauf derzeit aus verschiedenen Gründen nicht vorbereitet, ja arbeitet teilweise kontraproduktiv. Für eine 'echte' Umkehr bedarf es freilich einer Änderung des gesellschaftlichen Klimas: Was vergleichbaren westlichen Demokratien gelingt, muß uns auch gelingen: 'Gleichheit' und 'Exzellenz' ohne Ressentiments neu zusammenzudenken.

Der erste Schritt muß der Schule gelten; die vorhandenen Ansätze sind zu verbreitern. Insbesondere muß an der 'normalen' Schule dem Problem mehr Schulung in der Lehreraus- und -fortbildung gelten. Die berufliche Bildung muß stärker eingebunden werden. Im Hochschulbereich sind die Begabtenförderungswerke auszubauen: Gerade die parteinahen und kirchlich gebundenen Stiftungen können durch 'ideelle Förderung' im Sinne der Vermittlung zwischen Individualität und Gemeinschaftsbezogenheit einen Beitrag leisten.

Weil der Aufstieg in Eliten nicht prognosefähig ist, daher letztendlich zufällig bleibt, wird üblicherweise von *Begabten-* bzw. *Hochbegabtenförderung* gesprochen, und dieser Bereich erstreckt sich heute auf Förderungsmaßnahmen insbesondere vor dem Hintergrund akademischer Ausbildung.

Denn eine Förderung kann sich nur auf Parameter beziehen, die allgemeiner Vergleichbarkeit und Nachprüfbarkeit zugänglich sind. Begabung – meßbar an erbrachten und verglichenen Leistungen – ist ein Parameter, der sich durch Testverfahren, Auswahlverfahren, Begutachtung zwar sicher nicht immer vollständig gerecht, aber soweit menschenmöglich und daher halbwegs objektivierbar vergleichen und differenzieren läßt.

Allerdings fallen in diesem Zusammenhang dem gesellschaftlichen Klima und davon abgeleitet dem Bildungswesen als der, mit Helmut Schelsky gesprochen, Zuteilungsagentur für Sozialchancen zentrale Funktionen zu:

Ohne jetzt den schon skizzierten kulturpessimistischen Apparat aufs neue zu bemühen, es wäre schon viel gewonnen, wenn man sich endlich vom Gleichheitspostulat in anthropologischer Absicht, also dem, was Peter Glotz den „egalitären Reflex" genannt hat, verabschieden und damit zur Realitätswahrnehmung zurückfinden würde.

Das ist freilich der auch politisch schwierigste Schritt, wenn man bei Ein-Kind-Familien ('Mein Kind, das Kunstwerk'), bei der Gewöhnung an ständig sinkende Leistungsanforderungen zugunsten immer höherer Formalabschlüsse und dem konterkarierenden, der Vergangenheit entstammenden Bild, 'Bildung' sichere immer und daher auch künftig den Aufstieg, die damit verbundenen unangenehmen Wahrheiten öffentlich vertreten will. Sicher: Die Folgen der Bildungsexpansion der späten 60er und frühen 70er Jahre, der „pädagogischen Klonierung", wie Hubert Markl kritisiert, liegen auf der Hand: Immer mehr junge Menschen, mit immer höheren Abschlüssen, aber immer schlechter vorbereitet, belagern ein Hochschulsystem, das – chronisch unterfinanziert – vor allem die Verwaltung der Massen organisiert, die Anbindung an den Arbeitsmarkt immer offensichtlicher verliert und mit dem sich auch keine besondere Idee mehr zu verbinden scheint. Peter Glotz hat einmal von der „Wärmehalle" gesprochen, und das hat natürlich schon etwas damit zu tun, daß viele junge Menschen in der staatlich geradezu geförderten Illusion leben, sie seien für ein Studium – gleich welcher Art – optimal vorbereitet worden. Dabei ist es reine Chuzpe, wenn erklärt wird, Studierfähigkeit erweise sich im Studium. Anstatt aber darüber nachzudenken, wie auch schon im Schulwesen wieder stärker differenziert werden könnte, wie das Abitur generell wieder zu dem werden kann, was es einmal war, nämlich eine halbwegs verläßliche Prognose für ein erfolgreiches Studium (was es nur noch im 1er Bereich darstellt), schaffen wir Noten ab – Selektion ist ein ganz heikles Wort –, erhöhen die Grundschulzeit (wie in Hessen, geplant auch für NRW) auf 6 Jahre, geben den Elternwillen völlig frei, ernennen Schule zum 'Lebensraum' – unter den Stichworten: 'soziales Lernen' und Erziehungsersatz für defizitäre Familien –, schaffen das Fächerprinzip ab, orientieren Lerninhalte am 'Lebenshorizont' der Schüler und erklären – Hedonisten, die wir sind – 'Spaß' zum zentralen methodischen Prinzip. Die 'Wissensgesellschaft', die da kommen soll, scheint mit immer weniger 'Wissen' auszukommen, jedenfalls soweit es literarische, philosophische, historische und religiöse Bestände betrifft; nur in Parenthese: Was 'veraltet' dort eigentlich so rasch, daß man es nicht mehr zu 'wissen' braucht? Man täusche sich nicht: Die kürzlich erschienene TIMMS-Studie, die Deutschlands Schüler international im unteren Mittelfeld ansiedelt, und weitere wissenschaftliche Beiträge gegen die Gesamtschulideologie und sogenannte 'moderne' Unterrichtsformen werden höchstens kurzfristige Betroffenheit auslösen; Ideologen sind erfahrungsgemäß unbelehrbar. Daß all das an der Lebenswirklichkeit härter werdender Zeiten vorbeigeht, wird schlicht ausgeblendet: Künstliche Homogenität durch künstliche Gemeinsamkeit, dieser 68er Wein in 97er Schläuchen ist das schulpolitische Reformangebot unserer Tage.

Einen Gewöhnungsprozeß dieser Art nach 30 Jahren zurückdrehen zu wollen, ist fast unmöglich, zumal ja auch politisch fast gebetsmühlenartig betont wird, wir könnten gar nicht genug Studenten haben.

Natürlich können wir nicht zurück in die frühen 60er Jahre, und das will ja auch niemand. Nur müßte man dann das Thema „mehr Differenzierung im Hochschulbereich" ernsthaft angehen. Dabei wäre insbesondere an den weiteren Ausbau der Fachhochschule, kooperative Studiengänge, an vielfältige Formen der Verlängerung des dualen in das tertiäre System (Stichwort: Berufsakademie) und die Umverlagerung von Studiengängen und Umwidmung von Ressourcen zu denken. Das kostet zwar aktuell nicht vorhandenes Geld und politischen Streit, wäre aber ein besserer Schritt in Richtung „Gleichwertigkeit beruflicher und allgemeiner Bildung" als die Empfehlung an den Handwerksmeister, auch er könne jetzt Germanistik studieren.

Was in unseren Nachbarländern durchaus üblich ist – über das Ranking-Prinzip im Hochschulwesen präsumptive Eliten zu erfassen und zu fördern; zu denken wäre an die Grandes Écoles in Frankreich, Oxford und Cambridge in England, die Ivy-League in den USA oder die Universität Tokio –, ist in Deutschland derzeit (noch) nicht durchsetzbar: So reizvoll der Gedanke wäre, jetzt auch 'Elite-Hochschulen' hier zu gründen – was wir in dieser Richtung derzeit haben (Witten-Herdecke und Koblenz; Erfurt scheint ein interessantes Projekt zu werden), sind im Vergleich ja nur minimale Ansätze –, diese jetzt wieder eröffnete Debatte ist wohl eher als Diskussionsanstoß denn als realistische Perspektive zu werten.

Denn schon Maßnahmen geringerer Reichweite, die geeignet wären, mit der Gleichheitsfiktion der deutschen Universität Schluß zu machen – echte Auswahlverfahren durch die Hochschule bei Lösung der derzeitigen verfassungsrechtlichen Probleme oder wettbewerbslenkende Studiengebühren mit Sozialkomponente –, sind politisch derzeit nicht realisierbar. Man wundert sich immer wieder, mit welcher Unbefangenheit und ohne Rücksicht auf unterschiedliche Mentalitäten und geistesgeschichtliche Eigenheiten angloamerikanische Systeme zum Vorbild erhoben werden sollen, ohne störende, aber entscheidende Systemkomponenten mitübertragen zu wollen.

Wenn man daher grundsätzlich an der Situation wenig ändern kann oder will – die derzeit angepeilten Hochschulreformen werden wohl nur darauf hinauslaufen, die deutschen Hochschulen durch Wettbewerb, Profilbildung, Globalhaushalt, ausländische Grade usf. effizienter und attraktiver zu machen, kurieren aber nicht das Grundproblem –, dann bleibt nur der Weg, den andere Staaten, darunter alle Staaten des früheren Ostblocks, auch gehen bzw. gegangen sind und jetzt dort teilweise wiederentdecken, nämlich spezielle Wege der Begabten- und Hochbegabtenförderung *neben* und *in Kombination* mit dem System zu entwickeln. Es ist – in

Parenthese – schon bemerkenswert, daß sich die harten Kommunisten damit offenbar leichter getan haben, als es der weiche Sozialdemokratismus unserer Tage tut. Bezeichnenderweise stammen sehr gute und vergleichende Untersuchungen über solche Förderungsformen aus der ehemaligen DDR. Aber Karl Marx hatte ja bekanntlich vorgegeben: „Hochbegabung ist ein Geschenk der Natur an die Gesellschaft."

Will man in Deutschland vergleichbare Resultate erreichen, wäre auf verschiedenen Stufen anzusetzen. Dabei ist von 20 %, also derzeit 200.000 Schülern auszugehen, die eine solche spezielle Förderung erfahren müßten. Niemand bestreitet, daß hochbegabte Kinder auch durch „normale" Schulen gefördert werden können und werden, aber wenn es uns ernsthaft um das Ausschöpfen des vorhandenen Potentials geht und um die Überwindung der mit solchen Kindern ja häufig verbundenen Probleme, müßte

- der erste Schritt daneben besonderen *schulischen Einrichtungen* mit entsprechenden, ja durchaus vorhandenen und erprobten Auswahlverfahren gelten: Elternehrgeiz darf kein Motiv sein. Ansätze sind durchaus vorhanden: die aus der alten DDR weitergeführten Spezialschulen in Sachsen und Thüringen zur Förderung besonderer Begabungen etwa musischer oder mathematischer Art, die Christopherus-Schule in Braunschweig, die Förder- und D-Zug-Klassen in einzelnen Bundesländern, die vor allem durch das BMBF gesponserten Schülerwettbewerbe diverser Art und die privaten Initiativen, die sich mit viel Engagement einsetzen, – die 'Deutsche Gesellschaft für das hochbegabte Kind' oder der Verein 'Hochbegabtenförderung'. Aber im internationalen Vergleich ist das alles noch viel zu wenig, zumal auch die Normalschule auf das Problem besser vorbereitet werden muß: Gerade hochbegabte Kinder neigen zur Verhaltensauffälligkeit, entwickeln eine eigene Motorik und werden – wie kürzlich der Presse wieder zu entnehmen war – häufig zu Sonderschulaspiranten, weil die Lehrer weder in der Aus- noch in der Fortbildung jemals mit dem Problem konfrontiert wurden. Es ist schon aus Gerechtigkeitsgründen nicht verständlich, daß einer gut ausgebauten Sonderschulpädagogik keine Hochbegabtenpädagogik korrespondiert;
- Für die *berufliche Bildung* ist ausdrücklich zu begrüßen, daß das BMBF Initiativen zu Formen beruflicher Begabtenförderung über Meister-BAföG und – seit dem 1.1.1997 – die Begabtenförderung für berufliche Bildung auf eigene Füße gestellt hat;
- Der normale *Universitätsbetrieb* läßt Begabtenförderung nur nach dem Zufallsprinzip zu: wer auffällt, wird persönlich gefördert. Eine systemimmanente Zuwendung ist nicht vorgesehen. Daher wird systematische Begabtenförderung hier – läßt man einmal die Forschungspreise für junge Nachwuchswissenschaftler beiseite – fast ausschließlich über die Begabtenförderungswerke betrieben. Allerdings geben die Zahlen keinen Grund zum Jubeln. Derzeit werden 0,65 % der Studierenden als Begabte/Hochbegabte gefördert, angepeilt war einmal 1 %. Das ist natürlich gemessen an 1,9 Millionen Studenten zu wenig,

um ernsthaft von akademischer 'Elitenförderung' in Deutschland sprechen zu können. Die 71.000 seit Beginn der Bundesrepublik durch Stipendien Geförderten haben zwar teilweise steile Karrieren gemacht, aber ihre Zahl ist natürlich verschwindend gering vor der Anzahl derer, die gegebenenfalls durch Begabtenförderung erfaßbar gewesen wären. Wer mit dem Ziel, Elitenförderung zu betreiben und damit das Potential konkurrierender Eliten zu erhöhen, besonders Begabte fördern will, muß — analog zum Spitzensport — sehr viel breiter ansetzen.

Daher ein Wort pro domo:

Begabtenförderung heißt nicht allein: Geld verteilen. Alle Begabtenförderungswerke haben zugleich den Auftrag, jene Komponente zu fördern, die oben vermißt wurde: das Empfinden für soziale Verantwortung und Gemeinsinn und die verinnerlichte Einsicht, daß höhere Qualifikation auch mehr Verantwortung abfordert. Es ist die alte pädagogische Crux, in einer auf Egoismus und Ökonomismus basierenden Leistungsgesellschaft zu Solidarität und Humanität zu erziehen, wenn zugleich die herkömmlichen wertstiftenden Institutionen immer weiter wegbrechen. Allerdings wird man der Schule meiner Generation durchaus noch attestieren dürfen, daß sie Erziehung, Gemeinschaft und Leistungsdifferenzierung zusammenbrachte.

Alle Begabtenförderungswerke versuchen daher, durch 'ideelle Programme' ein Auseinanderdriften aufzufangen, 'elitären Habitus' — Abschottung und Arroganz — zu vermeiden und auf diese Weise neben fachlicher Qualifikation auch soziales, politisches oder sonstiges Engagement anzuregen, dazu anzuleiten, über die Grenzen des eigenen Faches hinauszusehen und sich sowohl mit Schlüsselproblemen unserer Zeit zu konfrontieren bzw. sich mit moralischen Wertungen wie auch den Grundwerten unserer gemeinschaftlichen Ordnung auseinanderzusetzen. Auf diese Weise besteht zumindest die Chance, daß dort die geforderten Qualitäten entwickelt werden können, die zu präsumptiver Elite befähigen. Dabei sind insbesondere einer Partei nahestehende Werke besonders hervorzuheben, die hier ihre originäre und sie letztlich legitimierende Aufgabe haben: Die Konrad-Adenauer-Stiftung z. B. setzt den Nachweis eines entsprechenden Engagements bereits bei der Aufnahme voraus. Wenn allerdings einer Umfrage jüngst zu entnehmen ist, ehrenamtliches Engagement zähle bei der Einstellung nichts, dann ist das natürlich kontraproduktiv. Was sonst, wenn nicht das Ehrenamt, ist Zeichen für jene Gesinnung, die heute abverlangt werden muß?

Eingebettet in die bereits gestreiften Überlegungen zur Neuordnung unseres Schul- und Hochschulwesens würde diese individuelle, fächerübergreifende, durch persönlichen Kontakt geprägte und fachliche Qualifikation und moralischgemeinschaftsbezogene Fähigkeiten in eine Balance bringende Form der Begabtenförderung das sinnvollste Mittel sein, dem Thema gerecht zu werden.

Zugegeben, in Zeiten knapper Kassen ist das Rufen nach mehr Mitteln immer etwas degoutant. Jeder weiß, daß Prioritäten gesetzt werden müssen und knappes Geld zu immer härteren Verteilungskämpfen führt. Aber wenn man wirklich ernst machen will mit der jetzt so oft beschworenen Elitenförderung, dann muß man die Prioritäten eben dort setzen, wo sie dafür Nutzen bringen. Natürlich kann niemand garantieren, daß diejenigen, die Formen der Begabtenförderung durchlaufen haben, all die normativen Ansprüche erfüllen, die man mit ihnen verbinden will. Natürlich gibt es auch hier Versager, fachlich und moralisch. Das ist nur allzumenschlich. Aber mit Alfred Herrhausen: „Es ist kein Luxus, große Begabungen zu fördern; es ist ein Luxus, und zwar sträflicher Luxus, dies nicht zu tun." Denn „alle Akte sozialer Schöpfung sind das Werk individueller Schöpfer oder schöpferischer Minderheiten" (Arnold Toynbee). Wenn man gar nicht erst die Möglichkeiten ausschöpft, die sich hier anbieten, dann darf man sich letztendlich nicht beschweren, sollte aber auch darauf verzichten, verbal einzufordern, was man aus welchen Gründen auch immer nicht bereit ist, auch zu realisieren.

Horst Kowalak

Der berufliche Bildungsweg als unentbehrlicher Qualifizierungssektor

Kein Politiker in diesem Land verzichtet auf das Bekenntnis, daß Bildung und Qualifikation zu den ganz und gar unverzichtbaren Elementen in der Informationsgesellschaft der Zukunft gehören, daß sich an ihnen die Zukunftsfähigkeit des Standortes Deutschland entscheiden werde. Selbst Wissenschaftler der OECD haben das Bildungs- und Berufsbildungssystem als den entscheidenden Standortvorteil Deutschlands charakterisiert. Die Rohstoffpotentiale der deutschen Wirtschaft liegen in den Köpfen der Menschen in unserem Land – darin sind sich alle einig!

Doch die Kehrseite der Medaille zeigt: Bildung ist kein Thema in der Bundesrepublik. Daß die Hochschulen aus allen Nähten platzen, regt allenfalls noch Studentenvertretungen auf. In den Medien wird nicht die Finanznot der Universitäten, sondern der Drang zum Hochschulstudium beklagt. Kultusminister reagieren auf steigende Schülerzahlen mit einer Vergrößerung der Klassen, ohne daß dies Empörungsstürme der Eltern entfacht. Die Ausgaben für Bildung stehen ganz oben auf den Streichlisten der Bundesländer. Und daß der Anteil der öffentlichen Bildungsausgaben am Bruttosozialprodukt in Deutschland rückläufig und im internationalen Vergleich keineswegs vorbildlich ist, erregt keinerlei öffentliche Aufmerksamkeit.

1. Duale Berufsausbildung vor der Demontage?

Besonders massiv ist der Konsensverlust aber im dualen System der Berufsausbildung. Das Kernproblem: Die Arbeitgeber stellen die Ordnungsmechanismen des Berufsbildungssystems zunehmend in Frage. Sie akzeptieren nicht mehr, daß sie auch auf dem Feld der Berufsbildung Verantwortung für das Gemeinwohl tragen und wollen sich auch dort nur mehr auf ihre eigenen Interessen konzentrieren.

Der Mangel an Lehrstellen ist nur die Spitze des Eisberges. Das Auseinanderklaffen von Angebot und Nachfrage nach Lehrstellen gehört zu den Strukturmängeln des dualen Systems, die in der Vergangenheit immer wieder aufgetreten sind, aber früher vorübergehender Natur waren.

Die Unternehmen sind nicht mehr bereit, die finanzielle Verantwortung für die Qualifikation der Fachkräfte zu tragen. Seit sich die Ideologie kurzfristigen Kostendenkens innerhalb der Betriebe und Verwaltungen durchgesetzt hat, stehen die Aufwendungen für betriebliche Ausbildung überall unter Legitimationsdruck. Berufsausbildung wird nicht als betriebliche Kernaufgabe betrachtet. Ihr Nutzen ist kurzfristig nicht quantifizierbar. Als unverzichtbare „Investition in Humanressourcen", die sich erst nach Jahren amortisieren kann, wird Berufsausbildung kaum verstanden. Die Arbeitsmarktkrise mit ihrem derzeitigen Überangebot an qualifizierten Fachkräften verführt viele Manager dazu, auch Qualifikation als eine Größe zu betrachten, die man 'von außen' beziehen kann und nicht mehr selbst 'herstellen' muß.

Wenn sich alle so verhalten – und dies ist derzeit der Trend! – wird ausreichendes Fachpersonal in wenigen Jahren einfach nicht mehr vorhanden sein. Was heute nicht ausgebildet wird, ist in 4 bis 5 Jahren auf dem Arbeitsmarkt – auch bei hoher Arbeitslosigkeit – nicht verfügbar.

Die unselige 'shareholder value'-Politik verstärkt das kurzsichtige und kleinkarierte Denken in den Vorstandsetagen. Aufwendungen für berufliche Bildung gelten nur als gerechtfertigt, wenn sich ihr Nutzen im nächsten Jahresabschluß widerspiegelt. Damit geraten die Inhalte der Ausbildung unter Druck: Nur was unmittelbar betrieblich verwertbar ist, darf noch etwas kosten.

Damit aber verabschiedet sich die Wirtschaft vom Grundkonzept der dualen Berufsausbildung. Deren Ziel war nämlich – im Unterschied zu anderen Berufsbildungssystemen – niemals die Vermittlung ausschließlich arbeitsplatzbezogener Qualifikation. Sie sollte vielmehr den Erfordernissen eines ganzen Arbeitslebens dienen, den sich wandelnden Arbeitsplatzanforderungen jederzeit Rechnung tragen und damit Fachpersonal herausbilden, das die Produktionsvorgänge durchschauen und weitgehend eigenständig steuern und gestalten konnte. Nicht umsonst sprechen wir in Deutschland von beruflicher 'Bildung' und nicht nur von Training und Ausbildung.

2. Der wichtigste Standortfaktor ist Qualifikation

Die deutsche Wirtschaft wird ihre zukünftigen Erfolgsfelder nicht bei Massengütern oder Standardproduktionen finden. Ihre Chancen im internationalen Wettbewerb liegen bei hochwertigen, spezialisierten Produkten, bei modernen Verfahren, bei der Hochtechnologie und bei genau an den Kundenwünschen orientierten Dienstleistungen. In der Informationsgesellschaft, auf die wir uns zubewegen, ist Qualifikation der entscheidende Faktor. Nur sie wird die Innovationspotentiale erschließen können, die auch für die Schaffung von mehr Arbeitsplätzen von entscheidender Bedeutung sind.

Wir brauchen nicht weniger, sondern mehr Qualifikation, nicht schmaler, sondern breiter angelegte Berufsbildung. Es sind nicht die unmittelbar fachbezogenen Bildungsinhalte, die künftig zunehmend gefragt sein werden: Es wird vielmehr auf Kreativität, Überblick, Umstellungsbereitschaft, Lernfähigkeit usw., aber auch auf Fremdsprachenkenntnisse und Sozialkompetenz ankommen.

Gering qualifizierte Tätigkeiten werden künftig in noch stärkerem Maße wegfallen als bisher. Während 1973 noch mehr als jeder dritte Beschäftigte in

Deutschland ohne Berufsausbildung auskam, war es 1989 nur noch jeder fünfte. 2010 wird nur noch jeder zehnte Arbeitsplatz Geringqualifizierten offenstehen. Das Qualifikationsniveau der Beschäftigten muß also insgesamt angehoben werden. Wir brauchen dazu mehr akademisch Qualifizierte, vor allem aber müssen mehr Un- und Geringqualifizierte zum erfolgreichen Abschluß qualifizierter Fachausbildungen geführt werden.

Absurderweise wollen Arbeitgeber und Bundesregierung den genau entgegengesetzten Weg gehen. Sie planen weitere Schmalspurausbildungen unterhalb des Facharbeiterniveaus, die das Etikett der dualen Berufsausbildung tragen sollen, ohne die damit verbundenen Inhalte zu liefern. Zweijährige Berufsausbildungen, die es zum Bedauern der Gewerkschaften heute noch in viel zu großer Zahl gibt, sollen, wenn es nach den Arbeitgebern geht, in möglichst vielen Fachbereichen neben die mindestens dreijährigen Ausbildungen treten. Solche Kurzzeitausbildungen führen zu drastisch verminderten Ansprüchen im tarif- und sozialrechtlichen Bereich. Genau hier liegt die Attraktivität dieser 'Ausbildungsformen' für die Arbeitgeber: Absolventen von Schmalspurqualifikationen kosten weniger, sie sind abhängiger von ihrem Arbeitsplatz, weil sie schlechtere Vermittlungschancen haben, und man wird sie leichter los, weil für sie bei betriebsbedingten Kündigungen seltener Alternativarbeitsplätze zur Verfügung stehen.

Die innovatorischen Potentiale, auf die alle setzen, können nur erschlossen werden, wenn hochqualifiziertes Fachpersonal in ausreichendem Maße zur Verfügung steht. Moderne Produktions- und Dienstleistungskonzepte wie Gruppenarbeit stellen höhere Anforderungen an das Personal. Deshalb muß klar sein: Hohe Arbeitsqualität erlaubt nicht, daß im Berufsschulunterricht die allgemeinbildenden Anteile zurückgefahren werden. Das gilt erst recht, wenn beklagt wird, daß zu viele Auszubildende mit Defiziten in diesem Bereich aus der Hauptschule kommen. Und die geforderten Fremdsprachenkenntnisse für die Europatauglichkeit der dualen Ausbildung sind auch nicht zu vermitteln, wenn sich die Forderung nach nur einem Berufsschultag durchsetzen sollte.

3. Ausbildungsplätze fehlen

Das duale System der beruflichen Bildung in seinen Kernelementen zu bewahren und in seiner Funktionsfähigkeit zu sichern, ist deshalb eine zentrale Herausforderung für die Zukunft. Dazu muß die Strukturschwäche des Systems, die derzeit zu seiner quantitativen Aushöhlung führt, beseitigt werden: Weil das Angebot an Ausbildungsstellen ausschließlich von der Einzelentscheidung der Betriebe abhängig ist, kommt es seit Jahrzehnten immer wieder zu konjunkturellen und strukturellen Verzerrungen auf dem Ausbildungsmarkt. Gelegentlich wird deshalb gefordert, allen Betrieben eine feste Ausbildungsquote zu verordnen. Der DGB verfolgt diesen Weg nicht.

Die einzelbetriebliche Entscheidung als Steuerungselement des Ausbildungsmarktes ist durchaus sinnvoll. Wollte man die Entscheidung über das Angebot von

Ausbildungsplätzen von den Betrieben abkoppeln, müßte man in Kauf nehmen, daß Ausbildung und Arbeitskräftebedarf notorisch auseinanderklaffen. Damit wäre eine erhebliche Verschwendung volkswirtschaftlicher Ressourcen verbunden, an der niemand ein Interesse haben kann.

Der Arbeitskräftebedarf der Einzelunternehmen kann aber nicht das einzige Entscheidungskriterium sein. Die überwiegende Zahl der Betriebe in diesem Land hat entweder nicht die Absicht oder auch nicht die erforderlichen Rahmenbedingungen, den eigenen Nachwuchs selbst auszubilden. Diese mehr als 60 % der Unternehmen sind auf die Ausbildungsanstrengungen anderer angewiesen. Wenn diese aber ihre Ausbildungsanstrengungen streng am Eigenbedarf messen, führt das Steuerungselement 'einzelbetriebliche Entscheidung' zu volkswirtschaftlich widersinnigen Ergebnissen. Wegen der beschriebenen Veränderungen der Unternehmenskultur ziehen sich die ausbildenden Betriebe mehr und mehr auf die Ausbildung für den Eigenbedarf zurück. Wenn der Fachkräftebedarf der deutschen Wirtschaft auch künftig gedeckt werden soll, bleiben nur zwei Lösungswege: Mehr Unternehmen als bisher müssen ausbilden und/oder die bisherigen Ausbildungsbetriebe müssen wieder vermehrt über den Eigenbedarf hinaus ausbilden. Daß die ausbildungsbereiten und -fähigen Betriebe die dafür erforderlichen Kosten jedoch alleine tragen sollen, ist nicht vermittelbar.

4. Lastenausgleich zwischen ausbildenden und nichtausbildenden Betrieben

Betriebe können im Kostenwettbewerb nicht bestehen, wenn sie Lasten zu tragen haben, denen sich andere entziehen können, indem sie nicht ausbilden. Deshalb brauchen wir einen Lastenausgleich zwischen ausbildenden und nicht ausbildenden Betrieben. Der DGB hat dazu ein Umlageverfahren zwischen allen Betrieben und Verwaltungen vorgeschlagen, das wieder mehr Betriebe veranlassen soll, ihren Nachwuchs über eigene Ausbildung zu rekrutieren, und anderen ermöglichen soll, über den Eigenbedarf hinaus Lehrstellen anzubieten.

Umlagesysteme in der beruflichen Bildung haben sich bewährt. In Dänemark haben Arbeitgeber und Gewerkschaften gemeinsam die Initiative ergriffen; der Staat stellt die gesetzlichen Rahmenbedingungen sicher und beteiligt sich zu einem Teil an den Kosten. In der deutschen Bauwirtschaft gibt es seit mehr als 20 Jahren ein tarifvertraglich gesichertes Umlageverfahren, das dazu beigetragen hat, das Lehrstellenangebot in den vergangenen Jahren – genau entgegengesetzt zu anderen Branchen – zu steigern, statt abzubauen. Keine andere Branche hat sich auch nur annähernd so intensiv am Aufbau betrieblicher Ausbildung in Ostdeutschland beteiligt wie diese.

Tarifvertragliche Umlagesysteme konnten in anderen Branchen nicht durchgesetzt werden. Für den Bereich der chemischen Industrie und des öffentlichen Dienstes ist es wenigstens gelungen, in Tarifabschlüssen einen Teil der Verteilungs-

Der berufliche Bildungsweg als unentbehrlicher Qualifizierungssektor 137

masse für zusätzliche betriebliche Ausbildungsplätze zu nutzen. So sinnvoll es ist, jede tarifvertragliche Chance für mehr Ausbildungsplätze zu ergreifen, so wenig ist davon eine grundsätzliche Beseitigung der Verzerrungen am Ausbildungsmarkt zu erwarten. Dies gilt im übrigen auch für den Vorschlag, Kammerumlagen zur Sicherung von mehr Ausbildungsplätzen einzuführen. Sie können nämlich ebenso wenig wie Tarifverträge auf die erforderlichen Verschiebungen des Ausbildungsmarktes zwischen den einzelnen Branchen reagieren. Dennoch ist jede zusätzliche Maßnahme in diesen Bereichen zu begrüßen, vor allem, solange ein gesetzliches Umlageverfahren nicht zum Tragen kommt.

Bereits in den 70er Jahren hatte es mit dem Ausbildungsplatzförderungsgesetz den Versuch gegeben, den Ausbildungsmarkt mit Hilfe einer Berufsbildungsabgabe zu stabilisieren. Das Gesetz wurde vom Bundesverfassungsgericht aufgrund von Verfahrensmängeln kritisiert, nicht aber in seinem inhaltlichen Kern. Wenn „das freie Spiel der Kräfte nicht mehr ausreicht", so hatte das Bundesverfassungsgericht festgestellt, stehe es dem Bundesgesetzgeber zu, die Arbeitgeber zu einer Ausbildungsabgabe zu verpflichten. Gesetzgeberischer Handlungsbedarf bestehe, sobald das Ausbildungsplatzangebot die -nachfrage nicht mehr um 12,5 % übersteige. Diese Situation ist in Ostdeutschland bereits seit Jahren und im Westen seit dem Vorjahr gegeben.

Die Vorschläge des DGB für ein gesetzliches Umlageverfahren bewegen sich allerdings nicht mehr im Rahmen des Ausbildungsplatzförderungsgesetzes. Wesentliche Unterschiede zu den damaligen Lösungsansätzen liegen vor allem in der eindeutigen Ausrichtung auf die Bereitstellung betrieblicher Ausbildungsplätze und in dem Verzicht auf komplizierte bürokratische und zentralistische Veranlagungs- und Verteilungsmechanismen in den derzeitigen DGB-Überlegungen.

Die Arbeitgeberverbände haben die gewerkschaftlichen Vorschläge bisher rundheraus abgelehnt. Sie sind nicht bereit, mit dem DGB gemeinsam wie in Dänemark nach praktikablen Wegen für eine Sicherung der betrieblichen Ausbildung zu suchen. Sie lehnen jede Diskussion über die Strukturverzerrungen bei der Finanzierung der beruflichen Bildung ab und verlangen statt dessen Kostenreduzierungen und Deregulierungen einseitig zu Lasten der Auszubildenden. Sie begreifen die Notlage auf dem Lehrstellenmarkt als willkommene Chance, von der Bundesregierung Ausbildungserleichterungen einzufordern, zu denen in Zeiten eines funktionierenden Ausbildungsmarktes um der Qualität der beruflichen Bildung willen niemand bereit gewesen wäre. Von der Absenkung der Ausbildungsvergütungen und der Einschränkung der Anerkennung des Berufsgrundbildungsjahres über Verschlechterungen beim Jugendschutz bis hin zur Reduzierung des Berufsschulunterrichts ist keine Forderung zu abgegriffen und widersinnig, als daß sie von den Arbeitgeberverbänden nicht als Nebenkriegsschauplatz benützt würde, um vom Scheitern des Lehrstellenversprechens abzulenken.

5. Lernort Berufsschule

Die Besonderheit des dualen Systems liegt im Zusammenspiel der beiden gleichgewichtig aufeinander bezogenen Lernorte Betrieb und Berufsschule. Auch hier setzen die Aushöhlungsbemühungen der Arbeitgeber an. Die Kritik am zu hohen Anteil von Berufsschulzeiten ist nur vordergründig ein organisatorisches Problem. Daß es möglich sein muß, Berufsschulzeiten so zu strukturieren, daß 'halbe' Berufsschultage möglichst vermieden werden, verlangen auch Gewerkschaften. Die Kultusministerkonferenz hat dazu im Winter 1995 einen ganzen Kanon von Lösungswegen aufgezeigt, die vielerorts längst in die Wirklichkeit umgesetzt sind. Die Angriffe der Betriebe auf die Berufsschulen haben aber keineswegs nachgelassen. Dies macht deutlich, daß es der Wirtschaft um mehr geht: Sie will eine Gewichtsverlagerung zwischen den beiden Lernorten. Die Berufsschule soll keine eigenständige Rolle mit einem eigenständigen Bildungsauftrag mehr spielen können, sondern als Anhängsel der Betriebe fungieren und sich an deren Bedingungsrahmen ausrichten.

Die Bedeutung der Berufsschule wächst aber mit Blick auf die Herausforderungen der Zukunft. Ein ausreichendes Angebot an Berufsschulunterricht ist aber mittlerweile ebenso in Frage gestellt wie das Angebot an Lehrstellen. Die Berufsschule ist nach wie vor das Mauerblümchen des Bildungssystems. Von der Realisierung einer 12-stündigen Berufsschulzeit pro Woche sind wir in der Praxis weit entfernt. Die nach wie vor hohen Unterrichtsausfälle werden von der Öffentlichkeit weitgehend ungerührt zur Kenntnis genommen – in den Gymnasien würde eine solche Situation niemals toleriert. Hier wird deutlich, wie weit wir von der Gleichwertigkeit allgemeiner und beruflicher Bildung immer noch entfernt sind.

6. Weiterbildung

Dennoch wird die Reform des Berufsbildungssystems weitergehen müssen. Die wachsende Bedeutung der Weiterbildung wird nicht ohne Rückwirkungen auf die Erstausbildung bleiben. Eine durchgängige Verzahnung von Aus- und Weiterbildung erscheint unumgänglich. Dabei wird man auch die Hochschulen in ihrer Funktion für berufliche Qualifikation nicht außer Betracht lassen können. Duale Konzepte sind durchaus in Verbindung oder im Anschluß an ein Studium denkbar. Damit stellt sich grundsätzlich die Frage nach dem Verhältnis von allgemeiner und beruflicher Bildung neu. Die strikte Trennung zwischen beiden Bereichen dürfte schon heute obsolet sein. Rolle und Funktion aller Elemente des Bildungssystems von der Primarstufe bis zur Weiterbildung bedürfen einer Neubestimmung. Die Forderung nach der Gleichwertigkeit von allgemeiner und beruflicher Bildung müßte in einem solchen Konzept Berücksichtigung finden.

In der Regel ist die berufliche Weiterbildung am akuten betrieblichen Bedarf orientiert. Dagegen ist es notwendig, daß betriebliche Weiterbildung in einer

Breite qualifiziert, die über kurzfristige betriebliche Belange hinausgeht und in einem stabilen Rahmen der gegenseitigen Erwartungen von Betrieben und Arbeitnehmern stattfindet.

Nach wie vor spiegelt sich in der betrieblichen Weiterbildung die Spaltung des Arbeitsmarktes nach Hierarchie, Vorbildung und Geschlecht. Teilnehmer und Teilnehmerinnen sind überwiegend gut qualifizierte Beschäftigte und besonders häufig Führungskräfte. Beschäftigte mit geringerer Qualifikation und auf den unteren Hierarchiestufen nehmen wesentlich seltener teil. Besonders benachteiligt sind un- und angelernte Beschäftigte, generell Randgruppen, aber auch Frauen.

Die Gewerkschaften sind der Auffassung, daß die Chance zur beruflichen Weiterbildung nicht von der Gnade der Arbeitgeber abhängen darf. Vielmehr brauchen die Arbeitnehmer einen Rechtsanspruch auf Weiterbildung, gesetzlich, und solange und so weit dies nicht möglich ist, tarifvertraglich oder über Betriebsvereinbarungen.

Klare Regelungen, die nicht einfach nur zu Lasten der Arbeitnehmer gehen, sind außerdem für die Finanzierung der Weiterbildung und die Freistellung nötig. Für betriebliche Weiterbildung muß Freistellung unter Fortzahlung der Vergütung erfolgen.

Um dies alles realisieren zu können, sollte über die Möglichkeit und Ausgestaltung eines Bundesrahmengesetzes für Weiterbildung nunmehr konkret nachgedacht werden.

Manfred von Lewinski

Zukunft Wissensgesellschaft – Essentials einer Vorbereitung auf das Berufs- und Arbeitsleben

Essentials, das sind die Dinge, auf die es ankommt. Zur Frage gewendet, lautet unser Thema daher: Worauf kommt es an, wenn man sich zielführend auf das Berufs- und Arbeitsleben vorbereiten will?

Wenn wir uns diese Frage stellen, dann führt uns das zwangsläufig zu der Vorfrage, welches denn die Gegebenheiten und Entwicklungstendenzen sind, die das Berufs- und Arbeitsleben zur Zeit prägen und in überschaubarer Zukunft prägen werden. Denn hieraus sind die Anforderungen abzuleiten, denen eine erfolgversprechende Berufsvorbereitung Rechnung tragen muß.

Ohne Anspruch auf Vollständigkeit will ich deshalb zunächst versuchen, einige dieser prägenden Erscheinungen des modernen Berufs- und Arbeitslebens thesenhaft zu skizzieren. Man wird dabei feststellen, daß meine Perspektive stark durch meine berufliche Nähe zur gewerblichen Wirtschaft geprägt ist. Ich glaube aber, daß meine Feststellungen zunehmend auch für andere Berufsbereiche Geltung erlangen:

1. *Wir leben* – und dies aller Voraussicht nach auch in Zukunft – *in einer hochspezialisierten, arbeitsteiligen Leistungsgesellschaft.* Die nach Verwertung drängende Verfügbarkeit unseres sich in rasanter Geschwindigkeit vermehrenden Wissens ist für den einzelnen schon lange nicht mehr überschaubar und deshalb allenfalls noch in enger werdenden Teilbereichen beherrschbar – beherrschbar im Sinne eines davon 'Gebrauch machen Könnens'. Die Spezialisierung des von uns noch beherrschbaren Wissens ist zudem immer weniger autonom einsetzbar, sondern zunehmend nur in Verbindung mit der Expertenschaft anderer verwertbar. Komplexere Probleme sind mithin nur noch in einem arbeitsteiligen Zusammenwirken einer mehr oder weniger großen Zahl von Spezialisten lösbar. Wo unser Wissen bei der Lösung von Problemen Einsatz findet, geschieht dies – und zwar zunehmend auch über den engeren Bereich der Wirtschaft hinaus – unter Wettbewerbsbedingungen, die dem einzelnen ein hohes Maß an Leistung abverlangen, wenn er sich erfolgreich behaupten will;
2. *Diese Leistungsgesellschaft entwickelt sich zunehmend zu einer Dienstleistungsgesellschaft.* Man kann unsere Arbeitswelt in unterschiedlicher Art und Weise interpretieren. Eine Interpretation, aus der sich meines Erachtens wichtige Schlußfolgerungen für Berufseinsteiger ziehen lassen, ist die eines subtilen Geflechtes von Nützlichkeitssymbiosen. In diesem Geflecht ist gefragt, wer etwas

zu bieten hat, was andere gebrauchen können, was ihnen nützt und wofür sie gegebenenfalls bereit sind, etwas zu bezahlen;
3. *Fortschreitende Technik verändert die Anforderungen an die menschliche Arbeit.* Maßgeblichen Einfluß hierauf nehmen die modernen Informations- und Kommunikationstechniken. In Fortsetzung der Substitution menschlicher Arbeit durch Maschinen haben sie dazu geführt, daß sich die Beiträge des Menschen zur Wertschöpfung immer stärker von der manuellen Ausführung weg zur Überwachung und Steuerung technischer Vorgänge und zum zweckmäßigen Einsatz vorhandener Apparaturen hin entwickeln;
4. *Der immer rascher sich vollziehende technische Wandel verändert auch die Berufs- und Arbeitsbedingungen immer schneller.* Es ist mithin kaum abschätzbar, welches Know-how wir in fünf, zehn oder zwanzig Jahren wirklich brauchen werden, um uns im Berufs- und Arbeitsprozeß behaupten zu können;
5. *Die Folgen des Machbaren werden immer problematischer.* Das wachsende und immer auf praktische Umsetzung hin tendierende Arsenal unserer technischen Möglichkeiten droht die Regenerationsmöglichkeiten unserer Lebensbasis Erde mehr und mehr zu überfordern und zunehmend auch die Menschen selbst zur Randerscheinung ihrer eigenen Konstrukte werden zu lassen. Erinnert sei in diesem Zusammenhang nur an den irreversiblen Raubbau an den Ressourcen unseres Planeten, die schleichende Veränderung seiner klimatischen Bedingungen und möglicherweise auch an die Verdrängung der Menschen selbst aus der Arbeitswelt als wesentlichem, bisher sinngebendem Bereich ihres Lebens durch die modernen Informations- und Kommunikationstechniken.

Wenn wir uns – vorläufig – darauf verständigen können, daß dies prägende Merkmale und Entwicklungstendenzen unserer Arbeitswelt sind und auf absehbare Zeit sein werden, dann ist die weitere Frage, wie eine zielführende Vorbereitung auf diese Berufs- und Arbeitswelt aussehen, welchen Erfordernissen sie besondere Aufmerksamkeit widmen sollte.

1. Die arbeitsteilige Leistungsgesellschaft

Beginnen wir mit dem ersten Komplex, der These also, daß wir in einer hochspezialisierten, arbeitsteiligen Leistungsgesellschaft leben. Wenn dies so ist, dann erfordert es von einer zielgerichteten Vorbereitung auf das Erwerbsleben dreierlei:
1. *eine möglichst hohe, unmittelbar einsetzbare, berufsspezifische Qualifikation,* denn nur damit wird der einzelne in die Lage versetzt, nach seiner Ausbildung einen zugleich qualifizierten und spezialisierten Funktionsplatz zu übernehmen. Je größer und aufwendiger der Einarbeitungsbedarf ist, um entsprechende Funktionsplätze zu übernehmen, desto größer ist die Gefahr, daß der Betreffende vergeblich auf seine berufliche Einstiegschance warten muß;
2. *die Befähigung zu kooperativer und kollegialer Zusammenarbeit,* denn die Bewältigung fachlicher Aufgaben in zunehmender Arbeitsteiligkeit hängt entschei-

dend davon ab, daß die Leistungen der einzelnen reibungslos ineinandergreifen. Mit Teamwork ist hierbei nicht ausuferndes Kommunizieren gemeint und auch nicht jene in Politik, Verwaltung, Verbänden und wohl auch Hochschulgremien wuchernde Arbeitskreismentalität, in denen so klug wie unstrukturiert mit der Perspektive: „Man müßte..." gequasselt wird, aber niemand in der Runde dieser 'man' sein will. Ich meine damit vielmehr eine zielstrebig abgestimmte Arbeitsweise, bei der jeder weiß, was er wo und bis wann zu tun hat, ohne der Star sein zu wollen, und dies dann auch tut – wie in einer guten Rudermannschaft;
3. *die Mobilisierung von Leistungsfähigkeit*, denn je besser jemand in der Lage ist, sich selbst zu Leistungen zu motivieren und solche Motivation auch gegen innere und äußere Widerstände durchzuhalten, desto besser wird er den Leistungsanforderungen seines späteren Berufes entsprechen können. Mein favorisiertes Beispiel hierfür ist der Langstreckenläufer. Was hält ihn auf den Beinen und davon ab, sich mit schwer gewordenen Gliedern bei Kilometer 23 seitlich auf den Wiesenstreifen fallen zu lassen mit dem Gefühl: „Was für'n Quatsch, diese ganze Schinderei!"?

2. Die Dienstleistungsgesellschaft

Damit komme ich zum zweiten Komplex, der These, daß sich unsere Leistungsgesellschaft immer mehr zu einer Dienstleistungsgesellschaft entwickelt. Wenn dies zutrifft, erfordert dies von einer sachgerechten Vorbereitung auf das Arbeitsleben:

1. *die Aneignung von Qualifikationen, die für andere brauchbar sind*, die ihnen nützen können und für die sie demzufolge auch in einem ausreichenden Umfang zu zahlen bereit sind. Jedenfalls in einer auf Wettbewerb angelegten Wirtschaft wie der unseren gilt unumstößlich, daß jeder Mitarbeiter sich mit seiner Arbeit bezahlt machen muß, anders können Unternehmen nicht überleben. Die Methoden, die Effizienz von Arbeitsleistungen festzustellen, werden immer präziser, die Spielräume, Leistungsdefizite zu tolerieren, immer enger. Wenn es also um den späteren Lebensunterhalt geht, muß man sich um Qualifikationen kümmern, mit denen man sich anderen nützlich und dann möglichst unentbehrlich machen kann. Mein Eindruck ist, daß diese Betrachtungsweise auch mehr und mehr im Wissenschaftsbetrieb und der öffentlichen Verwaltung Einzug hält – nicht zuletzt unter dem insofern heilsamen Druck leerer Kassen;
2. *räumliche Mobilität*, denn je spezieller die Qualifikationen, die gefragt sind, desto seltener finden sie sich unmittelbar vor der eigenen Wohnungstür;
3. *die Fähigkeit, im Kopf des anderen zu denken* und sich in seine Bedürfnislagen zu versetzen, denn nur von daher sind Dienstleistungsfähigkeiten zu entwickeln, die eine Chance haben, honoriert zu werden;
4. *die Bereitschaft, zu dienen*. Dies mag für viele Ohren auf Anhieb unzeitgemäß, knechtisch und menschenunwürdig klingen, deshalb will ich es mit ein paar Sätzen erläutern: Mit der Bereitschaft zu dienen meine ich, anderen mit meiner Ar-

beit auch wirklich nützen zu wollen, jedenfalls dann, wenn ich dafür ein Entgelt erwarte, denn umgekehrt bin ich ja auch allenfalls sehr widerwillig bereit, für etwas zu bezahlen, was ich nicht haben will, weil ich meine, daß es mir nicht nützt. Es ist in diesem Zusammenhang erhellend, auf Menschen zu hören, die aus Ländern mit einer deutlich weiter entwickelten Dienstleistungskultur kommen, z. B. aus den USA oder aus Japan. Ihnen fällt immer wieder auf, wie vielen Leuten hier offenbar ein Zacken aus der Krone zu fallen droht, wenn sie den Bedürfnissen anderer dienen sollen. Ähnliche Probleme haben diese Leute aber vielfach auch, sich unbefangen und ohne Allüren bedienen zu lassen. In anderen Ländern sieht man diese Art des gegenseitigen Gebens und Nehmens offenbar ungezwungener. Die Rollen von 'Herr' und 'Knecht' – um es etwas drastisch zuzuspitzen, werden dort nicht institutionalisiert erlebt, sondern man wechselt sie in unterschiedlichem Kontext mühelos und souverän.

3. Neue Anforderungen an die menschliche Arbeit

Nun zur dritten These: Die fortschreitende Technik verändert die Anforderungen an die menschliche Arbeit. Wenn dies so ist und sich unter anderem in einer Verlagerung der menschlichen Arbeit weg von manueller Ausführung und hin zu Überwachung und Steuerung von Apparaturen und Prozessen niederschlägt, erfordert dies von der Berufsvorbereitung mindestens zweierlei:

1. *eine verstärkte theoretische Untermauerung aller beruflichen Kenntnisse und Fertigkeiten*, denn dies bildet die Voraussetzung für ein gedankliches 'Vorwegnehmenkönnen' der Prozesse, die zu überwachen und zu steuern sind. Die auf den modernen Informationstechniken beruhenden Simulationen und Modellifizierungen aller möglichen Problemlösungen geben hierfür gute Beispiele;
2. *die Entwicklung dispositiver Fähigkeiten*, denn wer technische, aber auch gesellschaftliche Apparaturen und Organismen einsetzen, steuern und überwachen soll, muß Entscheidungen treffen können – zuverlässig, sicher und mit zunehmender Schnelligkeit.

4. Neue Berufs- und Arbeitsbedingungen

Die Auswirkungen des sich immer rascher vollziehenden Wandels auf die Berufs- und Arbeitsbedingungen – unsere vierte These – erfordern vor allem zwei Dinge von einer zielführenden Berufsvorbereitung:

1. *eine offene, d. h. hinreichend breit angelegte und zunächst auch unspezialisierte berufliche Grundlagenbildung,* denn sie wird erforderlich sein, um eine hinrei-

chende Mobilität und eine fortlaufende Anpassung an berufliche Veränderungen zu erleichtern. Diese Forderung steht in Widerspruch zu der eingangs erhobenen Forderung nach Spezialisierung. In der Tat liegt hier ein qualifikatorischer Zielkonflikt vor zwischen Konditionen für den bevorstehenden Berufseinstieg und Bedingungen für eine längerfristige berufliche Entwicklungsfähigkeit. Beides aber ist wichtig. Deshalb kommt es auf die richtige Melange an, die gefunden werden muß;

2. *die Befähigung und Motivation zu lebenslangem Lernen*, denn anders sind die in wesentlichen Teilen noch im Dunkel liegenden künftigen Berufsanforderungen nicht in den Griff zu bekommen. Befähigung bedeutet in diesem Zusammenhang die Aneignung von Methoden der selbst initiierten und selbständigen Weiterbildung, Motivation, die Einstellung, dies für sich als selbstverständlich anzusehen und zu praktizieren.

5. Die Folgen des Machbaren

Und schließlich zur fünften These: Die immer problematischer werdenden Folgen des Machbaren erfordern von einer sachgerechten Berufsvorbereitung mindestens dreierlei:

1. *die Vermittlung von Einsichten in technische, wirtschaftliche und gesellschaftliche Gesamtzusammenhänge*, denn oft erst auf diesem Hintergrund werden die problematischen Folgen von ins Auge gefaßten Umsetzungen technischer oder wirtschaftlicher Möglichkeiten sichtbar. Die modernen Informations- und Kommunikationstechniken können uns hierbei helfen, aber wir sollten uns nicht auf sie verlassen. Die Menge der uns zur Verfügung gestellten Daten ist einer Einsicht oft eher hinderlich. Wo immer diese Datenmengen aber verdichtet und aufbereitet werden, ist menschliche Interpretation am Werke, deren Urheber und deren Interessen, seien sie nun kommerzieller, politischer oder schlicht sensationeller Natur, in diesen Systemen meist nicht hinreichend zu erkennen sind;
2. *die Entwicklung von Urteilsfähigkeit*, d. h. die Fähigkeit und die Bereitschaft, in diesem Zusammenhang abwägend für sich Wertentscheidungen zu treffen. Sie sind unabdingbare Voraussetzung für ein verantwortungsbewußtes berufliches Handeln. Eine ausgedehnte Ethik-Diskussion in der Wirtschaft zeigt, wie sehr hier angesichts des immer undurchsichtigeren Dschungels wirklicher oder vermeintlicher Fakten nach Orientierung, richtiger Einordnung und Gewichtung gesucht wird. Es ist insbesondere für künftige Führungskräfte wichtig, sich an diesem Suchprozeß engagiert zu beteiligen;
3. und letztens die *Einübung von Zivilcourage*, für das als richtig Erkannte einzutreten, denn verantwortungsbewußtes Handeln, das notwendiger denn je ist, wird den einzelnen immer wieder zum Beziehen klarer Wertpositionen in kontroverser Lage zwingen.

Wenn man sich auf eine Veranstaltung wie dieses Symposium vorbereitet, dann verläßt man sich natürlich nicht allein auf den Schatz seiner eigenen Erfahrung, sondern schaut, was andere, klügere Geister in diesem Zusammenhang zu sagen haben. Hierbei fiel mir auf, daß insbesondere die Ausbreitung der modernen Informations- und Kommunikationstechniken neben all ihren Möglichkeiten als eine große Gefahr für die Rolle der Menschen im Arbeitsprozeß angesehen werden. Viele Indizien sprechen in der Tat dafür, aber ich sehe auch einigen Grund zur Hoffnung. Wenn wir es um unserer selbst willen mit der Dienstleistungsgesellschaft ernst nehmen, wird sich zeigen, daß die in engagiertem Dienen liegende menschliche Zuwendung durch keine Technik zu ersetzen ist. Vielleicht ist es nicht nur ein temporärer 'Kursrückschlag', daß die Banken augenblicklich die forcierte Automatisierung ihrer Kundenbetreuung zurücknehmen. Wichtiger noch scheint mir, daß die modernen Informations- und Kommunikationstechniken in Politik, Wirtschaft und Gesellschaft eines nicht ersetzen können: verantwortungsbewußtes Handeln im Sinne unserer fünften These. Ein System, das sich dieses Korrektivs auf immer mehr Ebenen des Arbeitslebens entledigt, muß scheitern. Wenn dies hinreichend klar ist, besteht die Chance, daß es nicht passiert.

6. Die Wissensgesellschaft

Meinem Thema ist noch der programmatische Hinweis: *Zukunft Wissensgesellschaft* vorangestellt, den die Veranstalter des Symposiums mit der These verbunden haben: *Das Kapital sind unsere Köpfe*. Lassen Sie mich hierzu vor dem Hintergrund des bereits Gesagten noch folgendes abschließend bemerken:

Die Zeit, in der wir leben, wird von vielen Beobachtern als eine wesentlich von den modernen Informations- und Kommunikationstechniken geprägte, unsere Gesellschaft demzufolge schlagwortartig als eine Informations- und Kommunikationsgesellschaft beschrieben. Bei aller Skepsis gegenüber solchen Schlagworten ist es sicher richtig, daß jedem einzelnen zu keiner Zeit ein so umfassendes Wissen zur Verfügung stand wie heute.

Die verfügbar gewordene Informationsmenge stellt uns jedoch vor ernste Probleme: Sie ist im Grunde unüberschaubar. In den neuen Medien der Informations- und Kommunikationstechnik ist sie über weite Teile zur Ware geworden, die zupackend ihre Abnehmer sucht und unsere Wahrnehmung und Aufmerksamkeit ohne Rücksicht darauf in Anspruch nimmt, daß sie über weite Teile für uns und unser Leben irrelevant ist. Und wo sie verdichtet und aufbereitet wird, können wir uns keineswegs auf sie verlassen, weil wir allerorten mit einer interessengeleiteten Interpretation rechnen müssen, deren Zielsetzungen vielfach schwer zu entschlüsseln sind. Hinzu kommt, daß die vieldeutige, oft widersprüchliche Fülle der verfügbaren Daten und Informationen unsere Entschlußkraft lähmt. Sie bringt uns in die Lage Hamlets, den der große Shakespeare am Ende seines berühmten Monologs zu Beginn des dritten Aktes sagen läßt: „So macht" – und hier weiche ich in einem Wort vom Shakespeareschen Text ab,

> „So macht denn *Wissen* Feige aus uns allen.
> Der angebornen Farbe der Entschließung
> wird des Gedankens Blässe angekränkelt
> und Unternehmungen voll Mark und Nachdruck,
> durch diese Rücksicht aus der Bahn gelenkt,
> verlieren so der Handlung Namen."

Und schließlich: Die ganze Fülle des verfügbar gewordenen Wissens vermittelt uns keine verbindlichen Wertmaßstäbe.

Wenn deshalb die Wissensgesellschaft eine Entwicklungsstufe sein soll, die uns über dieses gegenwärtige Stadium hinausführt, dann müssen wir das Kapital, das wir in und mit unseren Köpfen haben, vorrangig auf folgende Schlüsselqualifikationen hin ausrichten:

- Wir müssen es zunächst dafür einsetzen, Strategien der Auslese für das *Wissen* zu entwickeln, *auf das es jeweils ankommt*;
- Zu wissen, worauf es jeweils ankommt, reicht für sich genommen jedoch nicht aus. Da wir das Wissen, auf das es ankommt, nur handelnd zur Wirkung bringen können, müssen wir dieses Wissen mit *Handlungsfähigkeit* verbinden;
- Wenn wir dann aber unser Wissen handelnd zur Wirkung bringen, müssen wir uns stets vergegenwärtigen, daß wir Menschen mit unserer Dominanz mittlerweile zum größten Risikofaktor auf dieser Erde geworden sind. Der Einsatz unseres Wissens muß also den daraus resultierenden Folgen verantwortungsvoll Rechnung tragen. Die dritte Schlüsselqualifikation in einer zukünftigen Wissensgesellschaft lautet deshalb *Verantwortungsbewußtsein*, für mich im Sinne des Kantischen Kategorischen Imperativs: „Handle so, daß dein Verhalten jederzeit Maßstab einer allgemeinen Gesetzgebung sein könnte."

Dorit Loos

Die Aufgaben der Fachhochschule im Hochschulsystem der BRD

In der Bundesrepublik nehmen wir im Augenblick an einer lebhaften politischen und gesellschaftlichen Hochschuldiskussion teil, in deren Verlauf sich die Hochschullandschaft der BRD entscheidend verändern wird. Entzündet hat sich die Diskussion an der Gefährdung des Wirtschaftsstandortes Deutschland. Nach Auffassung des Bundesministers für Bildung, Wissenschaft, Forschung und Technologie ist Wissen zum wichtigsten, aber auch schnell veraltenden Rohstoff geworden. Deutschland befindet sich im Übergang von einer Industrie- zu einer Informations- und Wissensgesellschaft, wobei der Rohstoff Information zum entscheidenden Leistungsfaktor wird. Konsequent stellen Politik, Wirtschaft und Gesellschaft die Frage, inwieweit unser differenziertes Hochschulsystem den Anforderungen an ein bedarfsgerechtes und leistungsorientiertes Hochschulsystem der Zukunft gerecht wird.

Die hochschulpolitische Diskussion ist gekennzeichnet durch die Forderung nach Wettbewerb zwischen den Hochschulen und daraus resultierend dem Verlangen nach einer Profilierung der Hochschulen und Hochschularten.

Mein Beitrag befaßt sich speziell mit den Aufgaben der Fachhochschule im Hochschulsystem der Bundesrepublik. Er gliedert sich in drei Teile:

1. Gründung und Entwicklung der Fachhochschulen
2. Das Profil der Fachhochschule
3. Notwendige Weiterentwicklung der Fachhochschulen

1. Gründung und Entwicklung der Fachhochschulen

Die Schwierigkeiten in der Diskussion über die Aufgaben der Hochschultypen Universität einerseits und Fachhochschule andererseits liegen in der Entstehungsgeschichte der Fachhochschulen begründet. Sie sind die Spätfolgen von politischen Halbherzigkeiten, die zu bleibenden Fehlern und Mängeln bei der Installation des neuen Hochschultyps führten.

Die Gründung der Fachhochschulen geschah nicht auf der Basis einer durchdachten und gewollten neuen Struktur eines zukünftigen Hochschulsystems, sondern vielmehr als politische Reaktion auf die Studentenunruhen und den Semesterstreik der Studierenden an den Ingenieurschulen und Höheren Wirtschaftsfachschulen. Der neue Hochschultyp sollte politisch beruhigen und die wachsende Nachfrage der Wirtschaft und Gesellschaft nach einer stärker anwendungsorientierten, wissenschaftlich oder künstlerisch fundierten Qualifikation erfüllen. Er wurde zunächst als Übergangslösung neben die Universitäten gesetzt. Im Rahmen der Debatte um die Hochschulreform ergab sich jedoch das Ziel der Entwicklung aller Hochschulen zu Gesamthochschulen.

Vor dem Hintergrund dieser Entstehungsgeschichte sind die Geburtsfehler der Fachhochschulen zu erklären, auf die ich später noch zu sprechen komme. Den Fachhochschulen blieben viele Merkmale des Schulwesens erhalten und entsprechende Merkmale des Hochschulwesens verwehrt. Die Studienangebote der Vorgängereinrichtungen wurden einfach nur fortgeführt. In der Folgezeit behinderte der Fachrichtungskatalog der Kultusministerkonferenz, der das Spektrum der Studiengänge an Fachhochschulen festlegte, erfolgreich mögliche Erweiterungen. Bei der Einstufung der Absolventen im öffentlichen Dienst wurden die Rechtsverhältnisse der Laufbahnen des öffentlichen Dienstes unverändert beibehalten, so daß die Fachhochschulabsolventen bislang in den gehobenen Dienst eingestuft werden. Den Professoren neuen Rechts (nach den Vorgaben des HRG) blieben die Privilegien der Professoren alten Rechts (Universitätsprofessoren) vorenthalten, wie z. B. das Postulationsrecht vor den Gerichten. An Fachhochschulen fehlt der personelle Unterbau, die Lehrverpflichtung der Professoren ist zu hoch, in einigen Bundesländern fehlt im Fachhochschulgesetz immer noch die Forschungsaufgabe, und in ganz Deutschland haben Fachhochschulen kein Recht zur Ausbildung des eigenen wissenschaftlichen Nachwuchses, was in Deutschland zum Selbstverständnis einer Hochschule gehört, und vieles andere mehr.

Trotz der zahlreichen Restriktionen entwickelten sich die Fachhochschulen zur Überraschung aller Beteiligten zu *dem* hochschulpolitischen Erfolgsmodell der letzten 25 Jahre, so daß der frühere Vorsitzende des Wissenschaftsrates, Dieter Simon, sie 1990 als die „Hochschule der modernen Industriegesellschaft" bezeichnen konnte. Wirtschaft und Industrie haben die Fachhochschule als gleichwertigen Hochschultyp voll akzeptiert, was sich nicht zuletzt in der praktisch gleich hohen Eingangsbezahlung der Fachhochschul- und der Universitätsabsolventen bei der Aufnahme der Berufstätigkeit dokumentiert.

1995 studierten 25 % der Studierenden an Fachhochschulen. Nach Schätzung der Kultusministerkonferenz wird sich dieser Anteil in Zukunft noch erhöhen, da immer mehr Studienanfänger die Fachhochschulen bevorzugen. Ein Grund dafür ist das im Schnitt erfolgreichere Studium: Den Lehrerfolg der Fachhochschulen dokumentiert der relativ höhere Absolventenanteil. Bei 24 % Studierendenanteil stellten die Fachhochschulen 1993 35 % der Absolventen.

Dieser höhere Absolventenanteil ergibt sich aus der im Vergleich zu den Universitäten geringeren Anzahl der Fachsemester bis zum ersten Examen (siehe Abb. 1). Allerdings hat die Fachstudiendauer in den letzten Jahren zugenommen, wobei die bundesweite Einführung der Praxissemester und die Verlegung der Diplomarbeit an das Studienende eine entscheidende Rolle gespielt haben.

Abb. 1: Anzahl der Fachsemester bis zum ersten Examen

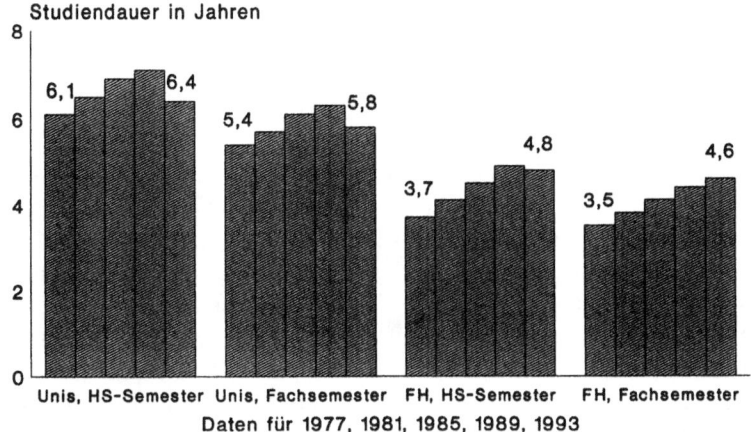

BMBF, Grund- und Strukturdaten 1996/97, S.280

Infolge der mangelnden Personalausstattung der Fachhochschulen und der kürzeren Studienzeit überrascht es nicht, daß die Kosten eines Fachhochschulstudiums für den Staat im Durchschnitt etwa die Hälfte der Kosten eines Universitätsstudiums betragen.

Es scheint so, als hätten auch die ausländischen Studierenden die Fachhochschule als Hochschultyp akzeptiert. Ihr Fachhochschulanteil ist jedoch etwas geringer als der entsprechende Anteil der deutschen Studierenden. Der Anteil der ausländischen Studienanfänger, die eine Fachhochschule besuchen, liegt aber noch niedriger als der Anteil der Studierenden und deutet auf eine sinkende Akzeptanz. Hier zeigt sich die schlechte Einschätzbarkeit der Fachhochschule im Ausland, d. h. die Unsicherheit über die Hochschuleigenschaft dieses deutschen Hochschultyps. Die Unübersetzbarkeit des Begriffs Fachhochschule tut ein übriges dazu, daß die Fachhochschulen immer wieder fälschlich dem sekundären Sektor zugeordnet werden.

Dieser geringe Anteil ausländischer Studenten spiegelt die Pflege der Auslandsbeziehungen der Fachhochschulen nur unzureichend wieder. Zur Zeit bestehen mehr als 1.200 Kooperationsverträge mit Hochschulen im EG-Bereich, Osteuropa, Nordamerika, Asien, den EFTA-Ländern, Lateinamerika, Australien und Afrika.[1] Viele Fachhochschulen haben internationale Studiengänge aufgebaut, die zwingend praktische oder theoretische Auslandssemester beinhalten. Der Zug zur Internationalität wird sich in Zukunft noch verstärken: An dem in diesem Jahr aufgelegten Förderprogramm für die Entwicklung international ausgerichteter grundständiger Studiengänge des Bundesministers für Bildung, Wissenschaft, Forschung und

---

[1] Huth, Rupert: Mehr Attraktivität durch Kompatibilität, in: Die neue Hochschule, Bd. 37, Heft 4-5/96, S. 24f.

Technologie haben sich 60 Fachhochschulen mit 93 Anträgen für zweisprachige Studiengänge beteiligt.

2. Das Profil der Fachhochschule

Das Fachhochschulprofil ist in der hochschulpolitischen Diskussion eindeutig und ausgeprägt. Über die einzelnen Profilelemente besteht bei den verschiedenen politischen und Wissenschaftsorganisationen Einigkeit, weitgehend auch darüber, welche Mängel in Zukunft zu beseitigen sind. Es wäre wünschenswert, wenn aus der verbalen Einigkeit auch die Einigkeit in Tun und Handeln folgte.

Kultusministerkonferenz, Hochschulrektorenkonferenz, der Wissenschaftsrat und der Hochschullehrerbund haben in verschiedenen Papieren die Profilelemente der Fachhochschulen beschrieben. Auch der Wissenschaftsminister geht in seinen Ausführungen 'Hochschulen für das 21. Jahrhundert' kurz auf die Differenzierung der Hochschularten und das anwendungsorientierte Fachhochschulprofil ein und bekräftigt die Notwendigkeit der Abschaffung bestimmter Mängel.[2]

§ 2 Abs. 1 HRG verpflichtet die Hochschulen im Grundsatz überwiegend denselben Zielen. Die Aufgaben der verschiedenen Hochschultypen Universität und Fachhochschule sind jedoch unterschiedlich.

Die Ausbildung an den Universitäten ist grundsätzlich wissenschaftsbezogen, die an den Fachhochschulen ist grundsätzlich berufsfeldbezogen. Mit dieser Unterscheidung korrespondiert der unterschiedliche Bezug zur Forschung: Sie ist Kernaufgabe der Universität zur Entwicklung und Pflege der Wissenschaften und Ausbildung des Forschernachwuchses. Bei den Fachhochschulen dient sie durch Anwendung wissenschaftlicher Erkenntnisse in und für die Praxis, einschließlich der Anleitung des dazu befähigten Nachwuchses, dem Wissens- und Erkenntnistransfer.

Ob diese Diversifizierung eine so unterschiedliche Aufgabenzuweisung (umfassende für die Universitäten, eingeschränkte für die Fachhochschulen) erfordert, wie bisher in den Landesgesetzen realisiert, wäre zu überprüfen.

Im einzelnen kennzeichnen folgende Profilelemente die Fachhochschulen:[3]

1. Hochschulzugang: Die Fachhochschule kennzeichnen unterschiedliche Zugangsprofile wie das Abitur, die Fachoberschulreife u. ä., und ein besonderer

---

[2] KMK: Hochschulen und Hochschulpolitik vor neuen Herausforderungen, 28.02.97; HRK, Drs. Nr. 1291 v. 24./25.02.97, Profilelemente von Universitäten und Fachhochschule; HLB, Die neue Hochschule, Jg. 1996; Rüttgers, Jürgen: Hochschulen für das 20. Jahrhundert, 25.02.97, S. 7.

[3] Eine zusammenfassende Übersicht findet sich in Drs. Nr. 1291 vom 24./25.02.97, Profilelemente von Universitäten und Fachhochschule, hrsg. von der Hochschulrektorenkonferenz.

Zugang über die Berufstätigkeit (Meisterprüfung u. ä.). Der Hochschulzugang über eine vorausgegangene Berufsausbildung oder Berufstätigkeit entspricht der Berufsfeldbezogenheit der Fachhochschule. Diese für das Studium erforderliche Vorpraxis wird allerdings bei dem Weg über die Fachoberschulreife durch reduzierte Ansprüche in der schulischen Vorbildung kompensiert. Wünschenswert wäre eine weitere Stärkung der schulischen Bildungselemente, die Voraussetzung für ein erfolgreiches Studium und die Berufstätigkeit sind: Beherrschung der Muttersprache, Fremdsprache(n), Mathematik und gegebenenfalls weitere Naturwissenschaften. Von den Anforderungen des Fachhochschulstudiums her sind Abstriche vom Niveau der allgemeinen Hochschulreife in diesen Fächern nicht begründbar und nicht vertretbar;

2. Die Lehre an Fachhochschulen umfaßt die Vermittlung der berufsfeldrelevanten wissenschaftlichen Erkenntnisse der jeweiligen Disziplin sowie die in der Praxis einsetzbaren und eingesetzten Methoden und Verfahren. Sie erfordert die ständige Aktualisierung durch Aufnahme und vergleichende Wertung neuer wissenschaftlicher Erkenntnisse und Methoden und die Erforschung ihrer Anwendbarkeit und Umsetzung in der Praxis. Die Theorie des jeweiligen Faches muß in der Lehre in Fallstudien, Planspielen und Projekten möglichst interdisziplinär umgesetzt werden. Dies erfordert grundsätzlich Lehrveranstaltungen in kleinen Gruppen, damit sich die Teilnehmer aktiv beteiligen können.

   Die Lehre, basierend auf der Erforschung der Relevanz wissenschaftlicher Erkenntnisse für die Praxis, wird grundsätzlich von gleichberechtigt zusammenwirkenden Professoren und gleichrangigen Lehrbeauftragten erbracht. Die Fachhochschule kennt insoweit keine Hierarchien, wie sie sich in anderen Hochschularten des In- und Auslandes entwickelt haben. Das schließt allerdings nicht aus, daß von den Lehrkräften für besondere Aufgaben Unterricht in propädeutischen Fächern erteilt wird;

3. Wichtigstes Profilelement des Studiums an Fachhochschulen ist die Verbindung von Theorie und Praxis; eine Vorpraxis im Berufsfeld ermöglicht eine Zuordnung der Lehrinhalte an die selbst erlebte Praxis vom ersten Tag des Studiums an. Übungen, Praktika und praktische Studiensemester setzen diese Linie fort bis zur Diplomarbeit, die möglichst ein aktuelles Problem in Betrieb/Verwaltung zum Gegenstand hat. Weitere Elemente des Theorie-Praxis-Bezuges sind die bereits erwähnten Fallstudien, Planspiele und Projekte. In vielen Fällen findet eine besondere Profilierung des Studiums statt durch den Einbezug von Auslandsaufenthalten von ein bis zwei theoretischen und/oder praktischen Studiensemestern in Kooperation mit ausländischen Partnerhochschulen mit der Möglichkeit der Doppel-Diplomierung;

4. Forschung: Anwendungsorientierte Forschung und Entwicklung dienen der Qualitätssicherung der Lehre sowie der Unterstützung des Wissens- und Technologietransfers. Die Finanzierung geschieht praktisch ausschließlich durch Drittmittel, wenn auch in manchen Ländern teilweise eine staatliche Anschubfinanzierung möglich ist;

5. Weiterbildung: Die anwendungsorientierte Lehre der Fachhochschulen und ihre Nähe zu Unternehmen und Verwaltungen führen zu einer schnellen Anpassung der Curricula an Veränderungen in der Berufs- und Arbeitswelt. Fachhochschulen sind daher auch prädestiniert für das Angebot von Weiterbildungsmöglichkeiten, im Regelfall jedoch nicht entsprechend ausgestattet. Die Aufgabe der wissenschaftlichen Weiterbildung wird von den Professoren infolgedessen meist im Rahmen einer Nebentätigkeit an außenstehenden oder auch An-Instituten wahrgenommen, nicht aber im Rahmen der Aufgabenerfüllung der Hochschulen. Das Rückholen der Weiterbildung in die Hochschulen wird von den Rahmenbedingungen erschwert, wenn nicht sogar meist durch die Nutzung der vollen Lehrkapazität für die Erstausbildung in NC-Fächern vereitelt;
6. Professoren: Infolge des wichtigen Profilelementes der Verbindung von Theorie und Praxis unterliegen die Professoren an Fachhochschulen besonderen Berufungsvoraussetzungen: die wissenschaftliche Qualifikation wird durch die Qualität der Promotion nachgewiesen. Statt einer Habilitation müssen die Professoren besondere Leistungen bei der Anwendung oder Entwicklung wissenschaftlicher Erkenntnisse und Methoden in einer mindestens fünfjährigen Berufstätigkeit (davon mindestens drei Jahre außerhalb des Hochschulbereichs) erbringen.

Die *Mängel des derzeitigen Fachhochschulprofils* liegen vor allem

1. in der unterschiedlichen Einstufung der Fachhochschul- und der Universitätsabsolventen im öffentlichen Dienst;
2. in der mangelnden Durchlässigkeit zwischen den Hochschularten insbesondere in bezug auf die Promotion ohne universitären Abschluß;
3. und in dem auf wenige Fächergruppen (vor allem Ingenieur-, Wirtschafts-, Sozialwissenschaften und Design) beschränkten Studienangebot.

Darüber hinaus hemmen die schon oben erwähnten weiteren Geburtsfehler die zukünftige Entwicklung der Fachhochschulen, wie die nicht in allen Bundesländern institutionalisierte Forschungsaufgabe, der fehlende personelle Unterbau, die zu eigener Forschungstätigkeit kaum Zeit mehr lassende hohe Lehrverpflichtung der Professoren und das fehlende Recht zur Ausbildung des eigenen wissenschaftlichen Nachwuchses.

An der Beseitigung der zuerst genannten drei Mängel wird gearbeitet. Politik und Wissenschaftsorganisationen sind sich darin einig, daß ohne Abschaffung dieser Mängel der gewünschte Ausbau der Fachhochschulen nicht stattfinden kann. Immerhin sollen Anfang des nächsten Jahrtausends die Fachhochschulen 40 % der Studierenden aufnehmen. Insgesamt werden die Studienanfängerzahlen bis zum Jahr 2010 kräftig ansteigen, wobei der Löwenanteil auf die Fachhochschulen entfallen soll. Man schätzt, daß im Jahr 2010 die Studienanfänger sich zu 55 % auf die Universitäten und zu 45 % auf die Fachhochschulen verteilen.

Eine derartige Erhöhung der Studienanfänger- und Studentenzahlen ist nur möglich, wenn sich das Fächerangebot der Fachhochschulen, das sich im Augenblick überwiegend auf die technischen Fächer, Betriebswirtschaftslehre und Sozialwesen beschränkt, entscheidend erweitert. In der Tat hat eine vorsichtige Erweiterung des Studienangebots bereits begonnen. Sie wird jedoch einerseits durch den immer noch gültigen Kultusministerkonferenz-Fachrichtungskatalog behindert, andererseits bestehen aus verschiedenen Gründen erhebliche Beharrungstendenzen hinsichtlich der historisch gewachsenen Verteilung der Fächer auf die Hochschularten. Die Berufsverbände der bisher ausschließlich an Universitäten Ausgebildeten befürchten, der 'Wert' ihres Berufsstandes würde gemindert, wenn auch die Fachhochschulen die jeweilige Berufsqualifikation vermitteln. Diese Furcht wird verstärkt durch die dienstrechtliche Einstufung der Fachhochschulabsolventen. Die dienstrechtliche Einstufung erweist sich als ein entscheidendes Hindernis für die Erweiterung des Fächerkanons.

3. Notwendige Weiterentwicklung der Fachhochschulen

Für die Mehrzahl der Studierenden ist das Hochschulstudium eine Berufsausbildung und nicht die Vorbereitung auf eine wissenschaftliche Karriere. Fachhochschulen sind durch ihr praxisorientiertes, wissenschaftlich basiertes und streng strukturiertes Studienkonzept besonders geeignet, jungen Menschen in überschaubarer Dauer eine breite Qualifizierung für den späteren Einsatz in einem Berufsfeld zu vermitteln.

Im September 1996 haben die zentralen Wirtschaftsorganisationen der Bundesrepublik wie der Bundesverband der Deutschen Industrie, die Bundesvereinigung der Deutschen Arbeitgeberverbände, der Deutsche Industrie- und Handelstag und andere Verbände einen Vorschlag zur Reform der Hochschulen verabschiedet und in sieben Leitsätzen zusammengefaßt.[4]

Insgesamt wirft die deutsche Wirtschaft dem Hochschulsystem fehlende Flexibilität bei der Berücksichtigung der Qualifikationsanforderungen des Arbeitsmarktes vor. Die für die Fachhochschulen wichtigsten Leitsätze lauten:

„Die deutschen Hochschulen brauchen ein neues Selbstverständnis. Nicht der staatlich verordnete Bildungsauftrag, sondern die Orientierung an Kundenwünschen – von Gesellschaft, Studierenden und Unternehmen – muß Maxime für das Leistungsangebot werden." (Leitsatz 1)

„Wettbewerb fördert Profile. Die deutschen Hochschulen müssen das Recht sowie Anreize erhalten, nach ihrem jeweiligen Profil Kriterien für den Hochschulzugang aufzustellen und ihre Studenten selbst auszuwählen." (Leitsatz 3)

„Die Zusammenarbeit von Hochschulen und Wirtschaft ist auszubauen. Kleine und mittlere Unternehmen sind dabei verstärkt einzubeziehen. Hierfür sind Kooperationsstellen besonders geeignet." (Leitsatz 7)

---

[4] Bundesverband der Deutschen Industrie, Bundesvereinigung der Deutschen Arbeitgeberverbände, der Deutsche Industrie- und Handelstag usw.: Innovation und Flexibilität durch Autonomie und Wettbewerb, Köln, 17.09.96.

Aus den Anforderungen der Wirtschaft folgt, daß bei der Weiterentwicklung der Fachhochschule ihre Profilschärfe erhalten und gestärkt werden muß. Der Hochschultyp Fachhochschule entspricht schon jetzt in vielem den gewünschten Anforderungen:

1. Die Anwendungsorientierung von Studium, Lehre und Forschung muß weiter gestärkt werden. Das strukturierte Studium, die Form der Lehrveranstaltungen, der enge Kontakt der Studierenden mit den Lehrenden und die frühzeitigen Leistungsnachweise müssen erhalten bleiben;
2. Die veränderten wirtschaftlichen und sozialen Rahmenbedingungen für ein Studium haben in den letzten Jahren zu einem veränderten Studierverhalten geführt. Für alle Studiengänge sollte grundsätzlich die Möglichkeit eines berufsbegleitenden Studiums sowie einer kooperativen Ausbildung geschaffen werden. Bei der kooperativen Ausbildung wird auf das sonst erforderliche Vorpraktikum verzichtet, wenn der Studienbewerber oder die Studienbewerberin einen Ausbildungsvertrag mit einem kooperierenden Unternehmen hat. Das Grundstudium wird um zwei Semester verlängert; in den ersten zwei Jahren wird die Berufsausbildung abgeschlossen. Das ausbildende Unternehmen verpflichtet sich zur Beschäftigung des/der Ausgebildeten in einem praktischen Studiensemester und grundsätzlich zur Betreuung seiner/ihrer Diplomarbeit vor Ort;
3. Um das berufsbegleitende Studium zu ermöglichen, sollten die Studiengänge stärker in Studienabschnitte gegliedert werden. Bestimmte Studieninhalte sollten ohne Präsenznotwendigkeit durch Einbezug der neuen Medien studiert werden können. Studienleistungen müssen durch Zwischenqualifikationen dokumentiert werden;
4. In diesem Zusammenhang ist es dringend notwendig, aufbauende Studienabschnitte einzelner Studiengänge so zu gestalten, daß nicht nur an der eigenen Hochschule weiter studiert werden kann, sondern ein Wechsel an andere Hochschulen gleicher Art ohne Zeitverlust möglich ist. Dasselbe gilt für vergleichbare Studiengänge unterschiedlicher Hochschularten im In- und Ausland. Das erfolgreiche ECTS-Programm (European Credit-Points Transfer System) sollte erweitert und vertieft und auf andere Länder ausgedehnt werden;
5. Für das Fächerangebot der Hochschularten darf es keine Festschreibung des Status quo geben. Studienangebote, die dem Grundprofil einer Hochschulart nicht entsprechen, sollten an die andere Hochschulart verlagert werden. Bei profilgerechten Studienangeboten von Universitäten und Fachhochschulen im selben Berufsfeld sollten beide miteinander konkurrieren dürfen;
6. Die Wirtschaft und die Absolventen fordern immer wieder, daß die Fachhochschulen endlich im *Weiterbildungsbereich* aktiver werden und flächendeckend ein breites Studienangebot bereitstellen. In den Fachbereichen sind daher neben den Lehrkapazitäten für das grundständige Studium auch solche für die Weiterbildung von Absolventen und vergleichbarer Personengruppen aus der betrieblichen Praxis als Dienstaufgabe vorzuhalten. Ähnliches gilt für kooperative Stu-

diengänge, die gemeinsam mit der Berufswelt oder ausländischen Hochschulen betrieben werden;
7. Zur Verbesserung der Attraktivität der Fachhochschulen im Ausland sollten neben dem Diplom die international üblichen *anglo-amerikanischen Studienabschlüsse* verliehen werden dürfen. Dabei entspricht der Bachelor einem Abschluß unterhalb des Diploms. Voraussetzung für den Masterabschluß sollte eine konsequente internationale Ausrichtung des Studiengangs einschließlich Studien- oder Praxissemestern im Ausland sein;
8. Die Zusammenarbeit der Fachhochschulen mit der regionalen Wirtschaft ist auszubauen. *Forschung und Entwicklung* sind eine wichtige Dienstleistungsfunktion für die Region. Den Hochschulen sind dafür neben ausreichenden Sachmitteln auch Personalmittel für zeitlich befristete wissenschaftliche Mitarbeiter zur Verfügung zu stellen. Die bisherige fast ausschließliche Finanzierung über Drittmittel ist durch eine staatliche Grundfinanzierung zu ergänzen. Institutionelle Hindernisse bei der Forschungsförderung sind zu beseitigen. Forschungsprojekte sollten unabhängig von dem Typus der durchführenden Hochschule auf ihre Förderungswürdigkeit überprüft werden;
9. Die *Selbstverwaltung* der Hochschule ist nach den Grundsätzen der Subsidiarität und Betroffenheit zu gestalten und Fremdbestimmung möglichst auszuschließen. Die Hochschulleitung delegiert Bereichsentscheidungen und beschränkt sich auf die üblichen Leitungsfunktionen wie Initiative, Zielvereinbarung, Koordination, Kontrolle und Entscheidung, falls bei den Betroffenen kein Konsens erzielbar ist;
10. Die Hochschulen sollten *Finanzautonomie* erhalten, um im Wettbewerb ihr Profil eigenständig gestalten zu können.

Literatur

Bundesministerium für Bildung, Wissenschaft, Forschung und Technologie, Grund- und Strukturdaten 1996/97.
Bundesverband der Deutschen Industrie, Bundesvereinigung der Deutschen Arbeitgeberverbände, Deutscher Industrie- und Handelstag, Hauptverband des Deutschen Einzelhandels, Zentralverband des Deutschen Handwerks, Bundesverband des Deutschen Groß- und Außenhandels, Bundesverband der Freien Berufe, Deutscher Bauernverband: Innovation und Flexibilität durch Autonomie und Wettbewerb, Bonn 17.09.96.
Edler, Günther: Systemwandel – Kein Tabu, in: Die neue Hochschule, Bd. 37, Heft 1/96, S. 13f.
Edler, Günther: Überlange Studienzeiten, in: Die neue Hochschule, Bd. 37, Heft 2/96, S. 17ff.

Edler, Günther/Mönch, Ronald: Standortbestimmung, Zielbestimmung und Strategie, in: Die neue Hochschule, Bd. 37, Heft 4-6/96 S. 26ff.

Hochschulrektorenkonferenz: Profilelemente von Universitäten und Fachhochschule, Drs. Nr. 1291 v. 24./25.2.97.

Huth, Rupert: Mehr Attraktivität durch Kompatibilität, in: Die neue Hochschule, Bd. 37, Heft 4-5/96 S. 24f.

Konferenz der Kultusminister der Länder: Hochschulen und Hochschulpolitik vor neuen Herausforderungen, Bonn 28.02.97.

Kuntze, Werner: Hochschulen sind Orte von Kompetenz, Kreativität, Internationalität und Praxisbezug, in: Die neue Hochschule, Bd. 37, Heft 6/96 S. 4ff.

Rüttgers, Jürgen: Hochschulen für das 21. Jahrhundert, Bonn 25.02.97.

Rolf von Lüde

Das doppelte Gesicht von Arbeit und Bildung

1. Der Verlust der Visionen

Auf dem Wege zu dem Symposiums-Vortrag, auf dem dieser Text beruht, habe ich in den Nachrichten gehört, daß die Bundesregierung vom 1. Juli 1997 an eine neue Bildungsoffensive mit drei Schwerpunkten plant. Der erste Schwerpunkt des mehrere Milliarden umfassenden Budgets soll auf die Universitäten entfallen, die einen immensen Nachholbedarf hätten. Der zweite Schwerpunkt betrifft die Fort- und Weiterbildung von Berufstätigen und Erwerbslosen: jeder Deutsche müsse dazu befähigt werden, ein Leben lang zu lernen; jährlich können im Rahmen dieser Förderung 5 % aller Erwerbspersonen, das sind ca. 2 Millionen Menschen, zusätzlich an Voll- oder Teilzeit-Weiterbildungsmaßnahmen teilnehmen. Es handelt sich um die größte Weiterbildungsinitiative, die je in Deutschland gestartet wurde. Der dritte Schwerpunkt schließlich hat die Schulen zum Ziel: Jeder 8-jährige soll das Lesen beherrschen; jeder 12-jährige in der Lage sein, sich in das Internet einzuloggen, und jeder 18-jährige soll die Option erhalten, Hochschulen zu besuchen.

Leider muß ich gestehen, daß der erste von mir genannte Schwerpunkt nur ein persönlicher Wunschtraum ist, den ich mit hunderttausenden von Studierenden und den meisten an den Universitäten Lehrenden teile. Der zweite Aspekt – eine Milliardeninitiative für Weiterbildung – gehört jedoch nicht in den Bereich der Fiktion und wird zum 1. Juli 1997 tatsächlich so gestartet, allerdings nicht in Deutschland, sondern in Schweden. Angesichts der Herausforderung durch zunehmende Globalisierung und einer gewissen Hilflosigkeit der Ökonomen mit ihren einander widersprechenden Konzepten zur Stabilisierung des wirtschaftlichen Wachstums – denken Sie an die Palette von strikter Angebotspolitik bis zu keynesianischen Steuerungskonzepten, die auch die Diskussion hierzulande bestimmen – gebe es in langfristiger Betrachtung wenigstens *eine gesicherte Korrelation, nämlich die von ökonomischem Wachstum und Bildung*. Deshalb sei es die Überzeugung der schwedischen Regierung, daß eine Anhebung des Bildungsniveaus ein effizientes Mittel zur Stimulierung auch des wirtschaftlichen Wachstums sei.[1] Der dritte Bereich ist der Regierungserklärung Bill Clintons vom Februar 1997 entnommen, die

---

[1] Rede des schwedischen Ministers für Schule und Erziehung vom 19.11.1996.

dem Bildungs- und Erziehungssystem die größte Aufmerksamkeit widmet. Allein 55 Milliarden Dollar sollen zusätzlich für die Bildung ausgegeben werden, weil Bildung und Erziehung ein für die Zukunft der USA kritischer Bereich seien und von der Entwicklung von Wissenschaft und Technik künftige nationale Wettbewerbspositionierungen abhingen.[2]

Anders sieht es in Deutschland aus: In dem 1995 von der OECD publizierten Bericht „Education at a glance" nahm Westdeutschland bei den Bildungsausgaben im Jahre 1992 den letzten Platz unter allen ausgewerteten elf Nationen ein[3]. Die Bundesregierung war vom schlechten Abschneiden Deutschlands überaus betroffen und äußerte dies auch öffentlich. Nun hätte man – wie beim legendären Sputnik-Schock in den USA – versuchen können, diesen langfristig wirkenden Wettbewerbsnachteil – ich will im folgenden zeigen, daß es sich genau darum handelt und wir dabei sind, unsere Zukunft aufs Spiel zu setzen – durch eine Bildungsoffensive aufzuheben oder zumindest abzumildern. Die Bundesregierung tat etwas offenkundig Naheliegenderes: Sie beauftragte Forschungsinstitute mit dem Nachweis, daß die OECD sich verrechnet haben müsse, weil Deutschland so schlecht nicht sein könne. In einer soeben veröffentlichten Untersuchung des DIW[4] kann man nun tatsächlich nachlesen, daß die OECD bestimmte berufliche Bildungsaufwendungen nicht hinreichend berücksichtigt hat und deshalb Deutschland vom elften und letzten auf den achten Platz der Bildungsrangliste vorrückt, was nun offenbar erst recht keinen Anlaß für Veränderungen darstellt.

Allerdings bin ich z. B. keinesfalls sicher, daß alle, die diesen Text lesen, in der Lage wären – wie Clinton das für alle 12-jährigen Amerikaner fordert –, sich den Text der Clinton-Rede aus dem Internet herunterzuladen. Nun kann man sich zurecht fragen, ob die Befähigung zum Umgang mit dem Internet denn überhaupt ein anzustrebendes Bildungsziel ist. Das kann ich hier nicht ausführen und begnüge mich daher mit einer knappen Aussage: Ich gehöre zu denjenigen, die vor 10 Jahren nachdrücklich dafür eingetreten sind, 'Computer Literacy' in den allgemeinbildenden und beruflichen Schulen zu vermitteln und bin damals in vielen Diskussionen mit Lehrern ob dieses Unsinns verspottet worden. Heute gehört der anwendungsorientierte Umgang mit dem Rechner zu den notwendigen Kulturtechniken und diejenigen, die die Jugendlichen vor unnützem und angeblich modischem Bildungsballast bewahren wollten und auf den Bildungsgehalt des ausschließlich traditionellen Fächerkanons der Gymnasien verwiesen, haben bedenklicherweise das Gegenteil bewirkt: Nicht 'computer literate' zu sein, bedeutet heute auf dem Arbeitsmarkt eine zusätzliche Barriere zu zutrittsbeschränkten Arbeitsmarktsegmenten.

In Deutschland – so lassen sich meine ersten Ausführungen zusammenfassen – haben wir es in bezug auf den politischen Gestaltungswillen für unsere Bildungszu-

---

[2] The President, 1997.
[3] Ausgewertet wurden sämtliche staatlichen und privaten Bildungsausgaben für Australien, Kanada, die USA, Japan, Dänemark, Frankreich, Irland, die Niederlande, Schweden, Spanien und Deutschland.
[4] DIW, 1997, S. 148-156.

kunft mit einem Verlust an Visionen zu tun, wie sie in der sehr emphatischen Rede Clintons (für 'Gods Own Country') oder der nordeuropäisch nüchternen Darstellung der Schweden („es gibt eine gesicherte Korrelation...") zum Ausdruck kommen.

Trotzdem stehen auch in den schwierigen Krisenjahren, wie wir sie derzeit in Deutschland erleben, immer mehrere Handlungsoptionen zur Verfügung, die ich mit einer kleinen Metapher beschreiben möchte:

Wenn ein Schiff im Sturm Schräglage erleidet und ein Leck vermutet wird, hat der Kapitän im Grunde zwei Optionen: in der ersten holt er die besten Leute zusammen und überlegt, was am schnellsten zu tun ist – er überlegt rasch, weil er nicht viel Zeit hat. Er arbeitet aber mit einer Strategie und versucht, auch im Sturm noch vernünftig zu handeln. In der zweiten Option wirft er allen Ballast von Bord, was meistens damit endet, daß alles wegfliegt, was nicht niet- und nagelfest ist. Dann entscheidet das Schicksal, ob der weggeworfene Ballast ausreicht, um das Schiff zu stabilisieren.[5]

Gegenwärtig beschäftigen sich Politik, Wirtschaft und Wissenschaft hierzulande anscheinend ausschließlich mit der zweiten Option. Hohe Lohnkosten, zu geringe Maschinenlaufzeiten, zu viel Bürokratie und mangelnde Innovationen sind nur ein Teil der Themen, die die aktuelle Debatte um den Industriestandort Deutschland prägen. Sie wird vor dem Hintergrund einer behaupteten ständig abnehmenden Wettbewerbsfähigkeit der deutschen Wirtschaft auf dem Weltmarkt geführt. Immer wieder wird darauf verwiesen, daß viele der deutschen Unternehmen gezwungen seien, die Produktion ins Ausland zu verlagern, eine Argumentation, die durch die ständige und öffentliche Wiederholung zu einer *self-destroying prophecy* für den Standort geraten kann. Was aber geschieht mit den Menschen, die hier leben und hier arbeiten wollen? Und welche Perspektive eröffnen wir den Schülern und Studierenden für deren Zukunft?

Ich will aufzeigen, daß es sehr handfeste Gründe dafür gibt, in bezug auf Arbeit und Bildung nicht einfach scheinbar unnötigen Ballast über Bord zu werfen, sondern daß das Eigeninteresse der Betriebe an wettbewerbsfähiger Produktion und das Interesse der Menschen an qualifizierter Ausbildung und Arbeit zwei Seiten der gleichen Medaille sind.

---

[5] frei nach Lothar Späth, zit. im Hamburger Abendblatt „Uns fehlen Innovation und Kreativität" vom 21.12.1996, S. 3.

2. Betriebliche Problemlösung zwischen Externalisierung und anspruchsvollen Produktionsverfahren – Wir selbst sind unseres Glückes Schmied!

Da meine Forschungsarbeiten unter anderem auf den Zusammenhang von Produktion und Bildung gerichtet sind, wende ich mich der ersten Handlungsoption meiner Metapher zu, also einer Strategie, bei der Vernunft und Gestaltungswille auch in kritischen Zeiten handlungsleitend sind. Ich will zeigen, wie Bildungsentscheidungen, die heute getroffen werden, sich langfristig auch auf die Produktion auswirken. Aufgrund einer systemischen Verkopplung von Bildung und Produktion wirkt dies wiederum auf die Bildung zurück.

Um diesen systemischen Zusammenhang zu entwickeln, zeige ich zunächst die Handlungsoptionen der Unternehmen auf, mit den Herausforderungen zunehmenden Wettbewerbsdrucks umzugehen. Hierbei kommt dem Umgang mit der Technik und der Nutzung der vorhandenen Qualifikationen eine entscheidende Rolle zu. Es ist gar nicht zu übersehen, daß viele Unternehmen angesichts des zunehmenden globalen Wettbewerbs versuchen, neue Wege der Arbeitsorganisation zu erproben. Das Möglichkeitsspektrum liegt zwischen einem qualifikationsbegrenzenden Neotaylorismus und stärker anthropozentrischen Strategien, wie sie etwa in der Gruppenarbeit zum Ausdruck kommen und der Qualifikation der Beschäftigten einen höheren Stellenwert zuweisen. Dabei kommt dem Umgang mit der Technik und der Nutzung der vorhandenen Qualifikationen der Belegschaften eine zentrale Rolle zu. In der folgenden Darstellung sind vier Grundmuster möglicher Anpassungsreaktionen dargestellt, die jeweils unterschiedliche Konsequenzen für die erforderlichen Qualifikationen der in den Betrieben benötigten Beschäftigten haben und – wie ich aufzeigen will – ihrerseits auf das Bildungssystem zurückwirken.

Anpassungsreaktionen der Unternehmen bei zunehmendem Kostendruck

1. *Externalisierung des Wettbewerbsdrucks* durch Produktionsverlagerung ins Ausland; vor allem im arbeitsintensiven Low-Tech-Bereich;
2. *Internalisierung des Wettbewerbsdrucks*: Intensivierung der Arbeit in herkömmlichen tayloristischen oder fordistischen Verfahren: Inferiore Strategie, weil 'flüchtig' und leicht zu kopieren;
3. *Einführung neotayloristischer Produktionsverfahren*: Hohe Kapitalintensität; Vertrauen auf den 'Automatisierungs-Charakter' der neuen Technologien; Lean Production ('angelsächsisches Modell');
4. *Abkehr vom Fordismus/Taylorismus*: Zuwendung zu arbeits- und innovationszentrierten Produktionsverfahren, wie z. B. Fertigungsinseln, Boxen- oder Sternmontage, Gruppenarbeit.

Die vor allem im arbeitsintensiven Low-Tech-Bereich zu beobachtende Externalisierung des Wettbewerbsdrucks durch Produktionsverlagerung ins Ausland hat natürlich für die Beschäftigung die einschneidendsten Konsequenzen, weil alle Stellen in der Produktion entfallen. Auch die zweite Strategie der Internalisierung des Wettbewerbsdrucks durch Intensivierung der Arbeit in herkömmlichen tayloristischen oder fordistischen Verfahren ist eine inferiore Strategie, weil die Erfolge 'flüchtig' und leicht zu kopieren sind. Sie sichert auf Dauer weder die Beschäftigung im Low-Tech-Bereich, noch schafft sie anspruchsvolle Arbeitsplätze.

Für unsere Betrachtung sind die Verfahren 3 und 4 von besonderem Interesse. Über die Frage, welche dieser Reaktionsweisen jedoch als typisches Modell künftiger Strategien anzusehen sind, findet seit Jahren eine ausgeprägte Debatte statt. Empirisch findet man derzeit die Strategien 3 und 4 teilweise simultan in demselben Betrieb nur durch eine Produktionshalle voneinander getrennt.[6]

Die Einführung neotayloristischer Produktionsverfahren – Strategie 3 – ist mit hoher Kapitalintensität verbunden; sie vertraut auf den 'Automatisierungs-Charakter' technologisch hoch anspruchsvoller Produktionsverfahren. Sie ist eine 'klassische' Rationalisierungsstrategie, weil Arbeit durch Kapital substituiert wird. Vor allem unter dem Begriff der *lean production* hat dieses eher 'japanisch/angelsächsische' Modell einige Bedeutung erlangt. Es bleibt jedoch ein dem Prinzip des Taylorismus verbundenes Verfahren und polarisiert die Belegschaften in wenige fachlich versierte Instandhalter und viele Angelernte mit geringem Qualifikationsniveau, deren Arbeitsplätze zudem auf Dauer bedroht sind.

Erst das vierte Verfahren beinhaltet eine grundsätzliche Abkehr vom Fordismus oder Taylorismus. Es ist gekennzeichnet durch eine Zuwendung zu arbeits- und innovationszentrierten Produktionsverfahren, wie sie z. B. in Fertigungsinseln, Boxen- oder Sternmontage oder der Gruppenarbeit vorzufinden sind. Hiermit verbunden ist eine grundsätzliche Aufwertung betrieblicher Arbeit und die Nutzung vorhandener Qualifikationen, die allein einer für unsere Zukunft stimmigen Perspektive entspricht, da sie am ehesten sowohl langfristig stabile Wettbewerbspositionierungen der Betriebe, auf technische Neuerungen vorbereitete Belegschaften und Arbeitsbedingungen, die den Ansprüchen an humane Arbeitsplatzgestaltung genügen, miteinander vereinbaren kann und vor allem keine Widersprüche erzeugt, da sich diese Bedingungen gegenseitig abstützen. Voraussetzungen einer solchen Produktionsstrategie sind allerdings langfristig verläßliche Bildungsinvestitionen seitens des Staates und der Betriebe selbst – das genau ist der Grund, weshalb die Vorteile einer so anspruchsvollen Qualitätsstrategie selbst mittelfristig nicht kopierbar sind – und sie sehen bereits an diesen kurzen Ausführungen, auf die ich noch einmal zurückkommen werde, wie anspruchsvolle und langfristig wettbewerbsfähige Arbeitsorganisation in den Betrieben und Bildung miteinander verwoben sind.

---

[6] Beobachtbar z. B. in der Produktionshalle von Daimler-Benz in Bremen.

Allen vier Strategien ist jedoch gemein, daß technischer Fortschritt und Globalisierung zu einem auch zukünftig verschärften Druck auf dem Arbeitsmarkt beitragen. Während bei den Strategien 1 und 2 keine oder nur geringe Aussicht auf den Erhalt von Arbeitsplätzen besteht, weisen die Strategien 3 und 4 einen unter arbeitsmarktpolitischen Gesichtspunkten dichotomischen Charakter auf: In einer durch die Rationalisierungsstrategien beschränkten Arbeitsnachfrage einerseits und gleichzeitig höheren qualifikatorischen Anforderungen für die unter den neuen Produktionsbedingungen Beschäftigten andererseits kommt *das doppelte Gesicht der Arbeit* zum Ausdruck. Ich habe keinen Zweifel daran, daß Unternehmen in Deutschland sich nur mit der Strategie 4 langfristig auf dem Weltmarkt behaupten können werden. Von den Menschen, die in den Kernsektoren der industriellen Produktion arbeiten, werden allerhöchste Qualifikationen und Einsatzbereitschaft in den jeweiligen Verwendungssituationen vorausgesetzt. Gleichzeitig wird jedoch immer weniger Arbeit nachgefragt.

Wollen wir unsere Wettbewerbsfähigkeit nicht einbüßen, ist es wichtig zu begreifen, daß wir unter unseren Möglichkeiten produzieren, wenn die Unternehmen sich nicht auf die Strategie 4 einlassen, weil es sich dabei um die Strategie handelt,

- die am ehesten geeignet ist, das Innovations- und Komplexitätsproblem moderner Fabrikorganisation zu lösen. Crozier verweist zu Recht darauf, daß weder die Anzahl noch die Summe individueller Fähigkeiten, sondern die kooperativen Fähigkeiten einer Gruppe von Akteuren in der Lage sind, den Innovationsanforderungen als einer neuen Logik gegenüber tradierter Rationalisierung gerecht zu werden[7];
- die unserem qualifikationsorientierten Arbeitsmarktmodell am besten entspricht;
- bei der Deutschland gegenüber seinen Weltmarktkonkurrenten dementsprechend die größten komparativen Vorteile aufweist;
- bei der gleichzeitig die Arbeitsbedingungen den Vorstellungen nahekommen, wie sie in den 70er Jahren hierzulande oder vergleichbar in Schweden entwickelt wurden und in dem der Konflikt zwischen „Innovativität und Sozialität" am ehesten lösbar scheint;
- bei der ein Aspekt der Risikominderung hinzukommt: Es gibt empirische Belege dafür, daß ein gegenwärtiger Verzicht auf den Einsatz qualifizierter Arbeit Zukunftsoptionen für anspruchsvolle Techniknutzung verbaut. Das läßt sich sowohl interregional als auch sozialhistorisch belegen.[8]

Warum jedoch, so werden Sie fragen, wird eine so erfolgversprechende Strategie dann nicht von allen Ländern angewandt? Am Beispiel der Automobilindustrie, der wohl international am besten industrie- und arbeitssoziologisch untersuchten Branche, konnte durch den sogenannten 'gematchten' Paarvergleich herausgearbeitet werden, daß Unternehmen verschiedener Länder, die jedoch von ihrer Produktions-

---

[7] Crozier, 1992: 133.
[8] Piore/Sabel, 1984; Abelshauser, 1983.

struktur vergleichbar sind, unterschiedliche Reaktionsmuster in bezug auf die Einführung neuer Technologien aufweisen. Da die Möglichkeiten der Techniknutzung zu einem bestimmten Zeitpunkt in allen westlichen Industrieländern annähernd gleich sind, müssen Unterschiede in der tatsächlichen Techniknutzung und in der Gestaltung der Arbeitsbeziehungen auf nationale Besonderheiten, Wertsysteme und unterschiedliche Ausgestaltungen des Bildungssystems zurückgeführt werden können.[9] Hieran wird deutlich, *daß die Nutzung von technischen Produktionsmöglichkeiten nicht allein durch die Technik selbst vorgegeben wird. Es gibt keine zwangsläufigen Entwicklungen der Techniknutzung, die in die Betriebe hineingedrängt werden, sondern Optionen, den Einsatz von Technik zu gestalten und über die Nutzung vorhandener Qualifikationen in Abstimmung mit den technischen Produktionsbedingungen zu entscheiden. Kurz: Wir selbst sind unseres Glückes Schmied!*

Je nachdem, für welche der oben skizzierten Problemlösungen man sich bei der Anpassung an zunehmenden Wettbewerbsdruck entscheidet, werden langfristig Wirkungen für die Bildungsvoraussetzungen und die Nutzung von Qualifikationen getroffen, wie ich an einem Beispiel verdeutlichen möchte. *Damit soll auf den Stellenwert verwiesen werden, der bereits in der Planungsphase anspruchsvoller Produktionsorganisationen der Qualifikation der Beschäftigten zukommt.* Konkret: Wenn eine teure neue Produktionshalle gebaut wird, dann ist man nur in einer sehr kurzen Planungsphase frei in der Wahl der Produktionsmethoden. Ob traditionelle Fließmontage, Fließ-Einzelfertigung oder gruppenorientierte Fertigungsverfahren genutzt werden, muß vorab entschieden werden und bestimmt langfristig die Produktionsorganisation.

Fiats neue Fabrik in Melfi, die 1994 die Produktion aufgenommen hat, ist hierfür ein beredtes Beispiel. Das Zweigwerk wurde als ein vollständig integriertes Werk errichtet, das prozeßorganisiert ist und Regelkreise und Mechanismen zur Optimierung und Überwachung der Produktion aufweist, die gegenüber den alten Lösungen stark innovativen Charakter zeigen und als eine Herausforderung an das System der tradierten industriellen Beziehung gewertet werden. Der ursprüngliche Plan einer umfassenden Qualifizierung aller Arbeiter im Kernbereich der Produktion konnte allerdings nicht ausgeführt werden, weil es in der Region an hinreichend qualifizierten Beschäftigten fehlt; deshalb ging die Planung nur von 10% qualifizierten Arbeitern aus, denen neue und umfassende Aufgaben übertragen werden. Italien, insbesondere Süditalien, unterscheidet sich damit deutlich von der Situation der deutschen Automobilindustrie, die im Regelfall auf einen sehr viel höheren Anteil qualifizierter Beschäftigter zurückgreifen und damit zu anspruchsvolleren Produktionskonzepten gelangen kann. Eine nicht vorhandene qualifiziert ausgebildete *work force* – so kann man diesem empirischen Beispiel entnehmen – begrenzt den Innovationsspielraum auch der Unternehmen und beschränkt bereits im Planungsstadium die Anwendung anspruchsvoller Produktionsverfahren. Ex post be-

---

[9] Jürgens/Dohse/Malsch, 1989, S. 9.

trachtet stellt sich der Qualifikationsengpaß bei Fiat als zu einem großen Teil durchaus hausgemacht dar, weil das Unternehmen jahrzehntelang eine Politik betrieb, die ausschließlich an kurzfristigen Verwertungsinteressen orientiert war und eigene Ausbildungsanstrengungen sträflich vernachlässigte[10] – auch das eine Warnung an die Unternehmen, die hierzulande die Ausbildung lieber anderen überlassen.

Das italienische Beispiel verdeutlicht die Interdependenz von Bildung und Nutzung fortschrittlicher Produktionstechnologien für qualitativ anspruchsvolle Arbeit. Der begrenzende Faktor an hinreichend qualifizierten Arbeitskräften zwingt das Unternehmen, weit in die Zukunft gerichtete Investitionsentscheidungen stärker auf Automatisierung aufzubauen, als dies den Markterfordernissen entspricht. Wegen der Langfristigkeit solcher Produktionsentscheidungen wirkt die im Vergleich etwa zur deutschen Situation geringe Anzahl qualifiziert Beschäftigter ihrerseits zurück auf die Bildungsentscheidungen: Wenn ein Werk, das in einer Region dominanter Beschäftiger ist, erst einmal Investitionsentscheidungen zugunsten automatisierter Produktionsverfahren und der Beschäftigung vor allem weniger Qualifizierter getroffen hat und eine Änderung dieser Produktionsstruktur wegen des hohen Kostenaufwandes auch für die Zukunft nicht zu erwarten ist, bestehen in der Arbeitsbevölkerung geringere Anreize, Bildungsentscheidungen etwa zur Facharbeiterausbildung wahrzunehmen, als in Regionen, in denen auch hinreichend qualifizierte Arbeitsplätze zur Verfügung stehen.[11]

3. Das doppelte Gesicht der Bildung – oder: Ist Deutschland eine Wissensgesellschaft?

In seinem bereits 1973 (!) erschienenen Buch „The Coming of Postindustrial Society" verkündete der amerikanische Soziologe Daniel Bell den Übergang moderner Gesellschaften zur Wissensgesellschaft durch die Ablösung der Bedeutung von Maschinen und Kapital durch diejenige von Wissen und Können.

Die postindustrielle Wissensgesellschaft ist vor allem durch die zentrale Stellung des theoretischen Wissens gekennzeichnet. Das Prinzip des Forschens versetzt die Wissenschaft in die Lage, eine 'permanente Revolution zu institutionalisieren', womit die ständige Infragestellung traditioneller Konzeptionen und Vorstellungen gemeint ist. Der Wandel soll mit Hilfe der 'intellektuellen Technologien', darunter

---

[10] Mehl, 1993, S. 85.
[11] Aus einem anderen Kontext heraus kommen Lehner/Widmaier zu ähnlichen Schlußfolgerungen: Infolge des durch den Trend zu universitärer Ausbildung mitverursachten Facharbeitermangels reagiert ungefähr ein Viertel der hiervon betroffenen Unternehmen mit verstärkter Automatisierung. „Auf Dauer ist das jedoch problematisch, weil die Gefahr droht, daß damit ein Automatisierungspfad eingeschlagen wird, der einer leistungsfähigen Industrieproduktion im Wege steht" (Lehner/Widmaier, 1992, S. 74).

versteht er z. B. Simulationen sowie die Spiel- und die Systemtheorie, plan- und lenkbar werden.

Weil theoretisches Wissen zum axialen Prinzip der neuen Gesellschaften wird, ohne das kein Fortschritt erzielt werden kann, muß zwangsläufig eine stärkere Institutionalisierung und Systematisierung von Wissen erfolgen. Bildung und Ausbildung werden damit zu den bedeutendsten Gütern der Gesellschaft.

Eines der wichtigsten Merkmale der nachindustriellen Gesellschaft ist der Wandel in der Art des Wissens. Während für den technischen Fortschritt zu Beginn der Industrialisierung das praktische Wissen, die Erfahrung und das Können handwerklich geschickter Tüftler ausschlaggebend war, so wird im Übergang zur nachindustriellen Gesellschaft die theoretische Grundlagenforschung immer wichtiger. Ohne theoretisches Wissen wäre z. B. die Computertechnologie nicht entstanden. Aus heutiger Perspektive müssen die Schwerpunkte allerdings ein wenig anders gelegt werden: Erfahrung oder Erfahrungswissen erhält vor dem Hintergrund theoretischen Wissens eine neue Bedeutungszuweisung, wird wichtiger und integraler Bestandteil der Arbeit in Produktion und Dienstleistung.

Nun müssen wir gegenwärtig lernen, daß der Wandel, den wir durch unser Wissen erzeugen, nicht so planbar ist, wie Bell es sich in seinen ersten Entwürfen – übrigens keineswegs naiv – vorgestellt hat. Der Wandel kann sich auch gegen die Menschen richten. Das hängt unter anderem mit der ungeheuren Akzelerationsrate neuen Wissens zusammen, die erstmals von Price berechnet wurde. So verdoppelt sich die Anzahl der wissenschaftlichen Zeitschriften je nach der Rechenmethode etwa alle 16 bis 25 Jahre,[12] auch wenn man das in den Universitäten gegenwärtig nicht merkt, weil die Universitätsbibliotheken wegen ständig knapper werdender Budgets den gehaltenen Zeitschriftenbestand sogar reduzieren müssen. Über 90 % des gesamten Wissens und der technischen Informationen, über die wir heute verfügen, wurde im 20. Jahrhundert produziert, davon zwei Drittel nach dem Zweiten Weltkrieg.[13]

Kaum ein anderer gesellschaftlicher Bereich hat auch in Deutschland retrospektiv einen derart massiven Wandel erfahren wie der Bildungsbereich. Immer mehr junge Menschen erzielen immer höhere Bildungsabschlüsse, was sich in einem „bildungsstatistischen Positionswechsel"[14] manifestiert bzw. in einem „Riß zwischen den Generationen"[15] zum Ausdruck kommt. Da die Veränderung der Tendenz nach bekannt ist, brauche ich das hier nicht mit Zahlen zu belegen, sondern kann mich auf die Auswirkungen beschränken.

Die eindeutige Tendenz wird durch kohortenanalytische Studien bestätigt, in deren langfristiger Betrachtung sich eine deutliche Verbesserung der Bildungschancen jüngerer Geburtskohorten widerspiegelt, so daß sogar von einer „Kohorten-

---

[12] Bell, 1985, S. 184.
[13] Meier, 1992, S. 17.
[14] Imhäuser/Rolff, 1992.
[15] Beck 1986, S. 128.

differenzierung durch Höherqualifizierung" gesprochen wird.[16] Der Befund einer generellen Besserqualifizierung hat Gültigkeit, obwohl strukturelle, insbesondere schichtspezifische Unterschiede den Bildungsverlauf im allgemeinbildenden Schulwesen weiterhin stark beeinflussen. Im Langfristvergleich der Geburtskohorten 1929/31 bis 1949/51 konnte gezeigt werden, daß prägende staatliche Normen wie die allgemeine Schulpflicht trotz widriger Umstände etwa in der Nachkriegszeit eine höhere Bildungsbeteiligung erzwingen können und damit auf die Herausbildung altersspezifischer Verlaufsmuster von Bildungsqualifikationen einwirken.[17]

Ulrich Beck hat dies mit einer treffenden Metapher als „Fahrstuhleffekt" bezeichnet,[18] mit dem die ganze Gesellschaft gleichsam 'bildungsmäßig' nach oben fährt. Tatsächlich nähern wir uns den Beschreibungen, wie sie Bell für die Wissensgesellschaft vorgegeben hat.

Leider weist auch diese Entwicklung eine Kehrseite auf, in der das *doppelte Gesicht der Bildung* zum Ausdruck kommt. Die mit der Bildungsexpansion einhergehende Vervielfachung qualifizierter Bildungsabschlüsse trägt gleichzeitig zu einer Abwertung individueller Bildungszertifikate bei.

Das ist der Grund, weshalb sich für einen Großteil der Jugendlichen heute der Sinnbezug der Ausbildung dramatisch verändert. So wird durch externe Arbeitsmarkteinbrüche z. B. die bildungsimmanente Sinngrundlage berufsorientierter Ausbildung gefährdet oder gar zerstört. Weil Bildungsinstitutionen in Abhängigkeit von der jeweiligen Arbeitsmarktlage immer mehr zu „Wartesälen" degenerieren, gerät nicht nur das berufsorientierte Bildungssystem in Widersprüche, das die ihm zugeschriebenen Aufgaben einer beruflichen Qualifizierung nicht mehr erfüllen und selbst denjenigen, denen über Bildungszertifikate der Zutritt zu adäquaten Positionen im Beschäftigungssystem geebnet wird, eine Arbeit nicht garantieren kann. Denken Sie etwa daran, daß seit dem konjunkturellen Einbruch die früher heißumworbenen Hochschulingenieure auch mit Einser-Examen derzeit immer noch unglaubliche Zutrittsprobleme zum Arbeitsmarkt haben. Wir leben zwar in einer „zertifizierten Arbeitsgesellschaft" – so Buttler –, aber derzeit erhält das Vertrauen in berufliche Zertifizierungen einen durchaus ambivalenten Charakter. Auf diese Art und Weise werde – so Beck – den nachwachsenden Generationen im heimlichen Lehrplan der Bildungsinstitutionen ein „Grundkurs in Irrationalität"[19] verpaßt, der sie dazu zwinge, an sich selbst, den Erwachsenen, dem 'System' oder sogar allem zugleich zu zweifeln. Im Sinne des Leitmotivs dieses Kongresses besteht die sehr reale Gefährdung 'ins Aus gebildet' zu werden...

Nun werden Sie mich vielleicht eines Widerspruches zeihen, weil ich einerseits vom Fahrstuhleffekt der Bildung gesprochen habe, der ja ohne massive Bildungsinvestitionen gar nicht möglich gewesen wäre, und andererseits in meiner Einlei-

---

[16] Tessaring et al., 1990, S. 183.
[17] vgl. Blossfeld, 1989, S. 71 ff.
[18] Beck, 1986, S. 124 f.
[19] Beck, 1986, S. 237.

tung beklage, daß Deutschland zuwenig in Bildung investiere. Der Widerspruch auf der Makroebene löst sich auf, wenn man in Betracht zieht, daß alle wichtigen Konkurrenten auf den Weltmärkten den Stellenwert von Bildung für ihre künftige Wettbewerbsposition erkannt haben und Deutschland trotz weiterhin absolut steigender Bildungsaufwendungen relativ gegenüber anderen Ländern zurückfällt, weil wir zuwenig tun. Damit gefährden wir die Zukunft der nachrückenden Generationen, weil das doppelte Gesicht der Bildung auch aus einem systemischen Zusammenhang von Produktion und Qualifikation resultiert, der bei gegenwärtig nachlassenden Bildungsinvestitionen mittelfristig dazu beiträgt, auf automationszentrierte und damit qualifikationsbegrenzende Arbeitsorganisationen zu setzen, wie ich das am Beispiel von Fiat in Melfi belegt habe. Bei einem einmal eingeschlagenen anderen Weg kann es zu einer zunehmenden Polarisierung der Arbeitsnachfrage kommen, die wieder verstärkt auf weniger qualifiziert Beschäftigte aufbaut.

Den Widerspruch auf der Mikroebene allerdings – also bei den jungen Menschen im Bildungssystem – vermag ich nicht aufzulösen. Nur hochwertige Abschlüsse mit guten Zensuren ermöglichen überhaupt einen Zutritt zu anspruchsvollen Beschäftigungsverhältnissen, in denen Arbeit eine eigene Sinnorientierung verheißt. Aber hochwertige Abschlüsse und gute Zensuren garantieren diesen Zugang keineswegs. Die heutige Generation muß sich mental auf andere Biographien und Berufsverläufe einstellen, die möglicherweise voller Brüche sind. Identitätssuche und Ich-Stabilität kann deshalb nicht mehr ausschließlich auf einen Beruf gerichtet sein. Soziologisch gesprochen leben wir in einer multioptionalen Welt, in der jedes Individuum sich seine Existenz „zusammenbastelt" (Hitzler). In keiner menschlichen Gesellschaft gab es bisher eine solche Auswahl an Angeboten materieller, ideeller und auch emotionaler Art. Die „Multioptions-Gesellschaft"[20] gleicht einem Supermarkt an Waren, Ideen und Leidenschaften, der prinzipiell für jedermann geöffnet ist, aber Jugendlichen ihre Identitätsbildung eher erschwert als erleichtert.[21] Erschwert wird dieser Prozeß durch eine Enttraditionalisierung, die erhebliche Irritationen institutioneller und persönlicher Art nach sich ziehen kann. Der englische Soziologe Giddens spricht daher von der Gegenwartsgesellschaft als einer post-traditionalen Gesellschaft.

4. Individuelle Risikolagen und gesellschaftliche Verantwortung für Bildung und Wissenschaft

Sinnvermittlung – früher sehr viel stärker im Elternhaus oder den Kirchen verortet – wird in dieser Gesellschaft zunehmend den Bildungsinstitutionen übertragen. Von Schulen wird erwartet, daß sie – von 'gesicherten' Werte- und Normensystemen, wie sie in allgemeinen Richtlinien von den Kultusverwaltungen vorgeben werden –,

---

[20] Gross, 1994.
[21] Hitzler, 1996, S. 281.

verbindliche Sinnorientierungen im Erziehungsprozeß und Lösungen zur Bewältigung von Lebenssituationen bereitstellen können. Wenn nun aber der Konsens darüber, was an generellen Normen zu gelten hat, in Frage gestellt wird, und „an die Stelle des Konsens über gemeinsame Normen der Konsens, daß es solche gemeinsamen Normen kaum mehr gibt"[22] tritt, dann ist es nicht mehr verwunderlich, daß auch die gesellschaftlichen Institutionen in eine Sinnkrise geraten.

Immer mehr also ist das Individuum auf sich allein gestellt und für sich selbst verantwortlich. Die hiermit verbundene Individualisierung kennzeichnet eine Situation, in der die Individuen aus einer Vielzahl von Entscheidungsmöglichkeiten auswählen können und für die Konsequenzen aus den getroffenen Wahlakten selbst dort verantwortlich sind, wo den vorangehenden Generationen die Entscheidungslast von den Institutionen abgenommen wurde.

Allerdings: Wenn Biographien nicht von vornherein festgelegt sind, kann das auch Chancen und Optionen eröffnen, über die andere Generationen nicht verfügten. Junge Menschen, so will ich zusammenfassen, sind heute in bezug auf ihre Berufswahl und berufliche Kontinuitäten höheren Risiken ausgesetzt als vorangehende Generationen. Ohne höhere Bildungsabschlüsse und qualifizierte Ausbildungen werden sie von anspruchsvollen beruflichen Verwendungen *von vornherein* ausgeschlossen.

Wenn wir in einer *Wissensgesellschaft* leben, dann sollte man annehmen, daß wir auch als Gesellschaft bereit seien, die notwendig damit verbundenen Aufwendungen zu finanzieren. Bell hatte als erster die Ausgaben für Forschung und Entwicklung sowie Bildung als Meßlatte für das Interesse eines Landes definiert, in seine eigene Zukunft zu investieren.[23] Danach steht es um Deutschland derzeit ziemlich schlecht. Eine Gesellschaft steht ständig vor der neuen Herausforderung, das Sozialprodukt in sinnvoller Weise so zu verteilen, daß sich die Wohlfahrt – das muß nicht unbedingt das persönliche Einkommen sein – vermehrt. Freeman hat in einer Analyse der amerikanischen Gesellschaft darauf verwiesen, daß der Staat Kalifornien 1995 mehr für Gefängnisse als für höhere Bildung ausgab, und das Wegsperren eines Kriminellen jährlich etwa soviel kostet, wie jemanden in Harvard studieren zu lassen.[24] Ich habe das für Deutschland nicht nachgerechnet; daß aber Bildung und Wissenschaft hierzulande mit dem Rücken zur Wand stehen, ist offenkundig. Wir sind zwar nicht auf den Stand einer 'ABC–Gesellschaft' gesunken, aber relativ zu den technisch bedeutendsten Ländern fallen wir als Wissensgesellschaft zurück.

Als „Manifest gegen den Niedergang in der Forschung" ist deshalb ein Sechs-Punkte-Papier der Präsidenten der Akademien der Wissenschaften formuliert, das im Januar 1997 veröffentlicht wurde. Darin heißt es unter anderem:[25]

---

[22] Soeffner, 1995, S. 13.
[23] Bell, 1975, S. 234 f.
[24] ebd., S. 74.
[25] zit. in veränderter Reihenfolge nach DIE ZEIT Nr. 5, 24.01.1997, S. 33.

„In der Bundesrepublik Deutschland ... sind die Ausgaben für Forschung und Entwicklung in weniger als einem Jahrzehnt um mehr als ein Viertel auf 2,2 % des Bruttoinlandsproduktes gesunken. Die Bundesrepublik Deutschland ist in Gefahr, entscheidende Zukunftschancen zu verspielen. Die Schaffung neuen Wissens, dessen intelligente Nutzung und schnelle Anwendung werden in der modernen Industriegesellschaft immer wichtiger. Zur Zukunftssicherung wäre es zum gegenwärtigen Zeitpunkt notwendig, die Investitionen in Ausbildung und Forschung deutlich zu erhöhen. (...) Die gegenwärtige Krise kann nur durch mehr Investitionen in Intelligenz und Einfallsreichtum, die wichtigsten Ressourcen unseres Landes, bewältigt werden. (...) Eine Politik, die Ausbildung und Forschung keine Priorität einräumt, verspielt die Wettbewerbsfähigkeit unseres Landes. Sie nimmt der Jugend das Vertrauen in die Zukunft und den Mut zum vorausschauenden Handeln. (...) Um den weltweiten Wettbewerb der Ideen und Innovationen zu bestehen, braucht die BRD erstklassige Universitäten."

Die Arbeitsgesellschaft befindet sich weltweit in einem Wandlungsprozeß, dessen Folgen noch kaum überschaubar sind. Im Bereich der herkömmlichen Erwerbsarbeit nimmt die strukturelle Arbeitslosigkeit zu, doch entstehen zugleich neue Arbeitsfelder, und der Bedarf an neuartigen Produkten und Dienstleistungen für die Bewältigung komplexer Probleme wächst schnell. In der Ausbildung und flexiblen Weiterbildung der hierfür notwendigen Arbeitskräfte liegen die Zukunftsaufgaben und die Chancen für die Institutionen der Lehre und Forschung – und damit für die ganze Gesellschaft. Im Wettbewerb auf innovativen Arbeitsfeldern, die alleine neue, zukunftssichere Arbeitsplätze versprechen, wird sich Deutschland behaupten müssen, das ein Hochlohnland ist und bleiben wird.

Ich hätte mir gewünscht, daß ich zum Abschluß meines Beitrages das oben genannte Zitat nun wirklich als eine soeben veröffentlichte Regierungserklärung für eine neue Bildungsoffensive hätte vortragen können. Ich gehe von der grundlegenden Überzeugung aus, daß das im internationalen Wettbewerb erreichte Niveau eines Landes vor allem durch die Qualität seiner Arbeitskräfte bestimmt wird. Weil ein Land seine Arbeitskräfte nicht erbt, sondern schafft,[26] und wir nicht alle vom gegenseitigen Haareschneiden leben können und wollen, müssen wir als gesellschaftliche Akteure dazu beitragen, die gegenwärtig in Deutschland offenkundig inferiore Bedeutung von Bildung und Wissenschaft zu verändern. Das Haushaltsloch, in dem die Bildungsinstitutionen unterzugehen drohen, muß zu einem astrophysikalischen 'schwarzen Loch' mutieren, das durch seine Massenkräfte neue Impulse und Mittel aufsaugt und für eine Zukunft als Wissensgesellschaft zur Verfügung stellt.

---

[26] vgl. Porter, 1991.

Literatur

Abelshauser, Werner (1983): Wirtschaftsgeschichte der Bundesrepublik Deutschland 1945 – 1980, Frankfurt am Main.
Beck, Ulrich (1986): Risikogesellschaft. Auf dem Weg in eine andere Moderne, Frankfurt am Main.
Bell, Daniel (1973): The Coming of Post-Industrial Society. A Venture in Social Forecasting, New York.
Bell, Daniel (1979): Die nachindustrielle Gesellschaft, Frankfurt am Main, New York.
Bell, Daniel [1976] (1991): Die kulturellen Widersprüche des Kapitalismus. Deutsche Neuausgabe, Frankfurt am Main, New York.
Blossfeld, Hans-Peter (1989): Kohortendifferenzierung und Karriereprozeß. Eine Längsschnittstudie über die Veränderung der Bildungs- und Berufschancen im Lebenslauf, Opladen.
Crozier, Michel (1992): Entsteht eine neue Managementlogik?, in: Journal für Sozialforschung, 32. Jg. Heft 2, S. 131–139.
DIW (1997): Bildungsausgaben in der Bundesrepublik Deutschland von 1992 bis 1995. DIW Wochenbericht 8/97, S. 148-156.
Freeman, Richard B. (1997): Immer mehr Armut – die USA auf dem Weg in eine Apartheid-Wirtschaft, in: Harvard Business Manager 1/97, S. 69–78.
Giddens, Anthony (1993): Traditionen in der posttraditionalen Gesellschaft, in: Soziale Welt. Heft 4, S. 445–485.
Gross, Peter (1994): Die Multioptionsgesellschaft, Frankfurt am Main.
Hitzler, Ronald (1996): Orientierungsprobleme: Das Dilemma der Kirchen angesichts der Individualisierung der Menschen, in: Leviathan. Heft 2/96, S. 272–286.
Imhäuser, Kurt/Rolff, Hans-Günter (1992): Facharbeiterlücke und Akademikerschwemme? Entwicklungen in der Sekundarstufe II, in: Rolff, Hans-Günter/Bauer, Karl-Oswald/Klemm, Klaus/Pfeiffer, Hermann (Hrsg.) (1992): Jahrbuch der Schulentwicklung. Daten, Beispiele und Perspektiven. Band 7, Weinheim, München.
Jürgens, Ulrich/Malsch, Thomas/Dohse, Knuth (1989): Moderne Zeiten in der Automobilfabrik. Strategien der Produktmodernisierung im Länder- und Konzernvergleich, Berlin.
Lehner, Franz/Widmaier, Ulrich (1992): Eine Schule für eine moderne Industriegesellschaft. Strukturwandel und Entwicklung der Schullandschaft in Nordrhein-Westfalen. Studie im Auftrag der GEW, Landesverband Nordrhein-Westfalen, Essen.
Lüde, Rolf von (1996): Die Reorganisation der Fabrik und die Wiederentdeckung der Arbeit. Perspektiven für Bildung und Qualifizierung in der Industriegesellschaft, Opladen.
Mehl, Rainer (1993): FIAT AUTO: Jahrzehntelanger Antagonismus zwischen Management und Beschäftigten, in: WSI-Mitteilungen 2/93, S. 79–87.
Meier, Thomas (1992): Neue Medien, Köln.
Minister für Schule und Erziehung des Königreichs Schweden: Rede vom 19.11.1996. Zitiert nach dem Manuskript der Rede.
Organization for economic co-operation and development (eds.) (1995): Education at a glance, Paris 1995.
Piore, Michael J./Sabel, Charles F. (1984): Das Ende der Massenproduktion. Studie über die Requalifizierung der Arbeit und die Rückkehr der Ökonomie in die Gesellschaft. Zitiert nach der deutschen Ausgabe, Frankfurt am Main, 1989.
Porter, Michael E. (1991): Nationale Wettbewerbsvorteile. Erfolgreich konkurrieren auf dem Weltmarkt, München.

Schumann, Michael/Baethge-Kinsky, Volker/Kuhlmann, Martin/Kurz, Constanze/Neumann, Uwe (1994): Trendreport Rationalisierung: Automobilindustrie, Werkzeugmaschinenbau, Chemische Industrie, Berlin.

Soeffner, Hans–Georg (1995): Die gesellschaftliche Stellung der Kirche nach dem Zweiten Weltkrieg. MS Konstanz.

Tessaring, Manfred/Blien, Uwe/Fischer, Günther/Hofmann, Ingrid/Reinberg, Alexander (1990): Bildung und Beschäftigung im Wandel. Die Bildungsgesamtrechnung des IAB. BeitrAB 126, Nürnberg.

Tessaring; Manfred (1991): Tendenzen des Qualifikationsbedarfs in der Bundesrepublik Deutschland bis zum Jahre 2010, in: MittAB 1/91, S. 45-62.

The President (1997): State of the Union Address. White House Press Release, February 4, 1997.

Klaus Otto Nass

Wer führen will, muß dienen können – Leistung und Werte in Ausbildung und Beruf

1. Der Elitenbegriff

Als am Ende des Sommersemesters 1994 die Universität Freiburg/Fribourg (Schweiz) die jungen Betriebs- und Volkswirte (lic.rer.pol.) in Anwesenheit zahlreicher Freunde und Verwandten auf einer Festveranstaltung verabschiedete, gab Professor Ernst-Bernd Blümle seinen ehemaligen Studenten drei Maximen mit auf den Weg:

– Ihr habt hier viel gelernt. Aber glaubt bitte nicht, daß Ihr nun alles wißt, sondern beginnt Euren neuen Beruf mit Bescheidenheit und der Bereitschaft, weiter zu lernen;
– Bleibt untereinander in Kontakt, haltet zusammen. Helft Euch gegenseitig;
– Erinnert Euch gerne Eurer Studentenzeit und sprecht auch zu Dritten gut über Eure Universität. Wenn Ihr schlecht über sie sprecht, fällt das nur auf Euch selbst zurück.

Die Universität Fribourg, Europas zweisprachige Universität, erhebt nicht den Anspruch, eine Eliteschule zu sein. Aber die Maximen Professor Blümles zählen zu denen, deren Beachtung gerade auch von Eliten erwartet werden kann: eine hohe Fachkompetenz verbunden mit fortdauernder Lernbereitschaft sowie Tugenden wie Bescheidenheit, Selbstdisziplin, Zuverlässigkeit und Treue, Rechtmäßigkeit im Handeln und Wahrhaftigkeit im Wort.

Elite, so meint man vereinfachend, führt, gibt die Richtung an. Aber das ist nicht immer die Realität. Viele Personen in Leitungsfunktionen sind ungeeignet und zählen daher nicht zur Elite. Viele, die geeignet wären, arbeiten in nachgeordneten Positionen: „Viele sind berufen, aber wenige sind auserwählt."

Wer herausragend qualifiziert ist und nicht die höchste Position besetzt, die es in dem Organismus gibt, dem er angehört, verliert nicht die Eigenschaft, Elite zu sein. Jedenfalls dann nicht, wenn er ein nobile officium auf jeder Sprosse der Karriereleiter beachtet, nämlich kreativ, verantwortungsbewußt, kritisch und entscheidungsbereit sich nicht nur von seinem persönlichen Fortkommen bestimmen zu lassen, sondern in erster Linie von den Erfordernissen der Aufgabe, der er verpflichtet ist, der er dient. Denn von ihrer Elite erwartet die deutsche Bevölkerung, daß sie ihr Fach versteht, ihre Funktion optimal wahrnimmt, aber darüber hinaus noch etwas mehr tut.

Für den Elitenbegriff kommt es auf diese Akzeptanz in der Bevölkerung deshalb an, weil Elite nur dann der Gesellschaft förderlich sein kann, wenn sie kein Fremdkörper ist, sondern wenn die ihr zugehörigen Persönlichkeiten eine gewisse Vorbildfunktion für andere ausüben können.

Weder Fachkompetenz noch eine herausgehobene Position, auch beide in einer Person vereint, genügen nicht, um jemanden zur Elite zu zählen. Auch Avantgarde ist nicht automatisch Elite. Die *Grünen* waren und sind es nicht, jedenfalls nicht bloß deshalb, weil sie ein dringendes, existentielles Problem unserer Gegenwart zu ihrem Hauptthema und für die Lösung teilweise auch einleuchtende Vorschläge gemacht haben. Denn auch Realitätssinn, Flexibilität und Anpassung an die Realität gehören ebenso zur Elite wie die Vision einer besseren Welt und die Arbeit dafür.

Visionen lassen sich nur realisieren, wenn wir anknüpfen an das, was besteht, und das Gegebene Schritt für Schritt – und das heißt nicht: langsam – in Richtung auf den angestrebten besseren Zustand verändern. Evolution statt Revolution.

In Deutschland geht vom Begriff der Elite kein Wohllaut aus. Mit ihm verbindet sich immer noch der Begriff einer Kaste, einer Schicht, in die einzudringen Außenstehenden äußerst erschwert wird.

Das Gegenteil ist richtig: Zur Elite zählt niemand kraft Herkunft, sondern durch herausragende Leistung – ob in Wissenschaft, Politik, Kultur, Wirtschaft, wo auch immer. Da die Gebiete von der Medizin bis zur Bildhauerei, von der Unternehmensführung bis zur Staatskunst, von den Gewerkschaften bis zum Altar reichen, kann selbst von einer Elite-Schicht keine Rede sein, zumal die Personen, auf die der Begriff Elite zutrifft, sich überwiegend überhaupt nicht kennen.

Die verbreitete Nichtachtung von Elite richtet sich meist 'nur' gegen den Begriff, nicht aber gegen die einzelnen Personen, auf die der Begriff zutrifft. Nur als verengte Bezeichnung überragender fachlicher Kompetenz wird Elite dann und wann anerkannt: Das Kommando des Bundesgrenzschutzes GSG 9, das in Mogadischu (Somalia) Geiseln aus der Gewalt der Entführer befreite, durfte man als 'Elite-Truppe' bezeichnen, ohne Gefahr zu laufen, deswegen getadelt zu werden.

Unvergessen ist auch – erfreulicherweise – die Auflösung des Elitebegriffs unter dem Nationalsozialismus. Was damals zählte, war in erster Linie die Ideologie, nicht einmal Fachkompetenz, schon gar nicht 'Üb´ immer Treu und Redlichkeit'.

Teile der alten Eliten aus Kaiserreich und Weimarer Republik gingen innerlich auf Distanz, sprachen wie der Reichspräsident vom 'böhmischen Gefreiten' oder meinten, das Feld nicht gänzlich den neuen Herren überlassen, sondern weiter dem Staate dienen zu sollen. Andere wandten sich dem Verführer zu, manchmal mehr resigniert als fanatisiert oder fasziniert. Die sogenannte 'Elite' der deutschen Wehrmacht – damit ist nicht die Masse der Kriegsteilnehmer gemeint, sondern weite Teile der Generalität – opferte Millionen Menschenleben um einer verlorenen, obendrein verbrecherischen Sache willen. Sie ließen sich nicht von ihrem militärischen Sachverstand leiten. Die Offiziere des Widerstandes wiesen sich als die wahre Elite aus.

Der Elitebegriff schwankt in den Zeiten, orientiert sich an den herrschenden Werten, ist von Kultur zu Kultur, von Land zu Land unterschiedlich. Viele unserer heutigen Grundwerte stehen in unserer Verfassung, andere gelten ohne jede gesetzliche Verankerung. Daß Eigentum verpflichtet und sein Gebrauch zugleich dem Wohle der Allgemeinheit dienen soll, steht im Grundgesetz. Die Sozialpflichtigkeit hoher Begabung oder führender Funktionen ist ein ungeschriebenes Gesetz auch außerhalb des Geltungsbereichs der Hamburger Verfassung, die es jedermann zur sittlichen Pflicht macht, zur Entwicklung des Allgemeinwohls beizutragen.

Jeder, der an seinem Platz direkt oder indirekt der Allgemeinheit dient, mehr tut als seine unmittelbare Pflicht – bei der Erziehung der Kinder oder an der Werkbank, im Forschungszentrum oder als LKW-Fahrer –, kann erwarten, daß auch die herausragenden Vertreter aller Disziplinen sich nicht nur am eigenen Ein- und Fortkommen orientieren, sondern über den eigenen Lebenskreis hinaus für das Gemeinwohl wirken und damit eine gewisse Vorbildfunktion erfüllen.

Freilich gibt es Vorbilder seit der Gründerzeit, namentlich in den alten Familienunternehmen, wie etwa dem von Robert Bosch begründeten Konzern. Dem Verantwortungsbewußtsein, dem Idealismus und der Verzichtbereitschaft Robert Boschs (dessen Biographie Theodor Heuss geschrieben hat) verdankt die größte deutsche Stiftung ihre Existenz, die Robert Bosch Stiftung in Stuttgart, die in Gesundheits- und Wohlfahrtspflege, Völkerverständigung, Kunst und Kultur Vorbildliches leistet.

2. Auch Eliten dienen

Zu den Tugenden der Elite gehört auch die Bereitschaft zum Dienen. Warum?

Zunächst einmal, weil zum Gelingen die Führungsperson und die 'Geführten' beitragen, und zwar insofern gleichrangig als der Beitrag Aller Voraussetzung des Gelingens des Beitrages jedes einzelnen ist. Der Minister ist oft hilflos ohne seinen Beamtenapparat. Nicht, wenn er Ziele verkündet, Wünschbares proklamiert, wohl aber, wenn er vorher prüfen möchte, welche Realisierungschancen seine Wünsche haben und welche (negativen) Begleiterscheinungen der Versuch auslösen wird, die von ihm avisierte Politik durchzuführen. Wird er falsch beraten, lückenhaft vorbereitet, gar absichtlich fehlgeleitet, kann das sein politisches Ende, vor allem aber bedeuten, daß Notwendiges nicht getan wird.

Im übrigen gibt es viele Positionen im öffentlichen Dienst, in den politischen Parteien, in Unternehmen und Verbänden, Kammern und Innungen, die scheinbar nachgeordnet, tatsächlich aber äußerst einflußreich sind. Wer auf Konferenzen Protokoll führt, ist manchmal wichtiger als ein aktiver Teilnehmer, und immer ist seine Arbeit (ein objektives, aber auch operables Protokoll) Voraussetzung für einen produktiven Fortgang der auf der Konferenz behandelten Dinge.

Aus der Erkenntnis solcher Zusammenhänge müßte eigentlich die Einsicht erwachsen, daß der berufliche Erfolg nicht ausschließlich von dem protokollarischen Rang oder der Stufe in der Hierarchie abhängt, die man im Laufe des Lebens einnimmt. Es gibt in jeder Verwaltung – ob im Staat, in der Kommune, in internationalen oder nichtstaatlichen Organisationen, in Unternehmen oder Verbänden – Direktoren oder Generaldirektoren, die eine große, und solche, die eine geringe Verantwortung haben, darunter solche mit kleinen Aufgaben auf dem Organigramm, aber großem persönlichen Einfluß in der Praxis und umgekehrt. Daran sieht man: Nicht jede (scheinbare) Führungsposition bringt automatisch persönliches Glück oder beruflichen Erfolg; die Befriedigung im Beruf wächst nicht immer parallel zu jeder Beförderung.

Manchmal ist der Verzicht auf individuell zurechenbare Leistung, auf persönliche Anerkennung überhaupt, die Voraussetzung für Erfolg, z. B. bei einem der großen Orchester der Welt, den Berliner Philharmonikern: Viele Orchestermitglieder, wahrscheinlich sogar alle, sind Solisten, d. h. Meister ihres Instruments. Dennoch ist es ihr Beruf, in öffentlichen Veranstaltungen aufzutreten, auf denen das Publikum die Leistung einzelner Orchestermitglieder, von einigen Partien des Musikstückes abgesehen, grundsätzlich nicht erkennen kann oder genauer: allenfalls dann aus dem Spiel des Orchesters heraushört, wenn sie ausschert aus der Komposition oder aus deren Aufführung. Ein Team von Meistern, die – das sage ich am Rande, aber interessant ist es auch – es obendrein unter Umständen hinnehmen müssen, daß ihr Dirigent mehr Tantiemen von den Platten- und CD-Einspielungen erhält als alle Orchestermitglieder zusammen genommen.

Wer in einem solchen Orchester spielt, dient der Musik, der Kunst, den Musen, dem Geist, der Freude, leistet einen unschätzbaren Beitrag zum kulturellen Niveau unserer Gesellschaft und darüber hinaus zur Weltgeltung Deutschlands, gewinnt aus alledem seine berufliche Befriedigung; aber er ist ein Diener, kein Führer; im Gegenteil: er muß schließlich der Auffassung des Dirigenten folgen, die er vielleicht nicht teilt, muß einen Satz oder eine ganze Sinfonie schnell spielen statt – wie er möchte – langsam oder umgekehrt.

Dienen macht vielen keinen Spaß. In Deutschland kommt zu wenig Freude auf. Auch auf dem Wege in die Dienstleistungsgesellschaft können und sollten Eliten Vorbild sein. Von einer Führungskraft sollte man erwarten können, daß sie sich mit ihrer Funktion identifiziert und ihr Bestes gibt und so – auch durch Dienen – ein Beispiel gibt für ihre Mitarbeiter.

3. Bildungssystem und Werterelativismus

Nicht nur am persönlichen Fortkommen interessiert, sondern darüber hinaus oder gar in erster Linie einer Aufgabe, die man übernommen hat, verpflichtet zu sein – wo lernt man das?

Das Abitur wird wohl noch immer als das bezeichnet, was es gar nicht sein kann: als 'Reifeprüfung'. Aber: wie soll man Reife prüfen? Und wird sie – so wie die Schulen sind – dort erworben?

Die Hochschulen vermitteln oft weder praktische Erfahrung noch öffnen sie jedem Studenten den Blick über die Grenzen des von ihm gewählten Faches. Werte vermitteln sie kaum; die Wissenschaft ist bekanntlich wertfrei.

Das Grundgesetz ging davon aus, daß politische Führungskräfte im demokratischen Prozeß über Wahlen, Parteien, Regierungsbildung heranwachsen würden. Aber die Demokratie, die längst eine Parteiendemokratie ist, fördert in erster Linie diejenigen, die sich innerhalb der politischen Parteien in Führungsgruppen oder -cliquen durchsetzen. Oft orientieren die sich dann nach erfolgreicher Wahl und Übernahme öffentlicher Ämter mehr an den eigenen Erfolgsaussichten bei der nächsten Wahl als an langfristigen sachlich politischen Zielen, die über den Wahltermin hinausweisen.

Schichten, die solchen Ansprüchen genügen, sind im Schwinden begriffen. Deutsche Beamte, die sich ihre Wochenarbeitszeit nach Stunden berechnen und sich nur gegen zusätzliche Vergünstigungen und dann auch nur widerwillig von Bonn nach Berlin versetzen lassen, können für sich schwerlich in Anspruch nehmen, sich in erster Linie dem Gemeinwohl verpflichtet zu fühlen. Und zwar um so weniger, wenn Karrieren nicht frei von parteipolitischen Einflüssen zustande kommen.

Den Befürwortern einer ungebundenen, freien Marktwirtschaft schließlich ist die Idee, die Herausbildung eines Führungsnachwuchses zu planen, ziemlich fremd, vielleicht sogar anstößig; denn der Tüchtigste wird sich schon durchsetzen, meinen sie. Aber ein nur durch die Gesetze des Marktes geregelter Kapitalismus führt sich selbst ad absurdum, weil der Wettbewerb unlauter und damit funktionsunfähig wird und der 'Markt' auf der Angebots- oder Nachfrageseite zum Monopol entarten kann.

Natürlich gibt es auch von alledem das Gegenteil: Hochschullehrer, die den Blick über die Grenzen ihres Faches öffnen, Parteipolitiker, die zu Staatsmännern werden, Unternehmer oder Manager, die sich um ihre Belegschaft, um ihren Führungsnachwuchs, aber auch um gesellschaftspolitische Probleme, wie z. B. die Arbeitslosigkeit, kümmern.

Dennoch: Wir haben einen Bedarf an Bildungseinrichtungen, die mehr vermitteln als Fachwissen, logisches Denken oder Durchsetzungsfähigkeit, sondern die die Bereitschaft wecken, Pflichten auf sich zu nehmen ohne unmittelbare Gegenleistung; sich für Werte einzusetzen, ohne die die Welt nicht fortbestehen kann.

Warum kann das die Universität nicht, oder jedenfalls nicht hinreichend? Warum kann sie nicht zu einer Haltung beitragen, die nicht nur am eigenen Fortkommen orientiert ist? Und warum bereitet sie so unvollkommen auf den Beruf vor? Es gibt mehrere Gründe für diese doppelte Schwäche.

Einmal weil es sich dabei um Wertvorstellungen handelt, die wissenschaftlich nicht begründet werden, sondern allenfalls von Zielen, Ideen, Ideologien abgeleitet werden können, weshalb manche ja auch Werte wie Höflichkeit, Pünktlichkeit, Zuverlässigkeit, Vertrauenswürdigkeit mißverständlich als 'Sekundärtugenden' bezeichnen.

Zuzugeben ist auch, daß die streng wissenschaftliche, nicht wertorientierte Ausrichtung der Universitäten wohl mehr Vor- als Nachteile hat; denn wer weiß, welche abwegigen Ideen und Ideologien den jungen Menschen zur Begründung dieses oder jenes Wertes mit auf den Lebensweg gegeben würden.

Der zweite Grund ist die überkommene, in unserer Zeit ergänzungsbedürftige Vorstellung, daß deutsche Universitäten auf spätere Berufe geistig, systematisch wissenschaftlich, aber nicht praktisch vorbereiten sollen. Darin liegt ja gegenüber dem 'learning by doing' ein großer Vorteil, nämlich der, daß Studenten an deutschen Universitäten in das System eingeführt werden, in die Struktur und Systematik des Faches, das sie studieren. Das befähigt sie, später neue Entwicklungen in das System einzuordnen, aber auch auf anderen Gebieten in Zusammenhängen zu denken und den Einzelfall, vor dem sie stehen, nicht isoliert zu betrachten. Aber etwas weniger 'Systemtheorie' und etwas mehr 'Lösungskompetenz' sollte in deutschen Hochschulen schon vermittelt werden.

Ein dritter Grund für mangelnde Vorbereitung auf den Beruf während des Studiums ist vielleicht der wichtigste: Es studieren in manchen Fächern so viele Studenten, daß eine charakterliche Bildung nicht vermittelt werden kann. Die Fülle des Hörsaals und die Fülle des pausenlos wachsenden und sich verändernden Stoffes verbieten das.

Gewiß ist solche Kritik nicht allgemein gültig. Studenten, die entsprechend initiativ sind, können auch heute noch zu vielen Professoren Kontakt herstellen und von ihnen auch persönlich beraten werden.

Wissenschaftlicher Wertrelativismus hindert akademische Lehrer nicht, der Jugend Werte zu vermitteln. Zwar kann die Frage, ob etwas 'wertvoll' ist, wissenschaftlich nur beantwortet werden unter Bezugnahme

1. auf ein Ziel oder einen Zweck, zu deren Verfolgung ein bestimmtes Verhalten oder eine bestimmte Einstellung nützlich, also wertvoll ist, oder
2. auf Vorstellungen, Ideen oder Meinungen, die jemand oder eine Gruppe von Personen darüber hat, was wertvoll oder nicht wertvoll ist.

Anders gesagt: Es ist unmöglich, wissenschaftlich festzustellen, welche Ziele oder Zwecke 'wertvoll' sind ohne Bezugnahme auf den Wert, den sie für die Verfolgung anderer Ziele und Zwecke haben, oder auf Vorstellungen, Ideen, Ideologien oder Meinungen, die jemand über solche (letzten, obersten) Ziele und Zwecke hat.

Der wissenschaftliche Wertrelativismus schließt demnach aber nicht aus, daß wir uns auf oberste Werte verständigen, z. B. Frieden, Freiheit und ein menschenwürdiges Leben. Damit haben wir drei Bezugspunkte, über die sicherlich Einverständnis herrscht, wobei es jedem unbenommen bleibt, weitere oberste Werte, wie z. B. Schonung der Natur oder Respekt vor der Schöpfung und anderes mehr hinzuzufügen.

Nehmen wir nun den Frieden und fragen, welche Werte, welche Unterziele sind erforderlich, um Frieden zu bewahren oder zu schaffen in einer Zeit, in der bekanntlich kein allgemeiner Frieden herrscht, sondern zahlreiche bewaffnete Konflikte in aller Welt ausgetragen werden, die meist unter Instrumentalisierung, d. h.

bewußter Ausnutzung, Terrorisierung und Vernichtung der Zivilbevölkerung, also wehrloser Frauen, Kinder und alter Männer, geführt werden.

Karl Jaspers hat den Deutschen nach dem Kriege gesagt: „Friede ist nur durch Freiheit, Freiheit nur durch Wahrheit möglich. Daher ist die Unwahrheit das eigentlich Böse, jeden Frieden Vernichtende: die Unwahrheit von der Verschleierung bis zur blinden Lässigkeit, von der Lüge bis zur inneren Verlogenheit, von der Gedankenlosigkeit bis zum doktrinären Wahrheitsfanatismus, von der Unwahrhaftigkeit des einzelnen bis zur Unwahrhaftigkeit des öffentlichen Zustandes (...). Die Voraussetzung für den Frieden ist die Mitverantwortung eines jeden durch die Weise seines Lebens in Wahrheit und Freiheit. Die Frage des Friedens ist nicht zuerst eine Frage an die Welt, sondern für jeden an sich selbst."[1]

Seit Pilatus wissen wir, daß es mit der Wahrheit so eine Sache ist: Wir suchen sie, wissen aber nicht, ob wir sie gefunden haben. Ich ziehe daher den Wert der Wahrhaftigkeit vor: Wahrhaftigkeit aber setzt voraus, sich um die Erkenntnis der Lage zu bemühen, zu fragen, also zuzuhören, keine voreiligen Schlüsse zu ziehen.

Wer sich in andere hineinversetzt, fremde Kulturen gewissermaßen von innen her zu verstehen sucht, wird erzogen, erzieht sich selbst zur Bescheidenheit, wird zunächst einmal auch die spezielle Form menschlichen Glücks respektieren, die ihm in fernen Gegenden begegnet, auch wenn sie ihn vielleicht irritiert.

So schafft er Vertrauen. Das ist wichtig in allen zwischenmenschlichen Beziehungen, zwischen Staaten und zwischen Staatsvolk und Staatsgewalt. Vertrauen ist eine Vorstufe der Liebe; auch die Nächstenliebe gehört in diesen Kanon der Werte, die nötig für den Frieden sind. Und wenn schon nicht die Nächstenliebe, so doch die 'Ehrfurcht vor dem Leben' (Albert Schweitzer) – die Humanität.

Leistung dient der materiellen Grundlage eines menschenwürdigen Lebens. Humanität und Wahrhaftigkeit sind davon nicht zu trennen; sie dienen Freiheit, Gerechtigkeit und Frieden.

Verantwortung dafür tragen wir alle, nicht nur die Eliten; denn

„Ein Christenmensch ist ein freier Herr über alle Dinge und niemandem untertan.
Ein Christenmensch ist ein dienstbarer Knecht aller Dinge und jedermann untertan."

(Martin Luther, Von der Freiheit eines Christenmenschen)

---

[1] Karl Jaspers: Wahrheit, Freiheit und Friede (1958), in: Ders.: Lebensfragen der deutschen Politik, 1963, dtv Nr. 105, S. 158ff (169ff).

Ernst Prokop

Lebenslanges Lernen

Daß Kinder und Heranwachsende lernen müssen und daß deren Lebenszuschnitt überwiegend von Erziehern und Lehrern bestimmt wird, darüber besteht weitestgehend Konsens – im Interesse ihrer Zukunft und weil so, alles in allem, Verantwortlichkeit und Lebenskompetenz für die Jugendzeit und das Erwachsenenalter grundgelegt werden können. Insofern lassen sich Erzieher und Lehrer weit überwiegend vom wohlverstandenen Interesse der Kinder und Heranwachsenden leiten – auch wenn diese in der Regel die Lebensbedeutsamkeit der Beanspruchungen nicht überschauen, die ihnen in einzelnen Phasen der Kindheit abverlangt werden. Der Gehalt der antiken Regel, daß nicht für die Schule, sondern für das Leben gelernt wird, wird nicht in jedem Augenblick eines jahrelangen Bildungsganges erfahrbar. Mit Augenmaß und Selbstkontrolle bei Erziehern und Lehrern und mit Leistungsbewußtsein und Selbstkritik bei Kindern und Schülern kommt man aber dahin, daß man die Spannung zwischen Gegebenem und Wünschbarem aushält, daß man anhand von Informationen und über Wertentscheidungen zu Orientierungsdaten für Handeln und Verhalten gelangt und daß man für die Folgen seines Tuns einzustehen bereit ist. Soweit sich solche Merkmale einstellen, erübrigen sich pädagogische Bemühungen zunehmend, mutieren Heranwachsende zu Erwachsenen, erweisen sich Jugendliche partiell als Aus-Gebildete![1]

Nun gelten sie als mündig, insofern als erwachsen, und sie gehören zu jener unübersehbaren Schar von Frauen und Männern, die, zur Verantwortung für sich selbst und für andere bereit, das Leben der Gesellschaft gestalten. Wenn diese sich dann noch in Abhängigkeiten von Lehrern begeben, um ihre Berufsqualifikation zu spezifizieren oder abzurunden, und wenn sie Bevormundungen hinnehmen, um den im Wandel befindlichen Orientierungsdaten für ihren Lebenszuschnitt auf der Spur zu bleiben, mag das auf den ersten Blick widersprüchlich erscheinen. Folgerichtig gibt es für das lebenslange Lernen auch keine juristischen Verbindlichkeiten im Sinne einer Schulpflicht, und es finden sich so vielfältig ausgeprägte Anregungen dazu und so unterschiedliche individuelle Ausgestaltungsmöglichkeiten dabei, daß die Redensart von der 'Pluralität' dies nur dann angemessen ausdrückt, wenn man stets im Auge hat, daß Erwachsene sich selbst bilden.

---

[1] L. A. Seneca d. J., 4 vor bis 65 n. Chr., Brief 76,3: „Man lernt, so lange man lebt"; Brief 106,12: „Nicht für das Leben, sondern für die Schule lernen wir!" Über unseren Schulportalen wird es meist umgekehrt zitiert: „Nicht für die Schule, sondern für das Leben lernen wir."

1. Von Vorbildern angeregt

Anstöße, sich zu bilden, gehen von Bildern aus. Auch die sind im Zeitalter vielgestaltigster Medien inflationär. Wer sich bildet, mißt sein eigenes Leben an 'Ellen'. Heranwachsenden werden solche nahegebracht, Erwachsene wählen sie selbst aus. Solche Maßgaben bieten sich zunächst spontan und informell im Lebensalltag an. Markante Verhaltenssequenzen von Mitmenschen und Zeitgenossen sind teils im tagtäglichen Umgang zugänglich. Häufiger gelangt man durch das Hören, Sehen und Lesen über die Lebensweisen anderer Menschen daran – über Lebenshilfen und über Medien. Gesellschaftliche Leitbilder, sinnstiftende Institutionen und Riten, die den Lebensablauf markieren, Gruppierungen im Lebensumfeld, in denen sich einzelne beheimatet fühlen, und Erwachsenenbildungseinrichtungen gewährleisten kontinuierlich und flächendeckend, daß 'Vorbilder' erreichbar sind, an denen bildungswillige Frauen und Männer ein menschenwürdiges Maß für ihr Leben gewinnen können.[2]

In unserem kulturellen Erbe verdichten sich die Erfahrungen um das Menschsein in 'Idealen', die eine Zusammenschau optimal gelungener Ausprägungen menschlichen Lebens skizzieren. Zunächst profilierten die Zeitalter von Mystik und Reformation, Humanismus und Renaissance die 'Gottes-Ebenbildlichkeit' jedes Menschen als Ziel seiner Bildung. Seither haben sich die 'Bilder' säkularisiert und greifen nicht mehr programmatisch über die Spanne des Erdenlebens hinaus. Plural ausgefächert reichen sie von Bündeln erfolgsträchtiger Eigenschaften bis zu Katalogen von Schlüsselqualifikationen oder Lebenskompetenzen, die in unterschiedlichstem Ausmaß vom jeweiligen Zeitgeist getragen sind oder sich auf zeitlose Sinnerfahrungen des Menschseins beziehen.[3]

Bildung ist insofern lebenslang ein ganz persönlicher Vorgang. Zu individuellem Lebensprofil gelangen erwachsene Frauen und Männer, indem sie sich Anhaltspunkte für ihr Leben verschaffen. Was man an Wissen erwirbt und an Können entwickelt, verhilft der erwachsenen Persönlichkeit zu ihrem eigentümlichen Profil. Daß man Sinn im Leben sieht, darin liegt die persönliche Leistung jedes 'Sich-Bildens'. In so vielgestaltiger und unterschiedlicher Ausprägung wie nur denkbar erlangen Erwachsene dabei ihren persönlichen Lebenszuschnitt. Erwachsenenbildung dient insofern persönlicher Lebensorientierung und Berufsqualifizierung – über alle Altersphasen und Alltagssituationen hin: „Gebildet im Sinne der Erwachsenenbildung wird jeder, der in der ständigen Bemühung lebt, sich selbst, die Gesellschaft und die Welt zu verstehen und diesem Verständnis gemäß zu handeln."[4]

---

[2] vgl. hierzu und zum folgenden: E. Prokop, Orientierungsdaten für die Erwachsenenbildung, München 1985, S. 35-55.

[3] vgl. E. Prokop: Wie geht man mit Schlüsseln um, wenn Schlösser ausgewechselt werden?, in: Hessische Blätter für Volksbildung 3/1996, S. 225-233.

[4] Deutscher Ausschuß für das Erziehungs- und Bildungswesen: Gutachten zur Situation und Aufgabe der deutschen Erwachsenenbildung vom 29. 01. 1960, Stuttgart 1960, S. 20.

Seit dem Bildungsgesamtplan der Ministerpräsidenten der deutschen Bundesländer von 1973 gehören alle Maßnahmen nachschulischer Bildung – sie umfassen die allgemeine Bildung Erwachsener, die berufliche Bildung und die politische Bildung – als 'quartärer' Sektor zum Bildungswesen. Programmatisch sind damit für das lebenslange Lernen Infrastrukturen geschaffen, die seine in die Verästelungen des Lebensalltags hinein verstreuten Erscheinungsformen zusammenfassen und aufwerten – beispielsweise gegenüber vielen zwar für das Zusammenleben ersprießlichen, aber nicht unersetzlichen privaten Initiativen oder gegenüber den Aktivitäten des Vereinswesens und des Gemeinsinns. Mit dem Einbeziehen aller Erscheinungsformen des nachschulischen Lernens ins Bildungswesen ist aber deren Bedeutsamkeit als öffentliche Dienstleistung, derer man sich sinnvollerweise bedienen sollte, für alle Bürger ausgedrückt. Die Geschäftsgrundlagen harren insofern der Ausgestaltung – nicht nur durch die Finanzminister, an die hier immer wieder erinnert wird, sondern auch über Sozialpartner, Religionsgemeinschaften und Nachbarschaften, an Arbeitsplätzen, in politischen Parteien und durch die seit Generationen bewährten Erwachsenenbildungseinrichtungen, von denen nur die Volkshochschulen als die am verbreitetsten bekannten hier genannt werden sollen. Schließlich darf nicht vergessen werden, daß selbst jede Arbeitsstätte Lernort der 'Weiterbildung' ist. So haben die für Kultur und Bildung zuständigen Verfassungsorgane den vierten Bildungsbereich benannt.[5]

Man darf allerdings auch nicht aus den Augen verlieren, daß diese Infrastrukturen auch die Voraussetzungen für eine 'lebenslängliche Beschulung' zu erbringen vermögen. Eine solche Perspektive kann dann relevant werden, wenn die gesellschaftlichen Ausgestaltungsmöglichkeiten des Weiterbildungsbereichs unzureichend wahrgenommen werden oder wenn sich bürokratische und institutionelle Regelungen der ohnehin begrenzten Ermessensspielräume im Bildungsbereich durchsetzen. Durchaus unterschiedliche Typen gesetzlicher Regelung der allgemeinen Weiterbildung in den überwiegend sozialdemokratisch oder christdemokratisch regierten Bundesländern machen Polaritäten im Gesellschaftsverständnis ebenso deutlich wie die überall anzutreffende Beschränkung der öffentlichen Hand auf Rechtsaufsicht und ihre Enthaltsamkeit gegenüber jeder fachlichen Vorgabe im gesamten Weiterbildungssektor. Hingegen ist die Erstausbildung durch eine wahre Flut von Einzelvorschriften geregelt.[6]

---

[5] vgl. Deutscher Bildungsrat: Strukturplan für das Bildungswesen, Stuttgart 1970; Sekretariat der Ständigen Konferenz der Kultusminister der Bundesrepublik Deutschland: Bildungsgesamtplan, Bonn 1973; Bundesminister für Bildung und Wissenschaft: Thesen zur Weiterbildung, Bonn 1985.

[6] vgl. u. a. A. Beckel/H. Senzky: Management und Recht der Erwachsenenbildung, Stuttgart 1974, Band 2 des Handbuchs der Erwachsenenbildung, hrsg. von F. Pöggeler.

2. Dem Alltagsleben verbunden

Aktuell verwischen sich diese Polaritäten und Profile. Die Abgrenzungen zwischen Lebenshilfe, nachschulischem Lernen und Daseinsvorsorge verschwimmen zu Grauzonen zwischen allgemeiner Weiterbildung und Sozialarbeit. Auf Berufsarbeit bezogene Aus- und Weiterbildung erfüllen überwiegend Lehrpläne. Zum Teil ermöglichen sie das Nachholen von versäumten Abschlüssen aus der Schulzeit.

Insofern gehen Weiterbildungsangebote von drängenden Fragen der Menschen heute aus. Wer sich bildet, befindet nach eigenem Urteil über die Tragfähigkeit der Antworten auf seine Lebensfragen. Erwachsenenbildung präsentiert lebensbegleitend vielfältige Impulse, welche zur Selbstbildung anregen – von unterschiedlichen Ausgangspunkten her, anknüpfend an teils widersprüchliche Lebensauffassungen und über vielfältige Methoden. Lebenslanges Lernen wird so angeregt – allerdings erweist sich innerhalb des uferlosen Marktes der Meinungen in Öffentlichkeit und Medien dessen Qualität vor allem darin, ob und in welchem Ausmaß es Sachwissen gewichtig werden läßt auf menschliche Berufsbewährung und Lebensorientierung hin. Beim lebenslangen Lernen werden aus Informationen Orientierungsdaten. Je breiter die Palette der Anregungen und Fragen, je lebensverbundener die Angebote zu Antworten in Wort und Bild und Schrift, um so seltener wird der Anspruch verfehlt, Impulse für die je individuelle Bildung bereitzustellen.[7]

Lebenslanges Lernen ist seit langem eine globale Erscheinung – wenn auch nicht unter diesem Namen. Im Fachjargon spricht man von 'transitorischer' Erwachsenenbildung, wenn mittels großräumiger Kampagnen ein Landstrich oder eine Region oder eine Bevölkerungsgruppe mit neuen Kenntnissen vertraut gemacht werden. Im 16. Jahrhundert sorgten die Küster der reformierten Kirchengemeinden dafür, daß die bei ihnen beheimateten Christenmenschen die von Luther ins Deutsche übersetzte Bibel lesen konnten. Später wurde die Landbevölkerung daran gewöhnt, mit Hilfe der Anbaumethode des Fruchtwechsels höhere Ernteerträge zu erzielen. Während die Dritte Welt die Analphabetenrate unter ihrer erwachsenen Bevölkerung zu senken sucht, machen sich die Erwachsenen in Industrieländern mit elektronischen Datenspeichern und Computern vertraut. All diese Maßnahmen erübrigen sich, wenn sich die entsprechenden Kenntnisse durchgesetzt haben.[8]

'Emanzipatorische' Erwachsenenbildung sucht die Folgen von Modernisierung und Wandel in allen Lebensbereichen aufzufangen, indem sie dazu anleitet, sich von überholten Orientierungsdaten und von nicht mehr griffigen Verhaltensmaßstäben zu lösen. Die häufig anzutreffenden Unstimmigkeiten zwischen alltäglichen Verhaltensmustern und vorgeblichen Prinzipien ist teilweise darin begründet, daß noch immer Wertvorstellungen und Arbeitstugenden aus der Frühzeit der Industriekultur oder Denkhorizonte einer patriarchalisch-agrarischen Gesellschaft anzutreffen sind. Angesichts dessen ergeben sich in jeder Phase des Erwachsenenlebens

---

[7] vgl. E. Prokop: Lernen unter Erwachsenen, München 1983.
[8] Transire, lateinisch: vorübergehen, durchlaufen; vgl. auch zum folgenden: W. Schulenberg: Erwachsenenbildung, in: H. H. Groothoff (Hrsg.): Pädagogik, Frankfurt 1964, S. 68 f.

Konflikte mit den in Kindheit und Jugend erlernten Verhaltensweisen. Für viele Alltagsbereiche verschärfen sich die Probleme um jeweils angemessenes Rollenverhalten aufgrund der Vielfältigkeit von Urteilsmaßstäben entsprechend der individuellen Neigung zur Verarbeitung oder zur Verdrängung erfahrbarer Unstimmigkeiten und Konflikte. Insofern erweisen sich das individuelle Handeln und das soziale Verhalten als kontinuierliche Lernaufgaben durch die Lebensalter. Besonders intensiv haben sich solche Formen lebenslangen Lernens bei Bevölkerungsgruppen mit spezifischen Erfahrungsdefiziten und Ausbildungsmängeln gezeigt: bei den Fabrikarbeitern in den Frühphasen der Industrialisierung; in der ersten Hälfte des 20. Jahrhunderts bei vielen Frauen, die ihren Lebenszuschnitt über Haushalts- und Familientätigkeit hinweg ausdehnten; gegenwärtig bei einer körperlich und psychisch weitgehend belastbaren Seniorengeneration, die nach sinnvollen Aufgabenstellungen für die vor ihnen liegende, nicht mehr von Berufsarbeit geprägte Lebenszeit sucht.

'Komplementäre' Weiterbildung verzahnt das nachschulische Lernen mit den schulischen und beruflichen Formen der Erstausbildung. Eine grundlegende Allgemeinbildung und deren spezialisierende Vertiefung führen zu 'Baukasten-Systemen'. Die Themenkreise der Ausbildungsgänge werden auf Erstausbildung und Weiterbildung – orientiert an Verwendungssituationen – verteilt. Man versucht, Methoden der Instruktion mit unterschiedlichen Ausprägungen entdeckenden Lernens zu verbinden. Hier liegen die gegenwärtigen Wachstumsprobleme lebenslangen Lernens, an deren Lösung sich Weiterbildungseinrichtungen, selbständig Lernende und Bildungsforschung in Praxis und Theorie zu bewähren haben.

3. Aus Bildungstraditionen erwachsen

Muster für lebenslanges Lernen sind seit Generationen bekannt. Die Fixierung der Aufmerksamkeit auf die Pflichtbeschulung der Kinder und Jugendlichen aus allen Bevölkerungskreisen und deren Berufsausbildung seit der Mitte des 19. Jahrhunderts hat sie jedoch in den Hintergrund geraten lassen. Seither gilt alle Aufmerksamkeit hinsichtlich des organisierten Lernens jenem Zeitpunkt, zu dem man 'ausgelernt' hat, und jenem Zertifikat, das einem nicht nur Kenntnisse und Können bescheinigt, sondern das auch signalisiert, nun sei 'Aus-Gebildet' – verstanden eben im Sinne überwiegender Orientierung an Lehrern und deren Wünschen. Dafür beginnt nun die Zeit eigener Entfaltung, die auch eine Zeit des Lernens ist – des lebensbegleitenden nämlich.[9]

Gelehrte wurden mit dem Wissen der Zeit intensiv vertraut gemacht und bewährten sich im Lebensgang als 'Kopf-Arbeiter' dadurch, daß sie sich auf die Vermehrung des Wissbaren durch Forschung und Entdeckung konzentrierten – auf eine durch lebenslanges Erkennen geprägte Karriere also. Polar hierzu hat beim Lebensgang der 'Hand-Arbeiter' die jeweilige Kunstfertigkeit eine ständige Ent-

---

[9] vgl. E. Prokop: Erziehungswissenschaft und Erwachsenenbildung, Braunschweig 1973.

wicklung vom Mithelfen bis zur Meisterschaft erfahren. Das war aber eher durch Vermittlung der Könner an die Lernenden geregelt, weniger durch systematische Beschulung. Diese setzte erst im 19. Jahrhundert ein (seither haben wir fast 400 Ausbildungsberufe). Zuvor zielte alle Aufmerksamkeit darauf, daß dem handwerklichen Können auch ein mitmenschlicher Umgang, eine über den Tag hinausreichende Sinnorientierung und Arbeitstugenden entsprachen. Man lebte nicht in der Perspektive von wenigen Lebensjahrzehnten, sondern angesichts der Ewigkeit – letztlich unter den Augen jenes Gottes, der sich in der jüdisch-christlichen Tradition offenbart hat. Das Buch, in dem darüber berichtet wird, die Bibel, begleitete lebenslang durch den Alltag.

In der Spannbreite zwischen Allgemeinbildung und Berufsbildung bewegt sich seither jedes Bemühen um Erstausbildung und Weiterbildung in der deutschsprachigen Bildungskultur. In dieser Bandbreite vollzieht sich auch die Diskussion um das lebenslange Lernen. Ausgangspunkt ist die anthropologische Grunderfahrung des Vergehens, nicht nur der Welt und des individuellen Lebens, sondern auch der Produkte und der Artefakte und der Kulturen. Dieser Wandel läßt Wissen rasch altern. Die Erhaltung einer humanen Lebensweise verlangt nach Maßstäben, welche die in der individuellen Lebensspanne erfahrbare Unbeständigkeit aller Anhaltspunkte aushaltbar machen. Dazu gehört die innere Verpflichtung, daß man lebensbegleitend zu lernen hat – sich um Orientierungsdaten zu bemühen, Kenntnisse zu erweitern und zu erneuern. Diese Verpflichtung ist mehr als eine Verwaltungsrechtsnorm wie jene, die dafür sorgt, daß nach säumigen Schülern die Polizei schaut oder daß deren Eltern ein Bußgeldbescheid ins Haus steht. Lebenslanges Lernen ist eine moralische Notwendigkeit im Sinne des Philosophen Immanuel Kant – ein überindividuelles Sollen, eine von innen heraus resultierende Pflicht.

Daran ändern auch – um es mit dem Märchen auszudrücken – des Kaisers neue Kleider im Ablauf der Zeit nichts. Als am Anfang des 19. Jahrhunderts Bayern Königreich wurde, sollten die Bürger das entsprechende Beheimatungsbewußtsein entwickeln. Bilder auf den Spielkarten sorgten dafür sogar am Stammtisch.[10] Nach Presseberichten hat der Präsident der Vereinigten Staaten von Amerika, Bill Clinton, Ende letzten Jahres eine neue amerikanische Bildungskarriere skizziert: mit 8 Lesen, mit 12 'Computern', mit 18 College-Abschluß, mit 50 Millionär – Markierungen für durch Lernen miteinander verbundene Lebensphasen.

In den Foyers der 'Neuen Universität' visualisieren ausdrucksvolle Graphiken und Bilder von Studierenden unser Thema. Ergänzend möchte ich auf ein Gemälde mit dem Titel 'Selbstbildnis mit Bildung' von Markus Lüpertz hinweisen, in dunkelbraun gehalten, etwa 2,50 m x 1,50 m, mit deutlich konturiertem Gesicht, verschwimmendem Körper als Selbstbildnis. Die 'Bildung' erscheint als weiße Umrißskizze von Schultern bis Fuß eines mit Sakko, Hose, Schuh Bekleideten; links davon in waagerechtem Schriftzug: Hölderlin; rechts im senkrechten Schriftzug: Heine. All dies sind zweifellos zunächst subjektive künstlerische Äußerungen, die

---

[10] M. Henker u. a. (Hrsg.): Bayern entsteht – Montgelas und sein Ansbacher Mèmoire von 1796, Haus der Bayerischen Geschichte, Augsburg 1996, S. 227.

aber exemplarisch signalisieren, was vom Gebildetsein überhaupt noch 'ankommt': Übergestülptes, Danebengestelltes, Aufgepfropftes, Angeeignetes – ohne erkennbaren Bezug zum alltäglichen Leben, zu dessen Profilierung 'sich zu bilden' aber gerade beizutragen hätte.[11]

4. Woran man sich halten kann

Anregungen zum lebenslangen Lernen wenden sich an alle und stehen jeder Interessierten und jedem Interessierten offen. Sogar Kulturförderung und Bildungspolitik sind markiert von programmatischen Absichtserklärungen, das lebenslange Lernen jeder Frau und jedem Mann schmackhaft zu machen. Ob die sich dafür aber Lehrer aus den schulischen Bereichen im weitesten Sinne suchen, oder ob sie Experten und Vertrauenspersonen in Anspruch nehmen, die ihnen als Gesprächspartner im Umfeld ihres Alltags zugänglich sind, entscheiden diese Erwachsenen je nach ihrer Lebenssituation ganz allein.[12]

Sie stellen Fragen aus den Verwendungszusammenhängen ihres ganz persönlichen Lebensumfeldes. Häufig empfinden sie diese so drängend, daß die Bemühungen um deren Beantwortung von großer Aufmerksamkeit getragen sind, und daß sie sowohl psychische Energien als auch materielle Ressourcen mobilisieren, um zu Antworten zu gelangen. So ergeben sich Anhaltspunkte dafür, mit den eigenen Fragen und Unsicherheiten lebenstüchtig zu bleiben, auch aus den lebensnahen Bildern und den 'Fertigteilen' für tagtägliches Handeln in den Medien. Über Generationen hinweg waren viele Erwachsene gewohnt, solche Anhaltspunkte schriftlichen Dokumentationen zu entnehmen – in Gestalt von Kalender und Bibel, Schulbuch und Roman. Wohin Erwachsene im Einzelfall hören, wo sie Antwort suchen, wenn sie sich von Fragen bedrängt sehen, ergibt sich auch aus den verworrenen Strängen unterschiedlichster Erfahrungen, welche sich in jedem Lebenslauf bündeln. Da trifft man auf ganz individuelle Erinnerungen an Lernen und Ausbildung sowie auf widersprüchlichste Erlebnisbestände um Bildung und Schule.

Die breite Streuung des Weiterbildungsverhaltens – vom Teilnehmen an organisierten Maßnahmen über gezielte persönliche Bildungsbemühungen bis hin zu ausgeprägter Unfähigkeit, sich im Lebensablauf mittels Lernbemühungen zu orientieren – gründet in Vorstellungen vom gesellschaftlichen Zusammenleben der Menschen und davon, welche Lebenshilfen hierbei von der Bildung zu erwarten sind. Wo Gesellschaftsvorstellungen von einem kontinuierlich strukturierten sozialen Lebensraum vorherrschen, innerhalb dessen man sich überwiegend durch eigene

---

[11] Arbeiten von Studierenden der Staatlichen Akademie der Bildenden Künste Stuttgart zu den Themen 'Aufeinander reagieren' und 'BILD-ung', die während des Symposiums ausgestellt wurden; M. Lüpertz: Gemälde – Skulpturen, Kunstsammlungen Nordrhein-Westfalen, Düsseldorf 1985, S. 87, Abbildung 32: Selbstporträt mit Bildung, 1984.

[12] Bayerisches Staatsministerium für Arbeit und Sozialordnung, Familie, Frauen und Gesundheit (Hrsg.): Weiterbildungsberatung, Forschungsbericht, München 1993.

Aktivität verortet, erscheint auch Lernen als konstruktive Lebensäußerung. Seit die philosophische, literarische und publizistische sogenannte Aufklärung im 18. Jahrhundert in Europa die Beschulung der Jugend durchgesetzt hat, lassen sich lernfreundliche Bevölkerungskreise maßgebend davon leiten. Andere hängen dichotomischen Gesellschaftsvorstellungen an. Danach besteht die Gesellschaft aus in sich geschlossenen Gruppierungen, zwischen denen es kaum Durchlässigkeiten gibt. Persönliche Aktivitäten und Initiativen richten sich nur auf unmittelbare Bedürfnisse. Aktuelle Anstrengungen auf erst später erreichbare Ziele hin bieten sich nicht an, weil die Lebensbahn weitestgehend vorgegeben erscheint.

Im Verhalten gegenüber dem lebenslangen Lernen zeigen sich diese Unterschiede unter anderem darin, daß es Bevölkerungsgruppen mit 'sozial-differenzierenden' Bildungsvorstellungen gibt. Was die Jugendbeschulung an Ergebnissen bringt, führt danach zu Rechtsansprüchen auf höhere soziale Positionen und entrückt dem gewohnten menschlichen Umgang. Wer seinem Lebensumfeld verbunden bleiben will, wird also kaum alle Energie dafür mobilisieren, im Gefolge von Bildungsanstrengungen seiner eigenen 'Bodenhaftung' unter den Mitmenschen der eigenen Herkunft verlustig zu gehen. Diese Auffassung fand sich in seriösen wissenschaftlichen Untersuchungen bei etwas mehr als 40 % der Erwachsenen. Um die 55 % hängen 'personal-differenzierenden' Bildungsvorstellungen an. Danach zeichnen sich Gebildete aufgrund ihrer reichen Kenntnisse und ihrer unermüdlichen Lernbemühungen durch die Befähigung zu mitmenschlicher Anerkennung und zu situationsadäquatem Verhalten aus, so daß sie meist konstruktiv und aktiv zu handeln in der Lage sind. Sie erweisen sich dem stetigen Wandel der menschlichen Lebensverhältnisse gewachsen. Darin liegt der Gewinn beim lebenslangen Lernen.[13]

Aus derartigen Zusammenhängen erklärt es sich, ob – zu welchem Zeitpunkt auch immer – Weiterbildungsangebote für das lebensbegleitende Lernen als einladend empfunden werden und eine Teilnahme daran als lohnend erscheint. Es sind durchweg Erwachsene mit teils interessierter Aufgeschlossenheit gegenüber Weiterbildungsanregungen und mit teils skeptischer Zurückhaltung aufgrund ihrer Erfahrungen aus der Erstausbildung, welche sich den Anforderungen zum lebenslangen Lernen gegenübersehen. Sie brauchen dabei Ratschläge und Bestätigung in Gestalt von

– Anregungen, die auf das lebenslange Lernen aufmerksam machen;
– Ermutigung, eigenen Vorstellungen entsprechend zu handeln;
– Anleitungen, wie man Hindernisse überwindet;
– 'Ellen' und Anhaltspunkten für die alltägliche Tätigkeit des Lernens;
– Hinweisen und Hilfen für die Verschränkung von Alltagsleben und Lernen.

Je informeller sich der Zugang zu solchen Ratschlägen auftut, innerhalb des Lebensumfeldes von Berufstätigkeiten und Privatinteressen, bei tagtäglichen Gesprächspartnern, deren Meinung und Urteil der erwachsenen Frau und dem erwach-

---

[13] vgl. W. Strzelewicz u. a.: Bildung und gesellschaftliches Bewußtsein, Stuttgart 1966.

senen Mann gewichtig sind, um so kontinuierlicher begleitet Bildung jedes Erwachsenenleben in allen seinen Phasen, in diesem Sinne als lebensbegleitendes Lernen,

- das Informationen und Kenntnisse zu Anhaltspunkten für das Handeln werden läßt;
- das in Orientierungsdaten für Gegenwart und Zukunft eine unerläßliche Verhaltensausstattung sieht;
- das zwischen Wissen und Wahrheit zu unterscheiden anleitet;
- das die subjektiven Kontrollinstanzen fortschreibt, die im Lauf der Erziehung aufgebaut wurden;
- das Impulse zur Selbstbildung in sozio-kulturellen Netzwerken abfedert;
- das Zuversicht vermittelt und Mut zum Bemühen um die eigene Bildung macht.

Literatur

Bayerisches Staatsministerium für Arbeit und Sozialordnung, Familie, Frauen und Gesundheit (Hrsg.): Weiterbildungsberatung, Forschungsbericht, München 1993.
Beckel, A./Senzky, H.: Management und Recht der Erwachsenenbildung, Stuttgart 1974, Band 2 des Handbuchs der Erwachsenenbildung, hrsg. von F. Pöggeler.
Bundesminister für Bildung und Wissenschaft: Thesen zur Weiterbildung, Bonn 1985.
Deutscher Ausschuß für das Erziehungs- und Bildungswesen: Gutachten zur Situation und Aufgabe der deutschen Erwachsenenbildung vom 29. 01. 1960, Stuttgart 1960.
Deutscher Bildungsrat: Strukturplan für das Bildungswesen, Stuttgart 1970.
Henker, M. et al. (Hrsg.): Bayern entsteht – Montgelas und sein Ansbacher Mèmoire von 1796, Haus der Bayerischen Geschichte, Augsburg 1996.
Lüpertz, M.: Gemälde – Skulpturen, Kunstsammlungen Nordrhein-Westfalen, Düsseldorf 1985.
Prokop, E.: Erziehungswissenschaft und Erwachsenenbildung, Braunschweig 1973.
Prokop, E.: Lernen unter Erwachsenen, München 1983.
Prokop, E.: Orientierungsdaten für die Erwachsenenbildung, München 1985.
Prokop, E.: Wie geht man mit Schlüsseln um, wenn Schlösser ausgewechselt werden?, in: Hessische Blätter für Volksbildung 3/1996, S. 225-233.
Schulenberg, W.: Erwachsenenbildung, in: Groothoff, H. H. (Hrsg.): Pädagogik, Frankfurt 1964, S. 68 f.
Sekretariat der Ständigen Konferenz der Kultusminister der Bundesrepublik Deutschland: Bildungsgesamtplan, Bonn 1973.
Strzelewicz, W. et al.: Bildung und gesellschaftliches Bewußtsein, Stuttgart 1966.

Peter Reimann

Bildung mit neuen Medien: Lernen in der Informationsgesellschaft

„Tell me and I forget,
Teach me and I remember,
Involve me and I learn."

Benjamin Franklin

Wir leben in einer Übergangsperiode zwischen der Industriegesellschaft und der Informationsgesellschaft. Unsere Schulen, unser Bildungssystem allgemein jedoch sind entworfen worden, um Menschen auf ein Leben in der Industriegesellschaft vorzubereiten. Das staatliche Schulsystem[1] bereitet Jugendliche auf ihren Platz in der Gesellschaft vor, indem es die Produktionsstätten und Büros der industriellen Gesellschaft in vielerlei Hinsicht emuliert. Jeden Tag benutzen junge Leute Fahrräder, öffentliche Verkehrsmittel oder Autos, um zur Schule zu gelangen, ähnlich wie die arbeitende Bevölkerung das tut, um an ihren Arbeitsplatz zu gelangen. Von den Schülern wird erwartet, daß sie zu einer bestimmten Zeit erscheinen und an bestimmten Lernplätzen arbeiten, die den Schreibtischen der Industrie und Verwaltung ganz ähnlich sind. Die Art und Weise, wie Zeit verwaltet wird und die Schüler abhängig vom Lebensalter und Dienstalter gruppiert werden, entspricht den bürokratischen Strukturen in Wirtschaft und Verwaltung. Wenn die Schulglocke zu Mittag ertönt, reisen die Jugendlichen nach Hause, einige Stunden später gefolgt von den arbeitenden Teilen der Bevölkerung.

Dieses Modell der Organisation von Lernprozessen hat ausgedient, zumindest ist es ergänzungsbedürftig. Es gibt nicht nur neue Lernmedien, die Orts- und Zeitbindungen überwinden, es entwickeln sich auch neue Organisationsformen für das Lernen, die einen wesentlich flexibleren und auf individuelle Bedürfnisse abgestimmten Wissenserwerb und Bildung erlauben.[2] In diesem Beitrag werde ich untersuchen, welche Rolle den neuen Informations- und Kommunikationstechnologien (IKTn) bei der anstehenden Umwälzung des Bildungswesens zukommt.

Die heute viel beschworene Wissensexplosion verunmöglicht den Erwerb von umfassendem Fachwissen. Alle fünf Jahre verdoppelt sich das gesellschaftliche

---

[1] Meine Ausführungen haben zum überwiegenden Teil das öffentliche Bildungssystem, und dort vor allem die Schulen zum Gegenstand. Vieles, was über diesen Teil unseres Bildungssystems gesagt werden wird, läßt sich cum grano salis verallgemeinern, sicher in Richtung Universitäten und Hochschulen, zum Teil aber auch in Richtung berufliche Aus- und Weiterbildung.
[2] Tiffin/Rajasingham, 1995.

Wissen; ein Fünftel dessen, was ein Elektroingenieur oder Biochemiker heute weiß, ist innerhalb von zwölf Monaten veraltet; 50% der Informationstechnologien des Jahres 2002 sind heute noch nicht erfunden. Dies sind einige Anzeichen des Wandels von der Industrie- zur Informationsgesellschaft, der zur Zeit weltweit stattfindet. Welchen Anforderungen sieht sich ein Bildungssystem ausgesetzt, das auf die Informationsgesellschaft vorbereitet? Auf dem Weg in die Wissensgesellschaft soll das Bildungssystem unter anderem die folgenden Schlüsselkompetenzen erzeugen:

- Erziehung zum selbstgesteuerten Lernen;
- Vorbereitung auf lebenslanges Lernen;
- Umgang mit großen, komplexen Informationsmengen und mit moderner Informationstechnologie;
- Kommunikations- und Teamfähigkeit.

Zentrale These meiner Ausführungen ist, daß die neuen Medien alleine nicht ausreichen werden, diese Ziele zu erreichen. Dazu bedarf es darüber hinaus grundlegender Änderungen des Bildungssystems. Im Folgenden werden die Möglichkeiten, aber auch die Grenzen der neuen Lernmedien erörtert, und auf mögliche gesellschaftliche Konsequenzen lerntechnologischer Innovationen wird eingegangen.

1. Neue Technologien in der Bildung

Wenn heutzutage von neuen Bildungstechniken gesprochen wird, dann hauptsächlich in bezug auf zwei Technologien: Multimediale Computer und Computernetze, vor allem Internet. Bevor ich auf diese beiden näher eingehe, soll zunächst betont werden, daß nicht alles an diesen Entwicklungen neu ist. Nicht neu ist z. B. die Nutzung multipler Medien im Unterricht: Schon seit Jahrzehnten benutzen Lehrer mehr oder weniger routinemäßig Audio- und Videomedien und seit einigen Jahren zu einem gewissen Grad auch Computertechnologie im Unterricht. Neu dabei ist die Integration von (multiplen) Medien und Computertechnologie, d. h. die Digitalisierung vormals analoger Medien und ihre integrierte Präsentation mittels Multimediacomputer. Neu ist ferner die Vernetzung von Schulen, Haushalten, Hochschulen, Bibliotheken und vielen anderen Komponenten der Informationsgesellschaft.

Computer wurden schon einmal mit großen Erwartungen in das Bildungssystem eingeschleust, in Deutschland Anfang der 80er Jahre. Dieser erste Versuch der Digitalisierung des Klassenzimmers war in vielerlei Hinsicht ein Fehlschlag. Einige Gründe für das Mißlingen seien aufgeführt:

- Geringe Durchsetzung von Schulen und Haushalten mit Computertechnologie; es wurde keine kritische Masse erreicht;

- Wenig Akzeptanz von seiten der Lehrerschaft; regelmäßige Nutzung von Computern wurde meist nur im Mathematik- und naturwissenschaftlichen Unterricht realisiert, wenn überhaupt;
- Curriculums- statt lernorientierter Einsatz; Computer wurden in der Schule nicht eingesetzt, um für die Schüler nützliche und sinnvolle Zwecke zu erreichen (z. B. Aufsätze zu schreiben), sondern hauptsächlich zur Vermittlung von Grundlagenkenntnissen der Informatik;
- Inhaltliche Mängel: Die meisten Lernprogramme beruhten auf behavioristischen Grundlagen (*drill and practice*), eine pädagogische Leitvorstellung, die nur von wenigen Lehrern akzeptiert wurde.

Ich vertrete die Auffassung, daß die heute stattfindenden technologischen Entwicklungen im Bildungssektor von einer anderen, grundlegenderen Qualität sind als es für die erste Computerwelle der Fall gewesen ist. Die heutigen technischen Entwicklungen werden in der Tat eine Revolution des Bildungswesens mit sich bringen, vor allem deshalb, weil es sich nicht um rein technische Innovationen handelt, sondern weil sie mit gesamtgesellschaftlichen Veränderungen einhergehen, die auch das Bildungssystem einbeziehen.

2. Technologische Trends

Hauptantriebskraft für aktuelle informations- und kommunikationstechnologische Entwicklungen ist das Zusammenwachsen von vier bisher relativ getrennt existierenden Bereichen: Es wachsen zusammen die Computer-, die Telekommunikations-, die Medien- und die Unterhaltungsindustrie.[3] Die Computerindustrie liefert die Hardware- und Software, der Telekommunikationsbereich entwickelt die notwendige Infrastruktur für die Informationsgesellschaft, Medien- und Unterhaltungsindustrie produzieren Inhalte, in zunehmendem Maße auch für den Bildungssektor. Im Kontext dieses Globaltrends sind die folgenden technischen Entwicklungen zu sehen.

Die Miniaturisierung schreitet weiter voran, der Kostenverfall hält an. Dies führt dazu, daß digitale Maschinen ubiquitär werden: Sie durchdringen alle Aspekte unseres Lebens. So besaßen 1995 bereits 40 % aller US-Haushalte einen Heimcomputer und über 40 % eine Videospielkonsole. Ich erwähne diese beiden Techniken mit Absicht in einem Satz, da Spielcomputer und „echte" Computer zusammenwachsen. Hinter dem Spielzeug, der sogenannten Nintendo-Generation, stehen ernst zu nehmende Rechenmaschinen, die allerdings nur einen Bruchteil des Preises eines etwa gleich leistungsfähigen Heim-PCs kosten. Ein wichtiger Effekt dieser Digitalisierung des Lebensraums von Kindern und Jugendlichen: Deren Erwartungen an die Qualität von Software, insbesondere ihre graphischen und interaktiven

---

[3] Brauner/Bickmann, 1996.

Möglichkeiten, steigen ständig, was dazu führt, daß Kinder und Jugendliche auch bei Bildungssoftware nur das Feinste und Neueste akzeptieren.

Die auch in unseren Haushalten voranschreitende Digitalisierung von Audio- und Videomedien führt dazu, daß der Informationsfluß zunehmend bi-direktional wird. Interaktion und Dialog können an die Stelle passiver Rezeption treten. Es wird auch zu Hause bzw. in der Schulklasse möglich, Ton und Video digital zu bearbeiten und zu produzieren. Dem Medium Text und Sprache als Hauptmittel der Informationsvermittlung treten (historisch gesehen: wieder) in verstärktem Maße bildhafte und auditive Medien zur Seite.

Ein weiterer, auch für die Bildungsszene wichtiger technologischer Trend ist die ständige Verbesserung der Ein- und Ausgabetechniken. Virtuelle Realitäten sind heute in jedermanns Mund (Stichwort: Datenhandschuh), brauchbare Sprachein- und -ausgabegeräte wird es bald zu akzeptablen Preisen geben.

3. Vernetzung

In ihrer Bedeutung für das Bildungswesen kaum zu überschätzen ist eine weitere Entwicklung sprichwörtlich globalen Ausmaßes: das rasante Wachstum des Internet, dem weltumspannenden Computernetzwerk, das monatlich mit 10 bis 20 % wächst. Zur Zeit (Mai 1997) gibt es rund zehn Millionen Computer, die Informationen im Internet bereitstellen (sogenannte *hosts*). Beim gegenwärtigen Wachstum werden es im Jahr 2000 bereits einhundert Millionen *hosts* sein.

Die Auswirkungen des Internet auf das Bildungswesen sind in manchen Bereichen, vor allem den Universitäten, schon heute dramatisch. Das Internet wird z. B. benutzt, um von Klassenzimmern aus Zugang zu Experten (z. B. Meteorologen) und wissenschaftlichen Werkzeugen (z. B. Sternwarten) zu gewinnen. Virtuelle Lerngruppen operieren über nationale, kontinentale und Sprachgrenzen hinweg. Lernressourcen, die das Internet bereitstellt, sind natürlich nicht nur innerhalb der Schule zugreifbar, sondern auch von zu Hause aus. In Amerika, zunehmend aber auch in Europa, entstehen virtuelle Schulbezirke und virtuelle Universitäten. Hier kann man virtuelle Klassenzimmer und virtuelle Vorlesungen betreten.

Nehmen wir als Beispiel das Teleteaching-Projekt Heidelberg/Mannheim. Studenten partizipieren an Vorlesungen, die in einem Hörsaal z. B. in Mannheim von einem 'echten' Dozenten gehalten und zeitgleich per Internet in einen Hörsaal in Heidelberg projiziert werden. Die Studenten im Heidelberger Hörsaal können dabei nicht nur die Projektion betrachten, sondern auch Fragen an den Dozenten stellen, auf dessen Fragen reagieren und mit ihren virtuellen Kommilitonen in Mannheim kommunizieren. Inzwischen gibt es auch Tele*seminare* zwischen Mannheim, Karlsruhe und Freiburg (im Wintersemester 96/97 z. B. zum Thema „digitales Geld"), und bald wird es auch möglich sein, daß Studenten sich von zu Hause in Vorlesungen und Seminare ihres Interesses einwählen können, ohne die vier Wände ihrer

Studentenbude verlassen zu müssen. Eine ISDN-Leitung sowie ein multimediafähiger PC genügen, um an *home learning* zu partizipieren.

An Universitäten und zum Teil auch an Schulen überall in der Welt wird zur Zeit höchst aktiv mit netzbasierten Vorlesungen und Seminaren experimentiert.[4] Aber nicht nur diese Standardformen des Präsentationsunterrichts werden in das Netz verlegt. Es bilden sich spontan Lerngruppen und Lerndyaden, die ohne Vernetzung nur mühsam oder gar nicht kooperieren könnten. Und auch der Lehrer/Dozent rückt wieder näher, da er per e-mail besser erreichbar wird.

4. Lösen die neuen Techniken alle Probleme?

Treten wir nun einen Moment zurück und fragen uns: Werden die zentralen Probleme des Lehrens und Lernens durch diese technischen Entwicklungen gelöst? Mit zentralen Problemen sind hier Aspekte gemeint wie das des *Transfers*, also der Anwendung des Gelernten auf neue, eigene Fragestellungen. Damit ist weiter gemeint *Motivation* und *Zufriedenheit* der Lernenden. Damit sind auch bildungspolitische Probleme angesprochen wie die Kapazität des Bildungssystems, rasch und flexibel auf neue Anforderungen zu reagieren sowie einer möglichst breiten Schicht der Bevölkerung den Zugang zu Bildungsressourcen zu ermöglichen.

Offensichtlich lösen die neuen Lehr-Lern-Medien diese Anforderungen nicht automatisch; zusätzlich bedarf es adäquater pädagogischer Leitvorstellungen und organisatorischer Anpassungsleistungen.

Betrachten wir einmal, welche Merkmale erfolgreichen Lernens die Lernpsychologie und Pädagogik in den letzten Jahren identifiziert hat und fragen uns, inwiefern die neuen Lehr-Lern-Technologien diese Merkmale realisieren. Wesentliche Merkmale erfolgreichen Lernens sind:

– Lernen ist nur durch die aktive Beteiligung des Lernenden möglich;
– Kein erfolgreiches Lernen ohne Selbststeuerung (Entscheidung über Ziele und Mittel);
– Lernen ist immer konstruktiv, geschieht vor dem Hintergrund eigener Erfahrung;
– Lernen ist nicht zu trennen von seinem situativen Kontext, d. h. die Situation, in der gelernt wird, beeinflußt stark das Ergebnis des Wissenserwerbs;
– Lernen ist immer ein sozialer Prozeß.

Neue Lehr-Lern-Medien, vor allem in ihrer multimedialen und vernetzten Form, können in substantieller Weise helfen, diese Merkmale effektiven Lernens zu unterstützen. Zum Beispiel erlauben es Multimedia-Technik und die Verknüpfung individueller Lern-PCs mit dem Internet, schulische Aufgabenstellungen durch authentische Problemstellungen zu ersetzen, zu deren Bewältigung Lernenden Zugang zu Praktikern und Experten eröffnet werden kann. Zum Beispiel entspricht die Schaf-

---

[4] Harasim et al., 1995; Serim & Koch, 1996.

fung eines Videoclips in vielen Aspekten mehr den Neigungen und Interessen von Jugendlichen als das Schreiben eines Aufsatzes zum gleichen Thema.

Komplexe Inhalte können mit den Mitteln von Multimedia, vor allem der Organisationsform Hypermedia, in multiplen Kontexten (z. B. geographische und politische Aspekte eines Ereignisses) und aus multiplen Perspektiven (z. B. aus Sicht von Experten und Betroffenen) dargestellt werden. Mit multimedial ist damit nicht gemeint, daß unterschiedliche Sinneskanäle angesprochen werden, sondern daß unterschiedliche Symbolsysteme (Sprache, Zeichen, Zahlen) in einer Art und Weise kombiniert werden, die den Informationsbedürfnissen im Einzelfall gerecht werden. Die neuen Medien erleichtern es auch, Informationen nicht nur – in welche mediale Einbettung auch immer – zu *präsentieren*, sie erlauben darüber hinaus den interaktiven und konstruktiven Umgang mit Informationen. Wissensvermittlung gewinnt mehr spielerische Züge, Spiele enthalten informative Elemente.

Nicht jede Multimedia-Präsentation ist schon Lernsoftware. Dafür sollte sie auch interaktiv und adaptiv sein.[5] Interaktivität umfaßt ein ganzes Spektrum von Möglichkeiten, Ablauf oder Inhalt der Präsentation von Informationen zu beeinflussen:

- Manipulation: Objekte auf dem Schirm – beispielsweise elektronische Bauelemente durch Mausaktionen aktivieren oder bewegen;
- Lineares Navigieren: vorwärts und rückwärts blättern;
- Hierarchisches Navigieren: zum Beispiel durch ein Inhaltsverzeichnis auf Informationen zugreifen;
- Interaktive Hilfe: sie ist von vielen Programmen bekannt. Adaptiv ist sie, wenn sie selbständig Probleme des Lerners adressiert;
- Rückmeldung: Das Lernprogramm gibt eine Bewertung der Aktionen des Benutzers, etwa Lob oder Tadel. Wenn der weitere Programmablauf von dieser Bewertung abhängt, liegt Adaptivität vor;
- Konstruktion: Der Lerner konfiguriert oder konstruiert Objekte oder ganze Seiten am Schirm, baut etwa im simulierten Labor ein Experiment auf;
- Reflexion: Das Programm zeichnet die Aktionen des Lerners auf, etwa den Navigationspfad in einem Hypermediakurs. Das Aufgezeichnete steht dem Benutzer anschließend zur Analyse zur Verfügung. Möglicherweise hat er auch Zugriff auf Referenzpfade, beispielsweise auf die Aufzeichnung des Verhaltens eines Experten bei der gleichen Aufgabe;
- Simulation: Am Bildschirm ist ein Teil der Wirklichkeit abgebildet, wobei sich die Objekte der Darstellung in wichtigen Aspekten möglichst naturgetreu verhalten: Der Flugsimulator fühlt sich fast wie ein Airbus an. Neben technischen gewinnen auch soziale Simulationen an Bedeutung: Wer sein telefonisches Verhandlungsgeschick verbessern will, greift zum Computer-Lernprogramm, das die Gesprächsführung per Simulation trainiert;
- Rollenspiel: Der Lerner ist in eine Aktivität verwickelt, bei der er eine bestimmte Rolle spielt – eine Simulation mit Einladung zum Mitmachen. Auch bei

---

[5] Issing/Klimsa, 1995.

Computerspielen kann man auf diese Weise lernen, zuweilen allerdings nur effizienten Massenmord;
- Virtuelle Realität: Nicht die Maus als Stellvertreter, sondern der ganze Körper taucht in die drei Dimensionen des Programms ein und handelt in ihnen – dies teilen uns jedenfalls unsere (getäuschten) Sinne mit.

Interaktivität ist schwierig zu realisieren, vor allem anspruchsvollere Formen. Sie ist kein Selbstzweck, sondern dient dazu, den Gegenstand des Lernens in authentische komplexe Situationen einzubetten, ihn von mehreren Perspektiven her darzustellen, einen aktiven Zugang zu ermöglichen, dem Lernenden Freiheit zu eigenen Ideen zu geben. Je besser dies gelingt, desto motivierender und effektiver die Lernsoftware.

Die neuen Medien ermöglichen zunehmend die Individualisierung von Unterricht. Zunächst dadurch, daß aufgrund der Vielfalt der Information und der Vielfalt der Perspektiven das Interesse des einzelnen Lernenden mit steigender Wahrscheinlichkeit Gerechtigkeit erfährt (passive Adaptivität). Zunehmend aber auch dadurch, daß sich Programme ein Bild von den Interessen und den Fertigkeiten des individuellen Lernenden machen und entsprechend angepaßte Informationsvorschläge und Medienangebote produzieren (aktive Adaptivität).

Multimedia-Lernprogramme bieten ihre Inhalte gerne in Hypermediaform dar, um intuitiv bedienbar zu sein. Medienpsychologen schätzen Hypermedia, weil die Abbildung komplexer Bereiche aus unterschiedlichen Perspektiven leicht möglich ist. Zudem kann der Lerner in Maßen selbstbestimmt seinen Interessen nachgehen – passive Adaptivität ist verwirklicht. Beim Navigieren in Hypermedianetzen kann es auch zum „Mitnahmeeffekt" kommen: Beim Blättern begegnet man Wissenshäppchen, nach denen man gar nicht gesucht hat, die sich aber doch als nützlich erweisen.

Die prinzipielle Offenheit solcher Systeme kann sich aber auch als Problem erweisen, wenn man orientierungslos von Seite zu Seite hüpft. Daher sind Hypermediaprogramme meist mit Orientierungshilfen versehen. Eine klassische Orientierung bietet eine Strukturierung in hierarchischer Form, etwa nach den Metaphern Buch/Kapitel/Absatz. Auch explizite Hinweise auf die Hyperstruktur sind möglich, oder Führer („guided tours") bahnen einen Weg durch den Seitendschungel.

Hypermediasysteme können den Navigationspfad des Lerners leicht aufzeichnen und zur weiteren Analyse zur Verfügung stellen. Didaktisch besonders interessant kann der Vergleich mit Pfaden sein, die andere Lerner oder Experten in dem Bereich einschlagen.

Schließlich erlauben es die neuen Medien, dem kollaborativen Charakter von Lernen gerecht zu werden, sogenannte Face-to-Face-Kommunikation (zwischen Schüler und Lehrer und zwischen Schülern untereinander) werden ergänzt durch Interaktionsformen, die unabhängig von zeitlichen und räumlichen Begrenzungen ablaufen können. Ob synchron per Chat-line und Whiteboard oder asynchron per e-mail und News, ob im gesamten Internet oder nur im Intranet eines Unternehmens: Kollaboratives (gemeinsames) Lernen erobert ein Medium, das wenig Wünsche offenläßt.

Lernen in Gruppen wird eine neue Qualität erreichen. Virtuelle Teams können sich leichter als bisher nach ihren Interessen und Qualifikationen zusammenfinden. Der weltweite Kontakt zu Fachexperten wird einfacher. Dadurch lernt man Strategien und Kniffe kennen, die in Lehrbüchern kaum zu finden sind. Weiterbildung kann authentischer werden, die Lerner motivierter. Wer bisher Kursleiter war, ist zum Moderator degradiert. Grenzen werden fallen: Wer zu einer Gruppe gehört, welche Materialien sie einsetzt, welche Experten sie konsultiert, kann ganz der individuellen Situation angepaßt sein. Die Resultate lassen sich wiederum im Internet darstellen und stehen dadurch auch anderen zur Verfügung. Aufgaben zu bearbeiten ist deshalb nicht mehr nur Selbstzweck: Andere im Netzuniversum können die Ergebnisse vielleicht nutzen. Nicht nur deshalb schätzen viele Schulen das Internet: Die Kommunikation mit einem amerikanischen Altersgenossen ist eben viel motivierender als das nächste Kapitel in „Learning English".

Gruppenlernen via Netz wirft aber auch Probleme auf. Wir erfahren in der persönlichen Kommunikation mehr über das Gegenüber als den bloßen Inhalt seiner Worte. Auch Statusunterschiede lassen sich schwer in einer Gruppe erfassen, die sich nur virtuell trifft oder nur asynchron kommuniziert – das kann allerdings ein Vorteil sein. Kommunikation wird mehr an Aufgaben orientiert, aber auch unpersönlicher. Soziale Aktivitäten, die zur Entwicklung eines Wir-Gefühls beitragen, werden vernachlässigt. Darüber hinaus sind virtuelle Gruppen schwieriger zu moderieren: Während bei Präsenzgruppen etwa die Entscheidung, wer als nächstes das Wort ergreift, meist ohne Absprache geregelt werden kann, geht es bei der (synchronen) Kommunikation per Computer nicht so einfach. Schließlich ist es in virtuellen Gruppen schwierig, den Hintergrund und die Entwicklung des Wissens der anderen zu erfassen. Informationen über das Vorwissen eines Gegenübers können nicht nur durch Worte, sondern auch durch non-verbale Signale übertragen werden, die im Netz nicht ankommen. Und ob alle Teilnehmer einer virtuellen Diskussion aufmerksam sind und das Geschehen einheitlich interpretieren, bleibt ungewiß: Stirnrunzeln, leichtes Kopfschütteln oder Nicken lassen sich selbst bei Videokonferenzen schlecht wahrnehmen.

Virtuelle Gruppen müssen daher viel Aufwand treiben, um herauszufinden, ob alle mitkommen und einverstanden sind. Das ist besonders schwierig, wenn die Gruppe in einer verbalen Flut zu ertrinken droht, weil das Versenden von e-mails mit ellenlangen Anlagen ja so leicht von der Hand geht. Dennoch versprechen eine Reihe von Maßnahmen Erfolg, und ständig kommen neue Ideen hinzu. Zum Beispiel erwies es sich als sinnvoll, neben dem offiziellen Kommunikationskanal ein Konferenzmodul einzurichten, in dem persönliche und weniger wichtige Meldungen ausgetauscht werden. Um Wissensunterschiede auszugleichen und Mißverständnissen zu begegnen, lassen sich die kollaborativen Aktivitäten zudem aufzeichnen.

Wie die Ausführungen zu Problemen von Hypermedia und der Interaktion in virtuellen Gruppen zeigten: Die neuen Medien lösen nicht nur Probleme, sie schaffen auch neue. Die wesentlichen Probleme im Moment sind unter anderen: die hohen Anforderungen an die Selbststeuerung von Lernenden; die Voraussetzung relativ hoher technischer Kompetenz; die (noch) relativ hohen Einstiegskosten; der Mangel an Erfahrung und an Qualitätskriterien bzw. Qualitätssicherung.

5. Organisationelle Innovationen

Die neuen Lerntechnologien erleichtern die Realisierung vieler lernförderlicher Maßnahmen, aber es wird nicht damit getan sein, neue Technologien in das existierende Bildungssystem zu implementieren. Vielmehr wird sich das System selbst grundlegend verändern müssen. Oder wie Louis Perelman es drastisch ausdrückt: „Integrating technology into todays' classroom makes about that much sense as integrating the internal combustion engine into the horse."[6]

Wie kann es dem öffentlichen Bildungssystem gelingen, neuen Anforderungen wie denen nach lebenslangem Lernen und nachfrageorientiertem Lernen *(learning on demand)*, nach flexibler, laufbahnunabhängiger Qualifizierung und gleichen Bildungschancen gerecht zu werden?

Zunächst müssen wir festhalten, daß das staatliche Bildungswesen auf eine Krise zusteuert. Investitionen in Bildung sinken in Deutschland um ca. 2 % per annum (pro Kopf), gleichzeitig steigen die Investitionen in Informationstechniken, alleine in der Industrie (also ohne Haushalte!) um 5 % per annum. Das herkömmliche System der Bildungsplanung ist ausgesprochen träge und kann nicht flexibel auf neue Anforderungen reagieren. Aufgrund der Explosion in vielen Bereichen hinken Lehrer den aktuellen Entwicklungen oft zwangsläufig hinterher, sie sind nicht mehr länger in der Lage, kompetent in aktuelle, gesellschaftlich relevante Wissensbestände und Fertigkeiten einzuführen.

Aus Sicht der Schüler sind die meisten Schulen *'un-cool'*, sie haben den Anschluß an die neuen Informations- und Kommunikationstechnologien verpaßt. PCs geringer Geschwindigkeit und Kapazität, ohne Multimediafähigkeiten und Netzanbindung werden nicht akzeptiert; zu Hause steht bei vielen Schülern besseres Gerät.

Vielleicht die dramatischste Entwicklung: Das öffentliche Bildungssystem verliert das Bildungsmonopol; es tritt zunehmend in Konkurrenz mit privaten, vor allem kommerziellen Bildungsanbietern. Beobachten Sie doch in den nächsten Monaten einmal das Wachstum der Abteilung mit Bildungssoftware in einer guten Buchhandlung oder in entsprechenden Katalogen. (Noch) ist das Wachstum vor allem auf die Bereiche konzentriert, für die der Staat nicht das Prüfungsmonopol hat.

---

[6] Perelman, 1992.

Welcher organisationeller Veränderungen bedarf es, so daß Schulen und andere öffentliche Bildungseinrichtungen neue Lehr-Lern-Technologien sinnvoll integrieren und dem rasant wachsenden Lernbedarf nachkommen können? Die Hauptkonsequenz ist meines Erachtens, daß sich Schulen von relativ geschlossenen System zu *offenen* Systemen entwickeln müssen. Die Schule bzw. die in ihr arbeitenden Lehrer und Lehrerinnen können sich nicht mehr als Hort des gesellschaftlichen Wissens betrachten, sondern werden zunehmend die Rolle des Vermittlers zwischen Informationsanbietern und -nachfragern übernehmen. Solche Vermittler zwischen Schülern, Eltern, Unternehmen, Universitäten, Verbänden, Museen, Vereinen, Labors, Regierungseinrichtungen, Bibliotheken usw. sind dringend notwendig, da der Informationsmarkt zwangsläufig unübersichtlich bleiben wird und raschen Veränderungen unterliegt.

Das neue Lernen, auch das in Schulen, wird unter anderem durch folgende Merkmale gekennzeichnet sein:

- Keine Bindung mehr an fixe Lernzeiten, sowohl im Tagesablauf als auch generell: fließende Übergänge zu beruflichen Tätigkeiten, lebenslanges Lernen;
- Keine Bindung mehr an spezifische Lernorte; es wird zu einer Wiederbelebung der Dorfschule kommen im Sinn einer *Community School*, einer Nachbarschaftsschule, eines Lernzentrums, das deutlich kleiner ist als die heute üblichen Zentralschulen, aber dank der technischen Möglichkeiten elektronischen Zugang zu allen notwendigen Lernressourcen bieten wird;
- Gruppierung von Schülern nicht mehr nach Alter oder Schulalter, sondern nach Interessen, Neigungen und Vorwissen; selbstgesteuertes, interessen- und nachfrageabhängiges Lernen statt Massenunterricht;
- Vernetztes Lernen: Lernen wird sich mehr in direkten und elektronisch vermittelten Gruppenkontakten abspielen, es wird sozial und verteilt über viele Köpfe sein;
- Schüler und Lehrer werden häufig die Rollen tauschen.

Welche Rolle kommt den Unterrichtenden in diesem neuen Lernszenario zu? Die Aufgabenverteilung, die Rollenverteilung innerhalb von Schulen und Schulklassen muß neu überdacht werden. Die heute zentrale Funktion des Lehrers, die Instruktionsfunktion, kann zu einem substantiellen Teil vom Lehrer wegverlagert werden, auf Maschine, auf Netze, auf Co-Lerner. Die Bedeutung des Lehrers als Wissensvermittler sinkt, seine Bedeutung als Erzieher, als Berater und Betreuer wird steigen.

Welche Rolle spielt das öffentliche Bildungssystem in der neuen Lerngesellschaft? Dessen Hauptaufgaben dürften in der Bekämpfung der Fragmentierung und Kommerzialisierung gesellschaftlicher Wissensbestände liegen, in der Schaffung transparenter Informationsstrukturen.[7] Das umfaßt den Aufbau von Informationssystemen, die Gestaltung und Pflege von Netzwerken, die Qualitätskontrolle und zu

---

[7] Haefner, 1995.

einem gewissen Grad auch die Entwicklung von Lernprogrammen und medialen Lernangeboten. Die Hauptaufgabe des öffentlichen Bildungssystems der Zukunft muß es sein, für breite Schichten der Bevölkerung den Zugang zu Informationsnetzwerken zu sichern, möglichst viele Bürger in der Nutzung von Informationsressourcen und Informationstechnologien auszubilden, und neue Wege der Graduierung und der transnationalen Anerkennung von Leistungen zu entwickeln.

Erst wenn diese stützenden Maßnahmen realisiert sein werden, bestehen die Chancen, daß die neuen Lerntechnologien nicht nur dazu dienen, die Informationsgesellschaft zu realisieren, sondern bei deren Transformation in eine Wissensgesellschaft mitwirken können.

Literatur

Brauner, J./Bickmann, R. (1996): Cybersociety. Das Realszenario der Informationsgesellschaft. Düsseldorf: Metropolitan.
Haefner, K. (1995): Multimedia im Jahre 2000plus – Konsequenzen für das Bildungswesen. In L. J. Issing/P. Klimsa (Eds.): Information und Lernen mit Multimedia. Weinheim: Beltz.
Harasim, L./Hiltz, S. R./Teles, L./Turoff, M. (1995): Learning Networks. Cambridge, MA: MIT Press.
Issing, L. J./Klimsa, P. (Eds.) (1995): Information und Lernen mit Multimedia. Weinheim: Beltz.
Perelman, L. J. (1992): School's out. New York: Avon Books.
Serim, F./Koch, M. (1996): Netlearning: Why teachers use the Internet. Sebastopol, CA: Songline Studios.
Tiffin, J./Rajasingham, L. (1995): In search for the virtual class room. London: Routledge.
Weidenmann, B. (Ed.) (1994): Wissenserwerb mit Bildern. Bern: Huber.

Brigitta-Sophie von Wolff-Metternich

Was kann und soll Bildung leisten? Ein kritischer Beitrag aus philosophiegeschichtlicher Perspektive

'Bildung' ist unter dem Schlagwort der *Bildungskrise* wieder zu einem die Öffentlichkeit bewegenden Thema geworden. Die inflationär in Umlauf gebrachten Verwendungsweisen des Bildungsbegriffs zeigen dies auf eindringliche Weise. Da ist vom Bildungsverlust im allgemeinen, von Bildungsdefiziten im besonderen, dem Versagen der herkömmlichen Bildungsinstitutionen und sogar einer Bankrotterklärung des Bildungssystems im ganzen die Rede.

Die Gründe, warum das Problem der Bildung wieder ins gesellschaftliche Bewußtsein gerückt ist, liegen auf der Hand. Sie hängen mit der allseits zu beobachtenden Reduktion von Bildung auf bloße *Ausbildung* zusammen. Man empfiehlt sich heute nicht mehr als Gelehrter, sondern als Experte. Er ist zum alleinigen Repräsentanten desjenigen Wissens geworden, das man heute noch zu brauchen scheint. Karriereorientiertes Spezialistentum hat also Konjunktur, universelle Allgemeinbildung dagegen scheint zur betulichen Feierabendbeschäftigung, bestenfalls zu einem ornamentalen Beiwerk degeneriert.

Diese Kritik richtet sich an alle am Bildungsprozeß Beteiligten: an eine Gesellschaft, die Wissenschaft fast ausschließlich instrumentell, nämlich als technisches Verfügungswissen versteht, die ihre Ausbildungsrichtlinien vornehmlich an ökonomischen Interessen orientiert, und an eine Wissenschaft, die über das Beherrschen von Techniken und Methoden hinaus darauf verzichtet, eine Perspektive auf *übergeordnete und allgemeine Zwecke* zu entwickeln. Doch was soll und kann es heißen, unter dem Begriff der Bildung verlorengegangene *Orientierungsleistungen* einzufordern? Die Antwort auf diese Frage bleibt in der gegenwärtigen Diskussion häufig unbestimmt.

Das kommt nicht von ungefähr: 'Bildung' ist in der europäischen Geistesgeschichte von jeher ein schillernder und schwer zu fassender Begriff. Denn über die landläufige Vorstellung von Bildung als Erwerb an bestimmten *Bildungsinhalten und -werten* hinaus, meint Bildung in einem tieferen, inhaltlich nicht vorzuschreibenden Sinne, den *Prozeß der Selbsterziehung* und Persönlichkeitsgestaltung.

Dieser Artikel möchte durch einen schlaglichtartigen Blick auf einige prominente Positionen der Philosophiegeschichte (vor allem die Kantische) zur begrifflichen Klärung beitragen und darüber hinaus eine Dimension des philosophischen Bildungsbegriffs freilegen, die einerseits der berechtigten Skepsis gegenüber universalen Geltungsansprüchen philosophischer Sinnproduktionen standzuhalten vermag, andererseits aber auch die allgemeine Forderung nach Orientierungsfunktionen in einer bestimmten Hinsicht zu erfüllen vermag.

In vier Schritten werde ich versuchen, das Bildungsproblem zu entfalten: Der erste Schritt gilt der Zurückweisung eines fixierten und veräußerlichten Bildungsverständnisses zugunsten eines offenen, den Prozeßcharakter betonenden Bildungsbegriffs. In einem zweiten Schritt soll das Verhältnis von Bildung und Wissenschaft thematisiert und bestimmt werden. Der dritte Schritt erörtert die moralisch-praktischen Aspekte des Bildungsbegriffs. Und in einem vierten Schritt werde ich abschließend erläutern, was unter Bildung als einem Prozeß des Selbstdenkens und der Persönlichkeitsgestaltung zu verstehen ist.

1. Der Bildungsbegriff

Die Klage über Bildungsmängel und -mißstände ist zumindest aus philosophischer Sicht nichts Neues. Sie ist vermutlich ebenso alt wie die Rede vom Ideal der Bildung selbst. Sie gehört zum Bildungsbegriff wie die zwei Seiten zur Medaille; und dies schon seit dem späten 18. Jahrhundert, jenem epochalen Zeitabschnitt also, in dem 'Bildung' den für uns vertrauten Wortinhalt empfängt und als 'Emporbildung zur Humanität' allererst zu einem universalen Leitgedanken avanciert. Man könnte sagen: Der Aufstieg des Bildungsbegriffs zu einer epochebestimmenden Idee geschah von Anfang an im Widerstand gegen eine bestimmte, nämlich die jeweils herrschende Geisteshaltung.

So beklagt bereits Kant im Namen einer noch nicht vorhandenen allgemeinen Bildung, daß man zwar durch Kunst und Wissenschaft „in hohem Grade" „kultiviert" und zu „allerlei gesellschaftlicher Artigkeit und Anständigkeit" bis zum „Überlästigen" zivilisiert sei, es aber noch viel daran fehle, uns schon für „moralisiert"[1] und damit im eigentlichen Sinne für gebildet zu halten. Es ist die noch nicht entwickelte Bereitschaft, über die bloß *instrumentelle* Verfügung von Techniken und Kenntnissen hinaus eine Beziehung auf *wesentliche* und nicht nur beliebige *Zwecke* auszubilden, die Kant zwar vom Zeitalter der Aufklärung als einer Epoche der „Kultur" und „Zivilisierung", nicht aber schon der „Bildung" reden läßt. Und auch bei Schiller verbindet sich die Aufklärungskritik mit dem Einwand, daß der „tabellarische Verstand" und die „mechanische Fertigkeit"[2] allein zur wirklichen Bildung und damit auch zur Humanisierung der politisch-sozialen Verhältnisse nicht ausreiche.

Bildung meint aufgrund ihrer *moralisch-praktischen* Dimension also mehr als Ausbildung von Talenten und Geschicklichkeiten und zugleich Tieferes als bloße

---

[1] Immanuel Kant: Idee zu einer allgemeinen Geschichte in weltbürgerlicher Absicht, Akademie-Ausgabe, Bd. VIII, Berlin 1912/23, S. 26.

[2] Friedrich Schiller: Über die ästhetische Erziehung des Menschen, hrsg. v. W. Frühwald u. komment. v. W. Düsing, München/Wien 1981, S. 24.

Methodenbeherrschung und reines Nützlichkeitsdenken. Diese Tiefendimension des Wortes ist die gemeinsame Ausgangsbasis, auf der sich trotz unterschiedlicher Stoßrichtung die Bildungskonzepte von Schiller, Goethe über Humboldt und Hegel bis hin zu Nietzsche und Adorno entwickeln. Humboldt hat diesen emphatischen Ton, der bis in den heutigen Sprachgebrauch mitschwingt, am eindringlichsten herausgestellt: „Wenn wir aber in unserer Sprache Bildung sagen, so meinen wir damit etwas zugleich Höheres und mehr Innerliches, nämlich die Sinnesart, die sich aus der Erkenntnis und dem Gefühle des gesamten geistigen und sittlichen Strebens harmonisch auf die Empfindung und den Charakter ergießt."[3]

An dieser Formulierung wird deutlich, daß 'Bildung' ein so hochgegriffener Zielbegriff ist, daß der jeweils erreichte Bildungsstand im Grunde nur als defizienter Modus erscheinen kann. Mißtrauen ist daher besonders angesagt, wenn sich eine Zeit oder bestimmte Gruppen auf ihre bereits erreichte Bildung etwas wie einem festen Besitze zu Gute halten. Nietzsches Rede vom 'Bildungsphilister' ist dafür die sarkastische Umschreibung. Gemeint ist damit jene Karikatur des Bildungsbürgers, der bei gänzlichem „Mangel an Selbsterkenntnis" davon überzeugt ist, „daß seine 'Bildung' gerade der satte Ausdruck" und er bereits der „würdige Vertreter" „der rechten Kultur sei."[4]

Hier wird Bildung zu einer *äußerlichen* Angelegenheit – zum sogenannten 'Bildungsgut', auf das man sich wie auf einen besitzbaren Gegenstand berufen kann: statt der je eigenen Aneignung der geschichtlichen Überlieferung, eine selbstgefällige Erbauung an kulturellen Gütern. Das ist die Haltung des Bildungsphilisters. Wo dies geschieht, da verkommt der literarische Text zur 'Lesefrucht', das Musikstück zur 'schönen Stelle', der Theaterbesuch zu einer gesellschaftlichen Veranstaltung. Der seinerzeit von einer großen deutschen Tageszeitung aufgestellte Kanon derjenigen Bücher, die der 'Mann oder die Frau von Bildung' im Bücherschrank aufzuweisen hat, ist die zeitgenössisch-komische Variante dieses veräußerlichten Bildungsbegriffs.

Doch wenn das Resultat der Bildung nicht in der Weise der technischen Herstellung hervorgebracht und somit nicht wie ein Gegenstand verfügbar und besitzbar ist, wie läßt sich dann das 'Wesen' der Bildung bestimmen?

2. Bildung und Wissenschaft

Bildung ist zunächst einmal auch Wissen, aber im Sinne des bisher Gesagten eine bestimmte Form des Wissens: nämlich nicht Mittelwissen, sondern *Orientierungswissen*[5]. Das bringt die Philosophie erneut ins Spiel, gilt sie doch als legitime An-

---

[3] Wilhelm v. Humboldt: Gesammelte Schriften, Akademie-Ausgabe, Bd. VII, 1, S. 30.
[4] Friedrich Nietzsche: Unzeitgemäße Betrachtungen, in: Werke I, hrsg. v. K. Schlechta, Frankfurt a. M. 1980, S. 142.
[5] Vgl. J. Mittelstraß: Wissenschaft als Lebensform. Reden über philosophische Orientierungen in Wissenschaft und Universität, Frankfurt a. M. 1982, u. Ders.: Der Flug der Eu-

wältin für Sinn- und Orientierungsfragen. Doch weder als *Sinnproduzentin* noch als Sinnwächterin ist die Philosophie geeignet. Und das nicht einfach deswegen, weil im Zuge des neuzeitlichen Denkens auch die Philosophie grundsätzlich von Orientierungsfragen Abstand genommen hätte, sondern weil sie zu Recht *bescheidener* geworden ist in bezug auf das, was die *Theorie* zu leisten vermag.

Zweifelsohne gehört es zum gemeinsamen Grundbestand nicht aller, aber wichtiger Strömungen der Gegenwartsphilosophie, daß sie nicht länger auf eine vermeintlich überlegene Sinnschöpfungs- und Begründungskraft des begrifflichen Denkens vertraut. Die sokratische Einsicht des „Ich weiß, daß ich nichts weiß" gehört trotz mancher Verkehrungen, in denen sich philosophische Entwürfe als *letztgültige Welterklärungssysteme* aufzuspreizen versuchten, zur Grundhaltung gegenwärtigen Philosophierens.

Zwar sind es gerade Philosophen wie Descartes im 16. und 17. Jahrhundert gewesen, die mit der Bindung der Erkenntnis an das Erkenntnissubjekt die Rationalitätsstandards der Moderne und damit den neuzeitlich-mathematisch geprägten Wissenschaftsbegriff überhaupt erst formuliert und damit zu einer Engführung auf das szientistische und technizistische Weltverständnis beigetragen haben. Aber die Forderung, nur das als Wissen gelten zu lassen, was „klar und deutlich" („clara et distincta") erkannt und d. h. zuletzt mathematisch gemessen werden kann, ist zumindest von Seiten der Philosophie ursprünglich ein Ausdruck der Selbstbeschränkung gewesen. Denn die Abkehr vom metaphysischen Ideal erfahrungsunabhängiger Erkenntnis und Hinwendung zu der bescheideneren Aufgabe rein beschreibender Naturerkenntnis ist ein Eingeständnis der prinzipiellen Unerkennbarkeit der 'inneren Form' der Dinge.

Mit dem Erfolg mathematischer Naturwissenschaften ist dieses restriktive Moment dann freilich zunehmend in den Hintergrund getreten. Der ungebremste Fortschritt in Wissenschaft und Technik hat dafür blind gemacht, daß wir mit unseren Theorien der Natur die Gesetze nicht einfach 'abgucken', im Sinne einer stetigen Angleichung unserer Erkenntnis an die Dinge, sondern durch unsere Theorien Natur und Gesellschaft unseren Bedürfnissen und gesetzten Zwecken gemäß zurichten – folglich auch *verantwortlich* sind für unsere Be- und Eingriffe.

Gegen diesen naiven Erkenntnis- und Fortschrittsoptimismus hat in systematisch überzeugender Weise wohl zum ersten Mal die kritische Aufklärungsphilosophie Kants eine klare Absage erteilt. Nicht zu Unrecht nennt Immanuel Kant seinen erkenntnistheoretischen Ansatz daher selbst eine „kopernikanische Wende"[6] in der Philosophie, zeigt sie doch gegen alle gängige Wissenschaftsgläubigkeit auf, daß dem gesetzgebenden Verstand hinsichtlich der Sicherung *objektiven Wissens* strikte Grenzen gesetzt sind, weil wir über kein letztes Kriterium verfügen, mittels dessen

---

le. Von der Vernunft der Wissenschaft und der Aufgabe der Philosophie, Frankfurt a. M. 1989.

[6] Vgl. Immanuel Kant: Kritik der reinen Vernunft, Akademie-Ausgabe, Bd. III, Berlin 1904/11, S. 12.

die potentiell wieder aufkommende Fraglichkeit einer Lösung endgültig unterbunden werden kann.

Diese Einsicht in die prinzipielle Unabschließbarkeit des Wissenschaftsprozesses hat weitreichende Konsequenzen: Sie befreit von der Illusion, daß sich der Erkenntnisprozeß auf eine an sich feststehende Wahrheit hin fortbewegt und entlarvt damit unsere Theorien als bloße *Hypothesen*, die nur solange Gültigkeit besitzen, wie sie von uns als gute Erklärungsmodelle akzeptiert werden. Erkenntnis wird damit zur bloßen 'Abkürzung' eines unendlich fortsetzbaren Forschungsprozesses.

Hieraus folgt aber nicht, daß sich alle Standards und Theorien nach Willkür im Sinne des bekannten 'anything goes' konstruieren ließen. Nach Kant bleibt das Ziel aller wissenschaftlichen Bemühung die *objektive Wahrheit*. Doch da wir ihren Bezugspunkt nicht außerhalb unseres kognitiven Begriffsrahmens haben, ist die Irrtumsmöglichkeit niemals auszuschließen. Zwar können wir mit der Welt immer einigermaßen fertig werden, solange nämlich die Orientierung in der 'übergroßen Mannigfaltigkeit' gelingt: Aber die Bilder, die man sich hierzu notwendigerweise machen muß, sind keine statischen Bilder einer vorstrukturierten Welt, sondern *Entwürfe* von korrigierbarer Stringenz. Sie finden ihren Ausdruck in Theorien von *hinreichender Plausibilität*, ohne dabei einen absoluten, zeitunabhängigen Maßstab zu postulieren.

Die Wahl zwischen verschiedenen Theorien ist somit *praxisorientiert* und nicht vom Diktat 'eherner Gesetze' diktiert. Denn auch zur Entdeckung von Gesetzen und Strukturen gehört es, sie mittels unserer 'produktiven Einbildungskraft'[7] zu entwerfen. *Erkennen* und *Erfinden* gehen damit Hand in Hand.

Schon hieran wird deutlich, daß eine solche erkenntniskritische Position, wie sie von Kant vertreten wird, nicht von einseitig negativem Wert ist. Ganz im Gegenteil: Durch die strikte Begrenzung unserer Wissensmöglichkeiten wird er zum Denker der *individuellen Freiheit*, die ihren Ausdruck in der schöpferischen Kraft neuer Theoriebildungen findet. Nur wer um die prinzipielle Revidierbarkeit jeglicher Theorie weiß, läuft nicht Gefahr, ein 'logischer Egoist' zu werden und die eigene Sichtweise als die einzig richtige anzusehen.

Erst der Verzicht auf Endgültigkeitsansprüche macht *kommunikabel* und *tolerant* gegenüber anderen Standpunkten und schafft die Bereitschaft dafür, in einen *Wettbewerb der Meinungen* einzutreten, in dem man sich zwar durch gute, d. h. überzeugende Argumente Gehör verschaffen kann, der sich aber niemals a priori kontrollieren läßt.

Ohne Frage: Diese Revolution des Wissensbegriffes ist das erkenntnistheoretische Fundament, auf dem das Humboldtsche Bildungs- und Universitätskonzept gewachsen ist. So besagt die Forderung nach *akademischer Freiheit* nichts anderes, als daß die Wissenschaft nicht mehr Ort des Wissens ist, das bewahrt, weitergegeben, kontinuierlich und linear vermehrt werden muß. Sie ist vielmehr immer neu zu bestimmen als der *Ort des Meinens*, der die Freiheit der Meinung als Freiheit von

---

[7] Vgl. Ders.: Anthropologie in pragmatischer Hinsicht, Akademie-Ausgabe, Bd. VII, Berlin 1907/17, S. 167.

praktischen Zwecken und Zwängen gewährt. Frei schwanken und tastend sich neu zu orientieren versuchen – diesen Wert der freien Meinung hat Humboldt nicht nur erkannt, sondern bekanntlich auch an den Universitäten als dem Forum ihrer *zweckfreien* Diskussion zu verankern versucht. Das muß keineswegs zwangsläufig – wie teils zu Recht, teils zu Unrecht vermutet wird – zu einem Antagonismus zwischen berufsvorbereitender Ausbildung und zweckfreier Wissenschaft führen. Bezieht sich doch die Zweckfreiheit auf die Wissenschaft selbst, die – so Humboldt – „als etwas noch nicht ganz Gefundenes und nie ganz Aufzufindendes zu betrachten, und unablässig (...) als solche zu suchen"[8] ist. Und sie bezieht sich damit nicht auf das, was man mit der Wissenschaft als einem Mittel im Bereich der Praxis machen kann.

3. Bildung und Moral

Bildung ist – wie gesagt – nicht nur ein theoretisches, sondern auch ein *praktisches* und darüber hinaus sogar *moralisches* Problem. Ein praktisches Problem ist sie, weil die Antwort nicht im Denken, sondern im Tun liegt, und ein moralisches Problem ist sie, weil Bildung auch Erziehung zur Sittlichkeit sein will.

Bildung erschöpft sich eben nicht in der bloßen Erweiterung von Erkenntnissen. Sie würde darin, wie Kant sagt, bestenfalls 'Arbeiter' am Gebäude der Wissenschaften hervorbringen. Als „Erziehung zur Persönlichkeit" hat sie vielmehr einen praktischen Auftrag, und das in mehrfacher Hinsicht: zunächst einmal als „Bildung zur Geschicklichkeit", wodurch der einzelne „in Ansehung seiner selbst als Individuum" einen Wert erhält, dann als „Bildung zur Klugheit", wodurch der einzelne zum „Bürger" und gesellschaftlichen Wesen gebildet wird und damit einen öffentlichen Wert empfängt, und schließlich und vor allem als „moralische Bildung", durch die der einzelne einen Wert „in Ansehung des ganzen menschlichen Geschlechts bekommt."[9]

„Sich selbst besser zu machen (...), Moralität bei sich hervorbringen, das soll der Mensch"[10] – mit dieser emphatischen Forderung verknüpft sich die eigentliche Dignität der Bildung. Denn über die pragmatischen Aspekte der Geschicklichkeit und Klugheit hinaus richtet sie sich auf die moralische Gesinnung, nicht nur beliebige Zwecke, sondern auch moralisch gute zu wählen.

Mit dieser Hervorhebung und Betonung der *ethischen Dimension* des Bildungsbegriffs ist freilich noch nicht viel gesagt. Gilt es doch, diese moralische Forderung näher zu bestimmen und zu legitimieren – eine Aufgabe, die zumindest seit der Neuzeit eine genuin philosophische ist. Nicht ohne Grund – so scheint es – gewinnt die Philosophie gegenwärtig ihre gesellschaftliche Relevanz aus solchen moralischen Anfragen, sei es aus Politik, Wirtschaft oder der Medizin. Hier werden Phi-

---

[8] Wilhelm v. Humboldt: Gesammelte Schriften, Akademie-Ausgabe, Bd. X, 2, S. 253.
[9] Immanuel Kant: Pädagogik, Akademie-Ausgabe, Bd. IX, Berlin 1923, S. 455.
[10] Ebd., S. 446.

losophen nicht selten konsultiert und um Orientierungsleistungen gebeten. So sehr der Kurswert der Philosophie im öffentlichen Ansehen dadurch gestiegen zu sein scheint: Das, was man aus philosophischer Sicht seriöserweise zu ethischen Problemstellungen sagen kann, entspricht häufig nicht den an sie gerichteten Erwartungen.

Denn gerade in bezug auf die Möglichkeit von Moralbegründung muß sich die Philosophie als äußerst *restriktiv* erweisen. Doch öffnet diese Beschränkung nicht einem 'laisser faire – laisser aller' – Relativismus Tor und Tür, sondern auch 'in moralicis' hat die strikte Begrenzung unserer Begründungsmöglichkeiten eine positive Funktion: Sie soll helfen, vor *Dogmatismen* jeder Art zu schützen und die Frage nach moralisch richtigem Handeln nicht durch dogmatische Setzungen in einen *Moralterror* umschlagen zu lassen.

Die moralische Begründung kann – und darin liegt etwa die Stärke eines Kantischen Ansatzes nur „innerlich" „im Reden mit sich selbst"[11] gelingen. Denn mit ihrer *Äußerung* kann jede noch so gut begründete Moral fragwürdig werden. Wenn es um die Legitimierung von Arten von Handlungen geht, und nur darauf können sich Normen beziehen, muß die Moral eine Angelegenheit rein 'innerer Gesetzgebung' sein. So fordert der berühmte *Kategorische Imperativ* zwar, daß man als Vernunftwesen so handeln solle, daß die Maximen des eigenen Willens „sich selbst zugleich zum allgemeinen Gesetze machen"[12] können. Er bezieht sich dabei aber auf *subjektive Maximen*, die ein einzelner hat. Und diese können nur so auf ihren Gesetzescharakter – nämlich ihre widerspruchslose Verallgemeinerbarkeit – hin überprüft werden, wie der Handelnde sie in einer *bestimmten Situation* und in seinem individuellen Horizont versteht. Schon der Umstand, daß andere niemals definitiv entscheiden können, ob der jeweils Handelnde tatsächlich aus Pflicht handelt, d. h. den Gesetzescharakter selbst zum Bestimmungsgrund seines Handelns macht, erhellt, daß der Kategorische Imperativ nur eine *Form* zu allgemeiner Prüfung subjektiver Maximen in ihrem jeweils gegebenen Situationsverständnis sein kann.

Auch die nie aufzuhebende Möglichkeit, daß eine andere subjektive Auslegung der zugrundeliegenden Maximen zu einem anderen Resultat dieser Prüfung – also auch dazu führen könnte, daß das, was der eine für moralisch geboten, ein anderer für unmoralisch hält (zumal wenn letzterer von der Handlung betroffen ist), unterstreicht die Unmöglichkeit, konkretes und d.h. *inhaltliches Orientierungswissen* ein für alle mal als allgemein verbindlich auszuweisen.

Führt das nicht doch – so wird man fragen können – zu einer generellen Preisgabe des moralischen Standpunktes? Nein, ganz im Gegenteil. Das sittliche Gebot des kategorischen Imperativs hat *universale Gültigkeit*. Es gibt keinen Bereich, der hier ausgenommen werden könnte.

---

[11] Immanuel Kant: Anthropologie in pragmatischer Hinsicht, Akademie-Ausgabe, Bd.VII, Berlin 1907/17, S. 192.

[12] Ders.: Grundlegung zur Metaphysik der Sitten, Akademie-Ausgabe, Bd. IV, Berlin 1903/11, S. 436f.

Aber – und das ist entscheidend: Aus dem kategorischen Imperativ läßt sich *keine Rezeptologie* für das je eigene Handeln allgemeinverbindlich herleiten. In welcher Weise in einer bestimmten Handlungssituation zwischen Nützlichkeitsaspekten und moralischen Gesichtspunkten abzuwägen ist, bleibt eine Frage der autonomen Selbstverantwortung. Um der individuellen Freiheit willen, die immer andere Entscheidungsmöglichkeiten zuläßt, muß – so kann man dieses Ergebnis positiv wenden – die ethische Reichweite begrenzt bleiben.

Sie garantiert, daß sich kein Standpunkt – und gebärde er sich noch so sehr als Heilsversprechung und moralisch motiviertes Welterklärungsmodell – dogmatisch verabsolutiert und die Rolle der 'ultima ratio' an sich reißt. Nur im gemeinsamen Tolerieren, Kritisieren und Verbessern kann die *unüberbietbare Eigenständigkeit* des Individuums, dem kein anderer das Denken und Handeln abnehmen kann, zur Geltung gebracht werden.

4. Bildung und Selbstorientierung

Die Antwort auf die Frage „Was ist Bildung?" ist nach dem bisher Gesagten zumindest in einem Punkt klar: Was Bildung ist, können wir in inhaltlicher Hinsicht nicht ein für alle mal bestimmen. Bildung ist *kein inhaltlich kodifizierbares und fixierbares Wissen* – weder in theoretischer noch in praktischer Hinsicht. In der Bildung ist das, wodurch man gebildet wird, nicht bloßes *Mittel zum Zweck*. Es dient nicht als Instrument zur Bewältigung bestimmter Aufgaben und verliert daher auch nicht seine Funktion in der erworbenen Bildung, sondern bleibt in ständiger Fort- und Weiterbildung[13]. Darum ist sie ebensowenig wie die Philosophie selbst *lehrbar* oder wie ein Lehrbuchwissen erlernbar. Und darum kann es im eigentlichen Sinne auch keine Leitlinien geben, an denen man zum Gebildeten wird.

Trotz dieses negativen Befundes ist der Verzicht auf eine inhaltliche Fixierung des Bildungsbegriffs kein Mangel. Ganz im Gegenteil: Er macht deutlich, daß Bildung weniger Resultat, als vielmehr ein offener *Prozeß und Werdevorgang* ist. Ja, nicht nur dies: Im eigentlichen Sinne kann Bildung nur *als Selbstbildung und -gestaltung* verstanden werden.

Nicht ohne Grund verbindet sich daher Kants berühmte Aufklärungsformel des „Sapere aude! Habe Mut, dich deines eigenen Verstandes zu bedienen!"[14] mit seinen pädagogischen Vorstellungen. In sie ist eingegangen, was in der Konsequenz seines kritischen Wissensbegriffs liegt: Ich meine Kants Einsicht in die prinzipielle Überholbarkeit und damit verbundene Horizont- und Zeitbedingtheit allen Erkennens. Vom Ideal letztgültiger Erklärungsmodelle und von falscher Vormundschaft befreit, fordert dies Wissen zum *Selbstdenken und -orientieren* auf. Denn zuletzt kann

---

[13] Vgl. H.-G. Gadamer: Wahrheit und Methode. Grundzüge einer philosophischen Hermeneutik, Tübingen ⁵1986, S. 15-24.

[14] Immanuel Kant: Beantwortung der Frage: Was ist Aufklärung?, Akademie-Ausgabe, Bd. VIII, Berlin 1912/23, S. 35.

es keinen anderen Beurteilungsmaßstab als den je eigenen Verstehenshorizont geben. Das gilt gleichermaßen für ethische Konzepte. Mit dem moralischen Imperativ verbindet sich das Wissen um die *Eigenverantwortlichkeit* des Handelns, das niemand anderem übertragen werden kann.

Und allererst dieses Wissen um die Bedingtheit und Begrenztheit jeglicher Wissensansprüche – sowohl im praktischen als auch im theoretischen Bereich – macht *kommunikabel* und *tolerant* anderem Denken gegenüber. Darin liegt die eigentliche Stärke und Bedeutung dieses *voraussetzungskritischen* Wissens- und Bildungsbegriffs. Somit gehört nach Kant zum Postulat des Selbstdenkens immer auch die Forderung „sich in der Stelle eines Andern zu denken."[15] Nicht, daß damit wirklich eine andere als die je eigene Sichtweise erfaßbar würde, aber dieser Versuch kann vor der Verabsolutierung des eigenen Standpunktes schützen und helfen, die andere Sichtweise in ihrer *Andersheit* anzuerkennen. Bildung – so verstanden – ist alles andere als betuliche Erbauung oder autoritätsgläubige Verehrung eines feststehenden Bildungskanons, sondern sie ist „Arbeit" an sich selbst: die ständige Bemühung, sich nicht der „passiven Leitung"[16] von Autoritäten anzuvertrauen, sondern selbstverantwortlich zu denken und zu handeln – allerdings immer verbunden mit dem Wissen um eine mögliche Korrektur. Darin scheint mir die nach wie vor innovative Kraft von Bildung zu liegen.

---

[15] Ders.: Jäsche-Logik, Akademie-Ausgabe, Bd. IX, Berlin 1923, S. 57.
[16] Ders.: Vorlesungen über Logik, Akademie-Ausgabe, Bd. XXIV, S. 553.

Literatur

Gadamer, Hans-Georg: Wahrheit und Methode. Grundzüge einer philosophischen Hermeneutik, Tübingen ⁵1986.
Humboldt, Wilhelm von: Gesammelte Schriften, Akademie-Ausgabe, Bd. VII.
Kant, Immanuel: Anthropologie in pragmatischer Hinsicht, Akademie-Ausgabe, Bd. VII, Berlin 1907/17.
Ders.: Beantwortung der Frage: Was ist Aufklärung?, Akademie-Ausgabe, Bd. VIII, Berlin 1912/23.
Ders.: Grundlegung zur Metaphysik der Sitten, Akademie-Ausgabe, Bd. IV, Berlin 1903/11.
Ders.: Idee zu einer allgemeinen Geschichte in weltbürgerlicher Absicht, Akademie-Ausgabe, Bd. VIII, Berlin 1912/23.
Ders.: Jäsche-Logik, Akademie-Ausgabe, Bd. IX, Berlin 1923.
Ders.: Kritik der reinen Vernunft, Akademie-Ausgabe, Bd. III, Berlin 1904/11.
Ders.: Pädagogik, Akademie-Ausgabe, Bd. IX, Berlin 1923.
Ders.: Vorlesungen über Logik, Akademie-Ausgabe, Bd. XXIV.
Mittelstraß, Jürgen: Wissenschaft als Lebensform. Reden über philosophische Orientierungen in Wissenschaft und Universität, Frankfurt a. M. 1982.
Ders.: Der Flug der Eule. Von der Vernunft der Wissenschaft und der Aufgabe der Philosophie, Frankfurt a. M. 1989.
Nietzsche, Friedrich: Unzeitgemäße Betrachtungen, in: Werke I, herausgegeben von K. Schlechta, Frankfurt a. M. 1980.
Schiller, Friedrich: Über die ästhetische Erziehung des Menschen, herausgegeben von W. Frühwald und kommentiert vom W. Düsing, München/Wien 1981.

Bruno Zimmermann

Die Universität – Chancenverteilungsagentur oder Zukunftswerkstatt?

1. Der Zusammenhang von Wirtschafts-, Finanz- und Sozialpolitik einerseits und Bildungs- und Wissenschaftspolitik andererseits

Der Baseler Nationalökonom Bombach hat bereits Ende der 40er Jahre vorausgesagt, die klassischen staatlichen Instrumente zur Umverteilung von Einkommen und Vermögen würden absehbar an Grenzen stoßen. Infolgedessen werde die Bedeutung generationenübergreifender Umverteilung von Bildungs- und Sozialchancen zunehmen. Damit übernehme die Bildungspolitik, d. h. die staatliche Bildungsplanung, klassische Funktionen der Finanz- und Sozialpolitik. Dahinter stand die auch heute sicher aktuelle Auffassung, die Sozialpolitik könne bei zu großer Disparität der Einkommensverteilung überfordert werden. Eine aktive Bildungspolitik könne sozusagen durch vermehrte Produktion von höherwertigen Qualifikationen einen Beitrag zur gleichmäßigen Verteilung von Einkommen und Vermögen leisten. Bombach war übrigens zugleich derjenige, der schon früh auf einen anderen, heute aktuellen Zusammenhang hingewiesen hat: die Bedeutung von Wissenschaft und Forschung für das Wirtschaftswachstum. Uns interessiert hier der erste Zusammenhang zwischen Bildungs- und Finanzpolitik.

In der Folgezeit sind die in einem solchen Konzept gewollten Veränderungen auch tatsächlich eingetreten. Den Universitäten als Produzenten der höchstwertigen Abschlüsse mußte hier eine Leitfunktion zukommen. So hat sich alleine in Deutschland der Anteil derjenigen, die eine Hochschulausbildung aufnehmen, in der Altersgruppe der 18 bis 24-jährigen von 7,9 % 1960 auf 34 % im Jahre 1994 mehr als vervierfacht.

Im Vorbeigehen sei angesprochen, daß dies der Einstieg in eine politische Instrumentalisierung der Universitäten war, der alsbald weitere folgten.

– So lernte man in den Universitäten Instrumente der regionalen *Strukturpolitik* zu sehen (so sind die Universitäten an den strukturell sich rapide wandelnden Ruhrgebietsstandorten vielfach größter Arbeitgeber geworden);
– Manche begrüßen die langen Studienzeiten in Deutschland als *arbeitsmarktpolitisches Korrektiv*;

- Neuerdings wächst auch international die Bedeutung der Universitäten für die *Technologie- und Innovationspolitik*;
- Wozu Universitäten eigentlich da sind, verliert sich dabei immer mehr aus dem Blickfeld.

Wenden wir uns den Symptomen und Folgen der *bildungs- und finanzpolitischen* Indienstnahme der Universitäten zu. Deren wichtigste ist, daß die Universitäten inzwischen weitgehend auf ihre Ausbildungsfunktion fixiert werden. Sie werden, zumindest in Deutschland, so vom Staat gesteuert und so in der Öffentlichkeit wahrgenommen. Lassen Sie mich dies an wenigen Stichworten festmachen:

Die Raum- und Bauplanung der deutschen Universitäten richtet sich nach einer vom Wissenschaftsrat im Auftrag von Bund und Ländern erstellten Rahmenplanung. Deren entscheidender Parameter ist die Entwicklung der Studentenzahlen und sonst nichts anderes. Daß die Hochschulen und die Bundesländer innerhalb der Rahmenplanvorgaben dann noch gewisse Schwerpunktsetzungen vornehmen können, ändert nichts an dieser grundsätzlichen und alleinigen Orientierung der Rahmenplanung an den Studienkapazitäten. In der Personalplanung und Berufungspolitik der Universitäten liegen die Dinge nicht viel anders.

Kommen wir zu den *Folgen* dieser Entwicklung:

- Die schlimmste Folge ist das Aufkommen der Massenuniversität in Deutschland; nach dem sogenannten Öffnungsbeschluß von 1977 noch zur 'Überlast' als heroische Leistung der Universität geadelt und inzwischen akzeptiert. Diese Entwicklung muß, sollten Änderungen nicht möglich sein, in die Paralyse der Universität führen;
- Folgerichtig mußte, ausgehend von der Entscheidung des Bundesverfassungsgerichts von 1972, die jedem Abiturienten einen rechtlichen Anspruch auf Hochschulzulassung zuspricht, der Hochschulzugang reguliert werden. Daß dies in Deutschland bezeichnenderweise in einer planwirtschaftlichen Form geschah, ist weder pragmatisch, noch verfassungspolitisch zwingend;
- Parallel dazu nahm die Regulierung der staatlich kontrollierten Abschlüsse zu;
- Daß diese Verhältnisse an den Universitäten zu einer nicht vorstellbaren Verlängerung der Studienzeiten und Überalterung unserer Absolventen geführt haben, nimmt nicht Wunder. Inzwischen wird die Reduzierung des durchschnittlichen Studieneingangsalters von 22,2 Jahre (1993/94) auf 22,1 Jahre (1994/95 – seitdem unverändert) als Fortschritt gefeiert;
- Es sind die Dominanz von Ausbildung und die weitgehende Abwesenheit von Forschung in den Planungsphilosophien der Hochschulen, die – parallel dazu – zu einem Auf- und Ausbau der außeruniversitären Forschungskapazitäten in Deutschland geführt haben, der bis heute anhält. Auf die Forderung unter anderem des Hochschulverbandes, die Universitäten selbst sollten wieder über die Zulassung zum Studium entscheiden, hat die nordrhein-westfälische Wissenschaftsministerin Anke Brunn kürzlich mit der Feststellung reagiert, die Univer-

sitäten seien dazu da, auszu*bilden*, nicht auszu*lesen* (dpa-Meldung vom 17.3.1997).

Diese Entwicklungen könnten noch, als durch den allgemeinen sozialen Wandel herbeigeführt, gelassen hingenommen werden, würde nicht die bildungspolitisch induzierte Reduktion der Universitäten auf ihre Ausbildungsfunktion zwangsläufig, wie es zur Zeit geschieht, dann in eine Krise führen, wenn die Rolle der Universitäten, über vermehrte höherwertige Qualifikationen höherwertige Beschäftigungs- und Einkommenschancen zu gewährleisten, ihrerseits – jedenfalls für die Studenten selbst – nicht mehr erfahrbar ist.

– Die Zahl der arbeitslosen Akademiker in Deutschland eilt von einem Höchststand zum anderen. Jahrzehnte waren arbeitslose Maschinenbauer, Elektrotechniker und Chemiker so gut wie unbekannt. Heute stellen die Natur- und Ingenieurwissenschaftler mehr als zwei Drittel der zur Zeit ca. 220.000 arbeitslosen Akademiker in Deutschland;
– In der Wahrnehmung vieler entwickeln sich die Universitäten zu 'Geisterbahnhöfen' (Ulrich Beck), wo „mit wachsendem bürokratischen Aufwand Fahrkarten ins Nirgendwo" ausgegeben werden (Süddeutsche Zeitung 11.2.1994);
– Es wundert deshalb nicht, wenn die Studienanfängerzahlen gerade in diesen Fächern quasi implodieren, d. h. innerhalb von drei Jahren um den Faktor 3 zurückgehen.

Die sich so naturwüchsig herstellenden besseren Betreuungsrelationen werden von der Ministerialbürokratie und den Landesparlamenten als 'Überkapazität' wahrgenommen. Es droht die britische Lösung. Auch in Deutschland wird über die Schließung ganzer Fachbereiche, wenn nicht Hochschulen, nachgedacht. De facto geschieht dies schon. Wie der Präsident der Hochschulrektorenkonferenz im Senat der Max-Planck-Gesellschaft am 22. November 1996 ausgeführt hat, sind den Hochschulen alleine im Jahr 1996 insgesamt 2 Milliarden DM entzogen worden. Das entspreche „10 Universitäten mittlerer Größe".

– Was diesen als Abbau von Überkapazitäten verharmlosten Prozeß zur Katastrophe werden lassen könnte, ist, daß hier mehr abgebaut wird als Überkapazitäten. Was ist aber dieses 'Mehr', das in der drohenden Zerstörung der Universitäten untergeht? Über diese Frage: „Was ist die Universität?" nachzudenken, hieß früher, sich mit der Idee der Universität zu beschäftigen.

2. Die Idee der Universität

Erwarten Sie von mir hierzu keine philosophisch grundsätzlichen Exkurse, obwohl in dem gleichnamigen Buch von Karl Jaspers über die Universität viel Nachdenkenswertes und noch heute Aktuelles zu lesen ist. Meinem beruflichen Hintergrund (Wissenschafts*verwaltung*) entsprechend, stehen mir relativ konkrete Merkmale und Funktionen der Universität vor Augen, die, wie Sie sehen werden, von keiner anderen Einrichtung ähnlich gut übernommen werden könnten:

In der Wissensproduktion werden grundsätzlich zwei Zyklen unterschieden:

- Zum einen ein *lang*fristiger Zyklus (15 bis 20 Jahre), in dem sich Methodenwissen aufbaut und verfügbar hält, so daß im Fadenkreuz neuer theoretischer Diskurse und neuer methodischer Anwendungen neue Erkenntnisse nach dem Prinzip der Emergenz entstehen können;
- Davon unterschieden ein *kurz*fristiger Zyklus (3 bis 5 Jahre) der technologischen Verwertungs- und Produktinnovation. Trotz der fortschreitenden Integration beider Prozesse in der globalen Wissensproduktion ist ganz klar, daß der langfristige Zyklus, ohne den die essentielle Basis jeder Volkswirtschaft, eine prosperierende *knowledge-basis*, nicht denkbar ist, nirgendwo so optimal sich konstituieren und erhalten kann, wie in einer Universität als dem Entstehungsort neuen Wissens.

Die wesentliche Voraussetzung dafür ist die ständige Erneuerung ihrer intellektuellen und Forschungskultur durch intelligente und leistungswillige Querdenker, insbesondere bei den Doktoranden. Es herrscht Einigkeit darüber, daß Dynamik und Glanz der weltbekannten amerikanischen Eliteuniversitäten von ihren graduate schools ausgehen, die sich in der heutigen Form erst in den 70er Jahren gebildet haben.

Das entscheidende Prae von *curiosity driven research*, wie Grundlagenforschung, wie sie an Universitäten betrieben wird, in angelsächsischen Ländern gerne genannt wird, ist aber der Zugang zu deren kompetitiven *global scientific communities*. Nicht von ungefähr sind moderne weltumspannende Kommunikationsformen wie das Internet zunächst als Wissenschafts- und Wissenschaftlernetz entstanden. Wie Ben Martin (Science Policy Research Unit der Sussex Universität) in einer international vergleichenden Studie im Auftrag des britischen Schatzministeriums nachgewiesen hat, ist für viele besonders innovative Firmen der direkte Kontakt, ja sogar die räumlich geographische Nähe einer Universität, immer noch entscheidend für den technologischen und letzten Endes den Markterfolg. Diese Erkenntnis liegt auch der beispiellosen japanischen Investitionsoffensive zugrunde, die innerhalb der nächsten fünf Jahre zu einer Verdoppelung der Aufwendungen für die Grundlagenforschung gerade im Hochschulbereich führt.

Was im Unternehmensbereich inzwischen als Erfolgsgeheimnis entdeckt und realisiert wird, sogenannte flache Hierarchien, ist seit langem konstitutiv für wissenschaftliche Hochschulen und Universitäten. Robert M. May hat in einer Studie, über die *Science* im März berichtet hat, unter anderem dieses als wesentlichen Faktor für die führende Rolle der Universitäten in der Wissensinnovation herausgestellt. Nur in einem Umfeld, das, wie in der Universität, schon früh Selbständigkeit fördert, kann die Begeisterung der Jungen für das Neue auch konkrete Formen annehmen. In der gleichen Studie wird darauf hingewiesen, daß die kontinentaleuropäischen Universitäten hier gegenüber den anglo-amerikanischen graduate schools Defizite aufweisen. Von ähnlichen Überlegungen geleitet hat der Wissenschaftsrat kürzlich neue Wege zu mehr selbständiger wissenschaftlicher Arbeit des Nachwuchses aufgewiesen.

Ein entscheidender Vorteil der Universitäten gegenüber außeruniversitären Forschungseinrichtungen ist ihre immanente Disposition zur Transdisziplinarität, was komplexe Lösungen für zunehmend komplexer werdende Fragestellungen an den Schnittstellen der traditionellen Disziplinen begünstigt. In den neuerdings von der DFG eingerichteten Transferbereichen, in denen Hochschulwissenschaftler und industrielle Partner im vorwettbewerblichen Bereich an anwendungsnahen Fragestellungen arbeiten, ist uns aus der Industrie gesagt worden, daß nirgendwo so komplexe Systemlösungen zu so konkurrenzlos günstigen Preisen wie bei den Universitäten am Markt erhältlich seien.

Die deutschen Universitäten haben trotz ihrer Ausbildungslast mit derzeit 215 Sonderforschungsbereichen und 330 Graduiertenkollegs den Beweis erbracht, daß sie zu Schwerpunktsetzungen in der Forschung fähig sind. Mit bis zu 9 Sonderforschungsbereichen, 10 Graduiertenkollegs und 6 Forschergruppen im Einzelfall werden Dimensionen erreicht, die ein deutliches Forschungsprofil der betreffenden Universität erkennen lassen, dessen Gravitationskräfte weit in die Ausgestaltung der Lehre, die Berufungspolitik und die Infrastrukturplanung hineinreichen.

Universitäten sind seit eh und je international und insofern Pioniere der Globalisierung. Schon die ersten Universitäten im 13. Jahrhundert zogen grenzüberschreitend Professoren und Studenten an. Regierungen bedienten sich oft Wissenschaftler als Emissäre in heikler Mission. Heute kooperieren manche Forscher mit mehr Fachkollegen im Ausland als im Inland. Die fachliche Qualifikation eines Wissenschaftlers bemißt sich heute immer mehr vor allem nach seiner internationalen Reputation.

Als akademische Institution, sozusagen gesellschaftlich exterritorial, wird die Universität als Institution nur überdauern, wenn sie die ihr zugestandene akademische Freiheit für die Gesellschaft noch erkennbarer zur Analyse von Fragen nutzt, die in unserer Interessenvertretungs- und Besitzstandswahrungsöffentlichkeit ohne Blick auf von vornherein feststehende Lösungen nicht mehr erörterbar sind. Universitäten können nicht nur in Gesellschaften, die sich zu Demokratien verändern, wie in Osteuropa oder Südkorea, Zukunftswerkstätten sein. Sie haben immer noch alle Mittel und Strukturen, um als Räume für konkrete Utopien und Orte des 'conceiving the unthinkable' dienen zu können. Sie müssen sich aber den hier wartenden „Zumutungen..., Synthese, Arbeit der Zuspitzung, Forum der Nation..." (Peter Glotz) stellen.

3. Was ist zu tun?

Man könnte sich auf den Standpunkt stellen, die beschriebene instrumentalisierende Beschränkung der Universitäten auf Ausbildung sei ohnehin nur eine Frage ihrer innergesellschaftlichen Außenwahrnehmung. Im Kern hätten sich die Universitäten alles das, was ich an relevanten Stichworten zu ihrem eigentlichen Auftrag angeführt habe, erhalten. Ich persönlich glaube dies nicht. Zum einen halte ich es mit Graf Lambsdorff, der einmal gesagt hat, Einschätzungen seien politische Fakten, und Politik sei dazu da, diese Fakten zu verändern. In der öffentlichen Einschätzung *sind* die Universitäten inzwischen primär Ausbildungsinstitutionen. Zum anderen droht, wie ich im ersten Teil meiner Ausführungen dargestellt habe, die in eine reale Krise geratene Ausbildungsfunktion der Hochschulen sich zu einer Totalkrise auszuwachsen, mit Folgen für die Finanzausstattung der Hochschulen. Die notwendigen Veränderungen lassen sich aber nicht nach dem für die deutsche Hochschullandschaft typischen Prinzip: „Reformen nur gegen Geld" erreichen. Auch am Beginn des britischen Nuklearprogramms Anfang der 40er Jahre stand der berühmt gewordene Spruch von Lord Rutherford: „Gentlemen, we have no money we must think!"

Wer Vorschläge zur Reform der Hochschule macht, läuft überdies Gefahr, bei der Fülle von Memoranden, Empfehlungen, Hochschulstrukturplänen usw., die bereits auf dem Markt sind, nichts sagen zu können, was nicht bereits gesagt ist. Ich werde daher im folgenden für Sie wahrscheinlich nicht umwerfend neue und grundsätzliche Vorschläge machen, sondern in der Fülle der vorliegenden, zum Teil übermäßig ins Detail gehenden Verbesserungsvorschläge, Akzentuierungen grundsätzlicher Art vornehmen:

Was ich zur Idee der Universität gesagt habe, läuft darauf hinaus, daß sowohl im Umgang der Politiker und Administratoren mit den Universitäten, wie auch in dem Auftreten der Universitäten selbst in den laufenden und sich noch verschärfenden Verteilungskämpfen die Forschung wieder eine Stimme erhalten muß, die Berufung auf das Humboldtsche Prinzip der Einheit von Forschung und Lehre oder Bildung *durch* Wissenschaft, wieder konkret werden muß. Auch Gerhard Casper (seit 1992 Präsident der Stanford University) hat sich kürzlich (FAZ-Magazin 28.2.1997, Seite 75) auf dieses Prinzip, Humboldt zitierend, bezogen: „Der Universitätslehrer ist nicht für die Studenten da, sondern beide sind für die Wissenschaft da: Sein Geschäft hängt mit an ihrer Gegenwart."

Dies setzt voraus, daß die Selbststeuerungskräfte der Universitäten nachhaltig gestärkt werden. Verschiedene Ansätze in Deutschland wie im Ausland unter den Stichworten 'Finanzautonomie', 'Budgetierung' und anderes stimmen hier hoffnungsvoll, wenn sie nicht, wie gelegentlich zu befürchten, in neuen Generationen von Regelwerk sich festfahren.

Den Universitäten muß es gelingen, den Schatz ihrer Transdisziplinarität wirklich zu mehren und glänzen zu lassen, insbesondere da, wo öffentlich über Zukunftsfragen nachgedacht und gestritten wird. Dies setzt aber mehr Entspezialisierung bei der Ausschreibung von Hochschullehrerstellen und in der Berufungspolitik voraus. Die jetzt vorherrschende Ausbildungsorientierung führt gerade über die Feindefinition von Lehrstühlen in die Redisziplinarisierung. Ich rede hier bewußt von 'Schatz', weil es nicht um etwas geht, das erst geschaffen werden muß, sondern etwas, das vorhanden ist, aber vor lauter Strukturreformphantasien ungehoben dem Vergessen in der Resignation anheimfallen könnte.

Mit der Deregulierung des rechtlichen Rahmens einschließlich des Hochschulzugangs und des Examenswesens muß zügig ernst gemacht werden. Die Hochschulen müssen sich wieder als gestaltende Akteure auch des Hochschulzugangs bemächtigen im Sinne eines Wettbewerbs um besonders ambitionierte Studenten und Doktoranden. Nicht umsonst ist von einer Gruppe führender Wissenschaftsrepräsentanten in dem sogenannten Berliner Manifest die Notwendigkeit eines Hochschulrahmengesetzes in Deutschland grundsätzlich in Frage gestellt worden.

Die Universitäten müssen Wege finden, die ihnen inhärente Dynamik der wissenschaftlichen Jugend zu entfesseln und insbesondere dem wissenschaftlichen Nachwuchs nach der Promotion mehr konkrete Chancen zur Selbständigkeit zu gewähren.

Die Beziehungen der Universitäten zu dem sie umgebenden gesellschaftlichen und wirtschaftlichen Umfeld müßten sich kreativ weiterentwickeln lassen, z. B.

- durch neuartige Formen der Öffentlichkeitsarbeit;
- durch Konsensuskonferenzen zu öffentlichen Streitfragen, wie in den skandinavischen Ländern;
- durch sogenannte 'Thementage' zu innovativen Fragestellungen an der Forschungs- und Entwicklungsfront mit außeruniversitären Partnern, wie an englischen Universitäten;
- durch Beteiligung an science education-Programmen, wie in den Vereinigten Staaten;
- durch spezifische Kooperationsformen mit kleinen und mittleren Unternehmen im Hochtechnologiebereich und
- überhaupt durch innovative Konzepte für Technologietransferstrategien, einschließlich Nachwuchsaustauschprogrammen mit der Industrie.

Eine so erneuerte Universität würde ihre Studenten

- in ihrem generationstypischen Sinn für das Neue unterstützen;
- sie zugleich stolz auf sie machen und sie über die Studienzeit hinaus emotional an ihre Universität binden;
- durch eine neue Balance um Forschung und Lehre dem Berufsbild Hochschullehrer als Geburtshelfer neuer Ideen und neuer Köpfe ein Profil jenseits der jetzt vorherrschenden Überlastverwaltung geben.

Die Botschaft lautet also: Nicht auf den großen Wurf einer weiteren durchgreifenden Strukturreform warten, sondern bei den einsetzenden Differenzierungstendenzen in der Hochschullandschaft ansetzen. Für die Universitäten *hat* die Zukunft latent schon längst begonnen. Wir müssen nur entschiedener auf diese Zukunftskräfte setzen.

Autorenverzeichnis

Prof. Dr. Klaus Beck
Professor für Wirtschaftspädagogik an der Universität Mainz

Geboren 1941; 1960 bis 1962 kaufmännische Lehre; bis 1967 Studium der Wirtschaftspädagogik in Berlin und Mannheim mit Abschluß Diplom-Handelslehrer; bis 1969 Referendariat an Kaufmännischen Schulen in Ludwigshafen und Speyer; bis 1970 Schulpraxis, bis 1982 Assistent / Akademischer Rat und Oberrat an der Universität Mannheim am Lehrstuhl Erziehungswissenschaft I; 1975 Promotion zum Dr. phil. (Berufswahlfragen), 1985 Habilitation zum Dr. phil. habil. (Unterrichtsforschungsprobleme); Professuren an den Universitäten Oldenburg (bis 1987), Erlangen-Nürnberg (bis 1994) und Mainz; 1988 bis 1992 Vorstandsmitglied der Deutschen Gesellschaft für Erziehungswissenschaft; 1992 bis 1996 Fachgutachter für Erziehungswissenschaft bei der Deutschen Forschungsgemeinschaft.

Klaus Bresser
Chefredakteur des Zweiten Deutschen Fernsehens

Geboren 1936; Studium der Germanistik, Theaterwissenschaft und Soziologie; 1962 bis 1964 Chefreporter des „Kölner Stadt-Anzeiger"; 1965 Wechsel zum Westdeutschen Rundfunk; Mitbegründer des Fernsehmagazins „Monitor"; 1973 Leiter der Redaktionsgruppe Aktualität beim WDR; 1977 Wechsel zum ZDF; maßgeblich am Aufbau und der inhaltlichen Gestaltung des „heute-journals" beteiligt, welches er von 1977 bis 1983 moderierte und von 1980 bis 1983 leitete; 1983 Hauptredaktionsleiter Innenpolitik; Entwicklung der Sendungen „Was nun...?", „Sonntagsgespräch" und der Talkshow „live"; seit 1988 Chefredakteur des ZDF.

Ignatz Bubis
Präsident des Zentralrates der Juden in Deutschland

Geboren 1927; 1935 unfreiwillige Auswanderung nach Polen; 1942 bis 1945 verschiedene Zwangsarbeitslager; seit 1956 Unternehmer.
Zahlreiche ehrenamtliche Tätigkeiten, unter anderem: ab 1965 Gemeinderat und Vorstand der Jüdischen Gemeinde in Frankfurt am Main; 1978 bis 1981 und seit 1983 Vorstandsvorsitzender der Jüdischen Gemeinde Frankfurt; seit 1977 Mitglied des Direktoriums und zeitweise des Verwaltungsrates des Zentralrates der Juden in Deutschland; 1989 bis 1991 stellvertretender Vorsitzender des Zentralrates der Juden in Deutschland; seit 1987 stellvertretender Vorsitzender der Zentralwohlfahrtsstelle der Juden in Deutschland e. V.; 1979 bis 1992 Mitglied des Rundfunkrates des Hessischen Rundfunks, 1987 bis 1992 Vorsitzender

des Rundfunkrates; 1993 bis 1996 Mitglied des Verwaltungsrates des Hessischen Rundfunks; 1987 bis 1991 Mitglied im Landesvorstand der Hessischen Freien Demokratischen Partei; seit 1993 Mitglied im Bundesvorstand der FDP; 1992 bis 1996 Vorsitzender des Direktoriums, seit 1997 Präsident des Zentralrates der Juden in Deutschland.

Prof. Dr. Dr. h.c. Günther Dohmen
em. Professor für Erziehungswissenschaft an der Universität Tübingen; Vorsitzender der „Konzertierten Aktion Weiterbildung" und wissenschaftlicher Berater beim Bundesministerium für Bildung, Wissenschaft, Forschung und Technologie; Kommissarischer wissenschaftlicher Direktor des Deutschen Instituts für Erwachsenenbildung (DIE) in Frankfurt am Main.

Geboren 1926; 1948 bis 1949 AStA-Vorsitzender der Universität Heidelberg; seit 1963 ordentlicher Professor für Erziehungswissenschaft an verschiedenen Hochschulen; 1967 bis 1979 Gründungsdirektor des Deutschen Instituts für Fernstudien; 1980 bis 1995 Professor für Erwachsenen- und Weiterbildung und Direktor des Instituts für Erziehungswissenschaft II der Universität Tübingen; langjährige ehrenamtliche Tätigkeiten, unter anderem als Vorsitzender der baden-württembergischen Universitätspädagogenkonferenz, des baden-württembergischen und des Deutschen Volkshochschulverbandes, Gründungskommissionsmitglied der Universität Leipzig, Vizepräsident des Europäischen Erwachsenenbildungsverbandes (EAEA).

Ernst Elitz
Intendant beim DeutschlandRadio Köln/Berlin

Geboren 1941; Studium der Alten und Neuen Germanistik, Theaterwissenschaft, Politik und Philosophie an der FU Berlin; seit 1966 Tätigkeiten als Reporter, Redakteur und freier Mitarbeiter, unter anderem beim RIAS Berlin, für DIE ZEIT, PUBLIK und die Deutschlandredaktion/Schwerpunkt Bildungs-, Hochschul- und Wissenschaftspolitik des SPIEGEL; ab 1974 beim ZDF tätig, unter anderem als Stellvertretender Leiter und Moderator von „Kennzeichen D"; 1983 bis 1985 Stellvertretender Leiter und Moderator des „heute journal"; ab 1985 Chefredakteur Fernsehen beim Süddeutschen Rundfunk, Stuttgart; Moderation der Sendungen „Pro & Contra", „Weltspiegel", „Brennpunkt" und „Wortwechsel"; seit 1994 Intendant beim DeutschlandRadio Köln/Berlin.

Prof. Dr. Gotthardt Frühsorge
Direktor der Bundesakademie für kulturelle Bildung Wolfenbüttel e. V.

Geboren 1936; Studium der Germanistik, Geschichte, Philosophie und Theaterwissenschaft an den Universitäten Göttingen, Wien, Braunschweig und Heidelberg; Assistent am Lehrstuhl für Deutsche Sprache und Literatur der Technischen Universität Braunschweig; 1970 Promotion, 1974 Habilitation an der Universität Heidelberg; von 1979 bis 1992 Leiter der

Abteilung für die Erforschung des 18. Jahrhunderts im Forschungsbereich der Herzog August Bibliothek Wolfenbüttel und apl. Professor an der Technischen Universität Braunschweig für neuere deutsche Literaturgeschichte; seit 1992 Direktor der Bundesakademie für kulturelle Bildung Wolfenbüttel e. V., Wolfenbüttel.

Dr. Christoph Führ
Bildungshistoriker, bis 1996 am Deutschen Institut für Internationale Pädagogische Forschung, Frankfurt am Main

Geboren 1931; Studium der Altphilologie, Philosophie und Geschichte in Tübingen, Hamburg und Wien; 1957 Promotion in Neuerer Geschichte bei Fritz Fischer und Otto Brunner in Hamburg; 1957 bis 1965 Schulreferent im Sekretariat der Kultusministerkonferenz; 1965 bis 1996 Bildungshistoriker am Deutschen Institut für Internationale Pädagogische Forschung in Frankfurt am Main; 1986 bis 1996 Lehrauftrag an der Universität Frankfurt am Main.
Zahlreiche Veröffentlichungen, unter anderem „Deutsches Bildungswesen seit 1945" (1997).

PD Dr. Jörg-Dieter Gauger
Stellvertretender Bereichsleiter im Bereich Wissenschaftliche Dienste der Konrad-Adenauer-Stiftung, Sankt Augustin

Geboren 1947; Promotion 1975; Wissenschaftlicher Assistent für Alte Geschichte an den Universitäten Bonn und München; Habilitation 1996; seit 1982 in der Konrad-Adenauer-Stiftung tätig, zunächst als wissenschaftlicher Mitarbeiter, von 1987 bis 1992 als stellvertretender Leiter der Politischen Akademie, seit 1992 als Leiter der Abteilung Bildung, Hochschulen im Bereich Wissenschaftliche Dienste (Begabtenförderung); 1997 Stellvertretender Bereichsleiter.
Zahlreiche Publikationen zur Bildungs- und im besonderen der Hochschulpolitik.

Walter Hiller
Geschäftsführer des Bundes der Freien Waldorfschulen e. V., Stuttgart

Geboren 1949; Schulzeit und Abitur an einer Freien Waldorfschule; Studium der Rechtswissenschaften, Germanistik, Politik und Pädagogik an der Johann Wolfgang Goethe-Universität Frankfurt am Main (Abschluß Staatsexamen für das Lehramt an Gymnasien); ab 1976 Lehrer an einer Waldorfschule in den Fächern Deutsch, Sozialkunde und Geschichte, seit 1991 Geschäftsführer des Bundes der Freien Waldorfschulen e.V.

Horst Kowalak
Leiter der Abteilung Bildung beim DGB-Bundesvorstand, Düsseldorf

Geboren 1939; Ausbildung zum Industriekaufmann bei der Hütten- und Bergwerke Rheinhausen AG; mehrjährige Tätigkeit als Industriekaufmann; ab 1965 beschäftigt beim Deutschen Gewerkschaftsbund, Angestelltensekretär, Referatsleiter für berufliche Schulen, seit 1974 Leiter der Abteilung Bildung; von 1972 bis 1986 Mitglied des Beirates für Ausbildungsförderung beim Bundesminister für Bildung und Wissenschaft, von 1979 bis 1988 Mitglied der Ständigen Kommission für Studienreform, der Kultusministerkonferenz und der Westdeutschen Rektorenkonferenz; Mitglied des Verwaltungsrates der Bundesanstalt für Arbeit seit 1980.

Hans Jürgen Kremer
Geschäftsführer der DEUTSCHE ICI GmbH, Frankfurt am Main

Geboren 1943; Ass. jur., Alleingeschäftsführer der DEUTSCHE ICI GmbH in Frankfurt am Main, die zur global agierenden Imperial Chemical Industries PLC (ICI), London, gehört; in Deutschland zuständig für den Teilkonzern der ICI, Geschäftsführer der ICI Acrylics GmbH in Nischwitz bei Leipzig.
Nach juristischem und wirtschaftswissenschaftlichem Studium Direktionsassistent der ICI (Europa) Fibres GmbH in Östringen bei Heidelberg; leitende Funktion in Produktions- und Business Service-Bereichen; Personaldirektor mit multifunktionaler Ausrichtung des ICI-Konzerns, Mitglied in regionalen Arbeitgeberverbänden und Tarifkommissionen, Aufsichtsratsgremien, internationalen Strategiekommissionen.

Dr. Manfred von Lewinski
Geschäftsführer der Abteilung berufliche Bildung der Industrie- und Handelskammer Gießen

Geboren 1937; 1956 bis 1961 Studium der Rechtswissenschaften in Freiburg, Berlin und Göttingen; nach Referendariat und Promotion 1966 Eintritt in die Industrie- und Handelskammer Wiesbaden als Rechtsreferent; seit 1970 Geschäftsführer der Abteilung berufliche Bildung der Industrie- und Handelskammer Gießen; Lehrbeauftragter für Wettbewerbsrecht an der Fachhochschule Gießen-Friedberg.

Prof. Dr. Rolf von Lüde
Professor für Soziologie an der Universität Hamburg, Schwerpunkt Wirtschaft und Betrieb

Geboren 1946; Studium der Volkswirtschaftslehre, Soziologie und Sozialpsychologie an den Universitäten Regensburg, Köln und Bonn; Promotion in VWL, Habilitation in Soziologie an der Universität Dortmund; Arbeitsschwerpunkte in Forschung und Lehre: Arbeit und Betrieb – Wandel der Arbeit unter dem Einfluß neuer Produktionskonzepte; Bildungssystem und sozialer Wandel unter besonderer Berücksichtigung der Implementationswirkungen der Neuen Technologien in Arbeit, Bildung und Alltag; Organisationsentwicklung in Bildungsinstitutionen; New Public Management.

Prof. Dr. Klaus Otto Nass
Rechtsanwalt, Staatssekretär a. D., Direktor h. c. Europäische Kommission

Geboren 1931; Studium der Rechts- und Wirtschaftswissenschaften, Assessor; 1959 bis 1963 Bundeswirtschaftsministerium; 1963 bis 1976 und 1991 bis 1994 bei der Europäischen Kommission als Assistent und Abteilungsleiter in verschiedenen Generaldirektionen, als stellvertretender Kabinettschef, zuletzt als Leiter der Abteilung „Fortbildung"; 1976 bis 1990 bei der niedersächsischen Landesregierung, unter anderem als Leiter der politischen Abteilung der Staatskanzlei, Staatssekretär des Ministeriums für Wirtschaft und Verkehr, Landesbeauftragter für internationale Zusammenarbeit, Mitglied der deutsch-deutschen Grenzkommission; seit 1981 Lehrbeauftragter, seit 1988 Honorarprofessor für Europäisches und Internationales Recht, Universität Hannover; seit 1995 Rektor des 'Stiftungskollegs für internationale Aufgaben' der Robert Bosch Stiftung, Stuttgart.

Prof. Dr. Ernst Prokop
Professor für Erziehungswissenschaft an der Universität Regensburg

Geboren 1935; Studium der Philosophie, Pädagogik und Psychologie; Professuren für Erziehungswissenschaften an den Pädagogischen Hochschulen Niedersachsen und Karlsruhe, an Universitäten in München und Eichstätt; seit 1982 Lehrstuhl für Pädagogik der Universität Regensburg; Geschäftsführender Vorstand des Arbeitskreises Universitäre Erwachsenenbildung (AUE) – Hochschule und Weiterbildung.
Arbeitsschwerpunkte: Außerschulische Bildung, insbesondere bei Erwachsenen; Weiterbildungsforschung; Beitrag der Universitäten und der Medien zur Weiterbildung.

Prof. Dr. Hans-Jürgen Quadbeck-Seeger
Vorstandsmitglied der BASF AG für den Bereich Forschung, Ludwigshafen

Geboren 1939; Studium der Chemie in München; Promotion 1967, danach Eintritt in die BASF; 1974 bis 1981 Assistent des Vorstandsvorsitzenden; 1982 Übernahme der Leitung des Zentralbereiches Hauptlaboratorium; 1985 Vorstandsvorsitzender der Knoll AG; gleichzeitig Übernahme der Leitung des Unternehmensbereiches Pharma der BASF AG; Honorarprofessor an der Universität Heidelberg; seit 1990 Mitglied des Vorstandes der BASF AG und verantwortlich für die Forschung des Unternehmens; 1994 bis 1995 Präsident der Gesellschaft Deutscher Chemiker; Vertreter der Belange der Chemie in zahlreichen wissenschaftlichen Organisationen und Verbänden.

Prof. Dr. Dr. Franz Josef Radermacher
Vorstandsvorsitzender und wissenschaftlicher Leiter des Forschungsinstituts für anwendungsorientierte Wissensverarbeitung, Ulm

Geboren 1950; promovierter Mathematiker und Wirtschaftswissenschaftler; 1982 Habilitation in Mathematik; 1983 bis 1987 Professor für Angewandte Informatik an der Universität Passau; seit 1987 Leiter des FAW in Ulm und Professor für Datenbanken und Künstliche Intelligenz in Ulm; 1988 bis 1992 Präsident der Gesellschaft für Mathematik, Ökonomie und Operations Research; 1990/91 Gründungssprecher der Arbeitsgemeinschaft der deutschen KI-Institute; 1990 bis 1993 Mitglied im Landesforschungsbeirat Baden-Württemberg; 1992 bis 1993 Mitglied in der Zukunftskommission „Wirtschaft 2000" des Landes; 1994 bis 1996 Mitglied im „Innovationsbeirat" des Landes, 1995 bis 1996 Mitglied der Multimedia-Enquête-Kommission des Landes; Mitglied unter anderem im Steuerungsteam der Sparkassenorganisation GmbH, im Ausschuß „Forschung und Technologie" der Gesellschaft für Informatik e. V., im wissenschaftlichen Beirat der Gütergemeinschaft Software e. V., im „Information Society Forum" der Europäischen Kommission (Leiter der Arbeitsgruppe 4 „Sustainable Development" sowie Mitglied des Steering Committee). Sprecher der Arbeitsgruppe 3 „Nachhaltige Entwicklung und Umweltschutz durch Telematikanwendung" im Forum Info 2000 der Bundesregierung. Stv. Sprecher des DFG–Sonderforschungsbereichs 527 „Integration von symbolischer und subsymbolischer Informationsverarbeitung in adaptiven sensomotorischen Systemen". 1997 Preisträger des Wissenschaftlichen Preises der Gesellschaft für Mathematik, Ökonomie und Operations Research (GMÖOR).

Prof. Dr. Peter Reimann
Professor für Pädagogische Psychologie an der Universität Heidelberg

Geboren 1958; Studium der Psychologie in Freiburg; 1989 Promotion, 1995 Habilitation in Psychologie; seit 1996 Professor für Pädagogische Psychologie an der Universität Heidelberg; 1984 bis 1986 Research Scholar am Learning Research and Development Center, University of Pittsburgh, USA; 1995 bis 1996 Heisenberg-Stipendiat der DFG; seit 1995 Research Coordinator des Forschungsprogrammes „Learning in Humans and Machines" der European Science Foundation.

Rudolf Scharping
Vorsitzender der SPD-Bundestagsfraktion, Vorsitzender der Sozialdemokratischen Partei Europas

Geboren 1947; Studium der Politischen Wissenschaften, Rechtswissenschaften und Soziologie; 1966 Eintritt in die SPD; 1969 bis 1974 Landesvorsitzender der Jungsozialisten in Rheinland-Pfalz; 1974 Magisterabschluß; Assistent von Bundestagsabgeordneten; 1974 bis 1976 Stellvertretender Bundesvorsitzender der Jungsozialisten; 1975 bis 1994 Mitglied des Landtages von Rheinland-Pfalz; 1976/77 nebenberuflich Landesgeschäftsführer der rheinland-pfälzischen SPD, Mitglied der Gewerkschaft ÖTV und der Arbeiterwohlfahrt, Mitarbeit im DRK; 1979 bis 1985 Parlamentarischer Geschäftsführer der SPD-Landtagsfraktion;

1985 bis 1991 Vorsitzender der SPD-Landtagsfraktion; 1985 bis 1993 Vorsitzender der SPD Rheinland-Pfalz; seit 1988 Mitglied des Parteivorstandes; 1991 bis 1994 Ministerpräsident des Landes Rheinland-Pfalz; 1993 bis 1995 Bundesvorsitzender der SPD; seit 1994 Mitglied des Deutschen Bundestages, Vorsitzender der SPD-Bundestagsfraktion; seit 1995 Vorsitzender der Sozialdemokratischen Partei Europas und Stellvertretender Vorsitzender der SPD.

Dr. Annette Schavan
Ministerin für Kultus, Jugend und Sport des Landes Baden-Württemberg

Geboren 1955; Studium der Erziehungswissenschaften, Philosophie und katholischen Theologie; 1975 bis 1985 kommunalpolitische Arbeit in Neuss; 1980 Promotion; 1980 bis 1984 Lehrtätigkeit an den Universitäten Bonn und Aachen sowie wissenschaftliche Referentin bei der Bischöflichen Studienförderung Cusanuswerk, einem Institut der Begabtenförderung; 1984 bis 1987 Abteilungsleiterin für außerschulische Bildung im Generalvikariat Aachen; 1987 bis 1988 Bundesgeschäftsführerin der Frauen-Union der CDU; 1988 bis 1995 Leiterin des Cusanuswerkes; seit 1995 Ministerin für Kultus, Jugend und Sport des Landes Baden-Württemberg; Vizepräsidentin des Zentralkomitees der Deutschen Katholiken sowie des Katholischen Deutschen Frauenbundes

Dr. Brigitta-Sophie von Wolff-Metternich
Wissenschaftliche Mitarbeiterin am Philosophischen Seminar der Universität Heidelberg

Geboren 1963; Studium der Philosophie, Mathematik und Germanistik in Bonn und Genf; 1987 Magisterprüfung im Fach Philosophie mit einer Arbeit über Kants Grenzbestimmungen zwischen Mathematik und Philosophie; 1993 bis 1995 wissenschaftliche Mitarbeiterin am Germanistischen Seminar der Universität Bonn, Fachgebiete: Kant und Aufklärung, Philosophie der Mathematik, Sprachphilosophie und praktische Philosophie.

Dr. Bruno Zimmermann
Leiter des Bereichs Förderungsverfahren und Forschungsinfrastruktur der Deutschen Forschungsgemeinschaft, Bonn

Geboren 1941; Studium der Philosophie, Klassischen Philologie und Geschichte an den Universitäten Köln und München; 1969 Promotion in Philosophie; 1969 bis 1972 Referent und später Leiter der Abteilung Promotionsförderung der Studienstiftung des deutschen Volkes; 1972 bis 1974 Referent für Organisationsfragen, Angelegenheiten der Forschung und des wissenschaftlichen Nachwuchses, seit Dezember 1973 zusätzlich für Lehr- und Studienangelegenheiten beim Präsidenten der Universität Frankfurt am Main; seit 1974 in der Geschäftsstelle der Deutschen Forschungsgemeinschaft, zunächst als Leiter des Fachreferates Geisteswissenschaften IV, seit 1989 als Leiter des Referates Graduiertenkollegs und seit 1994 als Leiter des Bereichs III „Förderungsverfahren und Forschungsinfrastruktur".

Der Heidelberger Club für Wirtschaft und Kultur

Als studentische Initiative im Jahre 1988 gegründet, ist der Heidelberger Club für Wirtschaft und Kultur e. V. eine unabhängige, überparteiliche und an keine Weltanschauung gebundene Vereinigung von Studenten aus verschiedenen Fakultäten. Mit der jährlichen Organisation eines dreitägigen Symposiums möchte der Club helfen, die oft beklagte Lücke zwischen Theorie und Praxis zu überbrücken.

Mit diesem Forum bietet der Club einem interessierten Publikum die Möglichkeit, mit Wissenschaftlern und Praktikern in Kontakt zu kommen, Fragen zu stellen und so einen bereichernden Diskurs über ein Thema zu führen, welches Wirtschaft, Politik, Wissenschaft und Kultur gleichermaßen betrifft. Hier werden Entwicklungen hinterfragt sowie künftige Handlungsmöglichkeiten formuliert. Mit diesem Konzept will der Heidelberger Club für beide Seiten – Theoretiker wie Praktiker – einen fruchtbaren, interdisziplinären Austausch fördern, der sonst in der Universität viel zu selten stattfindet.

Für die Teilnehmer wird so die Brücke zur Praxis geschlagen. Für die Praktiker ergeben sich aus dem Blickwinkel der Theorie Anregungen zu neuen Lösungsmöglichkeiten für ihre Probleme. Diese Komplementarität stellt einen Nutzen für beide Seiten dar.

Der Heidelberger Club wird durch das ehrenamtliche Engagement seiner Mitglieder getragen. Der materielle Nährboden, auf dem die Idee des Heidelberger Clubs samt der bisherigen Symposien heranwachsen konnte, besteht aus einer Vielzahl von Sachmittelspenden und finanziellen Zuwendungen aus der Privatwirtschaft als auch dem Honorar-Verzicht aller Referenten. Ohne diese private oder unternehmensbezogene Unterstützung wäre die Existenz einer unabhängigen Studenteninitiative nicht möglich.

Seit seiner Gründung hat der Club folgende Symposien veranstaltet:

1989: Europa '92
1990: Ressourcen – Spiel mit Grenzen
1991: Freiheit – Freizeit –Berufung – Beruf
1992: Deutschland – quo vadis?
1993: Falsch programmiert?! – Herausforderung Informationsgesellschaft
1994: Werte – Worthülsen oder Wegweiser?
1995: Sozialfall Sozialstaat – wie sicher ist unsere soziale Sicherung?
1996: Globalisierung – der Schritt in ein neues Zeitalter
1997: Aus-Gebildet?!

Dokumentationen vergangener Symposien

Folgende Tagungsbände vergangener Symposien des Heidelberger Clubs für Wirtschaft und Kultur e. V. sind erhältlich:

Herausforderung Informationsgesellschaft – Facetten einer Entwicklung

>Mit einer Podiumsdiskussion zum Thema „Anspruch und Wirklichkeit unserer Printmedien" und Beiträgen von Bärbel Bohley, Adam Krzeminski, Hermann Otto Solms, Joseph Weizenbaum und vielen anderen.

Werte – Worthülsen oder Wegweiser?

>Mit einer Podiumsdiskussion zum Thema „Sind Werte gefährlich?" und Beiträgen von Markus Bierich, Heinz Riesenhuber, Konrad Schily, Jörg Schönbohm, Bernhard Vogel und vielen anderen.

Sozialfall Sozialstaat – wie sicher ist unsere soziale Sicherung?

>Mit Beiträgen von Konrad Adam, Jürgen Borchert, Wolfgang Franz, Wilhelm Hankel, Friedhelm Hengsbach, Hans Günter Hockerts, Winfried Schmäl, Norbert Walter und vielen anderen.

Globalisierung – der Schritt in ein neues Zeitalter

>Mit Beiträgen von Hans-Georg Gadamer, Hans-Dietrich Genscher, Erhard Kantzenbach, Franz Nuscheler, Franz Josef Radermacher, Ernst Ulrich von Weizsäcker und vielen anderen.

Die genannte Buch-Dokumentationen sind über den Buchhandel oder direkt über den Heidelberger Club zu beziehen:

>Heidelberger Club für Wirtschaft und Kultur e. V.
>Eppelheimer Straße 82
>69123 Heidelberg

Springer und Umwelt

Als internationaler wissenschaftlicher Verlag sind wir uns unserer besonderen Verpflichtung der Umwelt gegenüber bewußt und beziehen umweltorientierte Grundsätze in Unternehmensentscheidungen mit ein. Von unseren Geschäftspartnern (Druckereien, Papierfabriken, Verpackungsherstellern usw.) verlangen wir, daß sie sowohl beim Herstellungsprozess selbst als auch beim Einsatz der zur Verwendung kommenden Materialien ökologische Gesichtspunkte berücksichtigen.
Das für dieses Buch verwendete Papier ist aus chlorfrei bzw. chlorarm hergestelltem Zellstoff gefertigt und im pH-Wert neutral.

Druck u. Verarbeitung: Druckerei Triltsch, Würzburg

GPSR Compliance

The European Union's (EU) General Product Safety Regulation (GPSR) is a set of rules that requires consumer products to be safe and our obligations to ensure this.

If you have any concerns about our products, you can contact us on

ProductSafety@springernature.com

In case Publisher is established outside the EU, the EU authorized representative is:

Springer Nature Customer Service Center GmbH
Europaplatz 3
69115 Heidelberg, Germany